本书为2011年度浙江省哲学社会科学规划立项课题

2012年教育部回国留学人员科研启动基金资助项目

中日邦交正常化研究

Studies in Normalization of Sino-Japanese Relationship

胡鸣 著

中国社会科学出版社

图书在版编目 (CIP) 数据

中日邦交正常化研究/胡鸣著. —北京：中国社会科学出版社，
2015.6

ISBN 978 - 7 - 5161 - 7264 - 3

Ⅰ.①中…　Ⅱ.①胡…　Ⅲ.①中日关系—国际关系史—
研究　Ⅳ.①D829.313

中国版本图书馆 CIP 数据核字 (2015) 第 288723 号

出 版 人	赵剑英
责任编辑	郭　鹏
责任校对	胡新芳
责任印制	李寡寡

出　　版	中国社会科学出版社
社　　址	北京鼓楼西大街甲 158 号
邮　　编	100720
网　　址	http://www.csspw.cn
发 行 部	010 - 84083685
门 市 部	010 - 84029450
经　　销	新华书店及其他书店

印　　刷	北京君升印刷有限公司
装　　订	廊坊市广阳区广增装订厂
版　　次	2015 年 6 月第 1 版
印　　次	2015 年 6 月第 1 次印刷

开　　本	710 × 1000　1/16
印　　张	16
插　　页	2
字　　数	268 千字
定　　价	58.00 元

凡购买中国社会科学出版社图书，如有质量问题请与本社营销中心联系调换
电话：010 - 84083683

读后感言(代序)

受胡鸣博士之托，花了一周时间读完了她的《中日邦交正常化研究》书稿。说实在的，我是抱着审读与拜读的两种心情去读的。作为中日邦交正常化的一个亲历者，我自以为对这个题目我会比这位年轻学者了解得更多、更准确些，同时，我也想从她的书稿中有新的发现和收获。因为她告诉我，这部书稿是她在日本早稻田大学攻读博士学位时就开始搜集材料和开始构思的，回国后她又一直在补充修改，可谓是一部身心贯注之大作。

读完之后，不禁感到由衷的惊喜，并觉得颇有收获，不由地发出"后生可畏"的惊叹，真没想到一个在中日邦交正常化时还在幼儿园里玩耍的萌童，对中日邦交正常化的国内国际背景、中日邦交谈判的经过和症结所在，以及周恩来抓住时机，因势利导，快刀斩乱麻、一气呵成的外交伟业，竟研究得那么深入，把握得那么准确，于是生出三点感受，正是通常所说的"读后感"。

其一，我认为胡鸣博士作为一个学者的治学态度是很认真严谨的。她不惜耗费大量精力和时间，深入挖掘和充分利用了中国与日本两种资源。她并不满足于查阅两国的档案、当时相关的媒体报道、两国官员和学者的著述，还下定决心去了解第一手材料。为此，她四处奔波，多方探询，在日本东京、大阪，中国北京、上海等城市锲而不舍地访谈了当时在周总理身边的工作人员、外交官和民间人士等两国多名亲历者。不仅掌握了大量的"死"材料，还从掌握第一手枢密的人员口中获取了宝贵的"活"材料，在广泛占有材料的基础上再进行研究考证。这才可能使她的论据更加充分，论点更具有说服力，且通篇书稿有血有肉，有声有色，引人入胜，令人读来毫无艰涩之感。

其二，胡鸣博士在研究、考证、分析上狠下功夫，使其书稿更具有学术性，其价值超过了一般记叙性著作。关于中日邦交正常化与周恩来的关系，迄今两国的专家学者和外交界人士有不少著述中都有所涉猎，而胡鸣博士书稿的可贵之处在于，它不仅用大量事实证明了周恩来在第二次世界大战后的二十多个岁月里为实现中日邦交正常化所做的巨大努力和所起的不可替代的作用，而且还论定了周恩来在中国对日政策中的决策者、指挥者和实践者这三位一体的角色担当，周恩来的对日外交思想蕴含在毛泽东的对日政策思想和新中国的对日政策方针中，他贯彻落实毛泽东的原则性指示是既忠诚又创新，他的一系列对日外交活动，诠释了他作为伟大外交家的智慧、品格和作风。令我耳目一新的是，胡鸣博士还从周恩来的人生经历和心旅路程，探究他的对日政策思想的形成脉络。虽说书中所言之是非正误，有待读者和研究家们评点，但是，这无疑是个全新的研究视角，也是学术研究的新尝试，体现了作者的开拓性。

其三，从胡鸣博士的书稿中，我感到，在中日邦交正常化后 40 余年的今天，她作为新生代的中日关系问题学者，仍执着地致力于中日邦交正常化这段历史的研究，一定是意识到中日关系空前严峻的现实状况，意欲从历史的研究中找寻出中日间现实问题产生的缘由。如中国放弃战争赔偿问题、历史问题，暂时搁置钓鱼岛问题等。作为一部学术著作，提出上述问题，不仅是允许的，而且也是应该提倡的。因为科学的求索精神是学术研究水平提升的动力。当今中国学术界气氛活跃、百家齐鸣，这正是我们伟大时代科学繁荣昌明的反映。

关于中日两国的战争赔偿问题、历史问题、钓鱼岛问题，随着中日之间矛盾和摩擦的显在化，中国学术界和社会上的确出现了一些重新审视和评估周恩来主持的中日邦交正常化谈判的声音，甚至出现了极端的否定论。对此，在这里我只想说两句话：一是研究历史一定要坚持历史唯物主义的观点；二是中日邦交正常化的实现是周恩来高超的外交艺术的杰作。同时，我也以为，学术讨论的深入有助于人们更全面地了解和认识那段历史，更准确地了解和认识中国的对日政策，也可使至今仍构成我国对日政策核心的毛泽东、周恩来等老一辈领导人的对日政策思想，在我国学术界继续传承，并得到新生代学者的认同和发扬。

原中华人民共和国外交部驻大阪总领事（大使衔） 王泰平
2014 年 11 月 20 日 于北京

目　录

序　章

　　1972 年 9 月 29 日上午，中华人民共和国国务院总理周恩来和日本国首相田中角荣在北京人民大会堂签署了《中华人民共和国政府和日本国政府联合声明》。① 新中国成立后的第 23 年，也是日本自 1945 年 8 月战败以来的第 27 个年头，中日两国结束了多年来的不正常状态，两国关系的历史翻开了新的一页。其后，中日两国政府又于 1978 年 8 月签订了《中日友好和平条约》，于 1998 年 12 月发表了《中日关于建立致力于和平与发展的友好合作伙伴关系的联合宣言》，2008 年 5 月又签署了《中日关于全面推进战略互惠关系的联合声明》。这些被称作中日政府之间的四个政治文件，象征着两国关系在政治、经济和文化交流等诸多领域都取得了重大的成果。即便从世界范围来看，中日关系也是从敌对关系转变为"战略互惠关系"的一个珍稀案例。

　　中日邦交正常化虽然已经走过了 40 余个年头，但两国间还存在着很多问题，近年来甚至出现了激烈的对立和紧张的局面。钓鱼岛问题、日本首脑参拜靖国神社问题、知识产权问题、食品安全等争端不断涌现，两国国民间的的感情也在不断恶化。国民感情、经济摩擦等问题虽然都是在中日关系不断扩大过程中所出现的，但"历史问题"、"台湾问题"、"领土问题"才是中日邦交正常化以来导致两国关系不稳定的主要因素，常常将两国关系逼入进退两难的境地。

　　1972 年 9 月中日建立邦交时所发表的《中日联合声明》规定了解决中日间"历史问题"和"台湾问题"的基本原则，奠定了两国发展友好关系的基础。今天，对于导致中日关系不稳定的"历史问题"和"台湾问题"，我们有必要追溯其源头，再次从中探寻问题的本质，并且从整个

---

①　简称《中日联合声明》。

历史过程中考察问题的根源，思考根本性地解决问题的办法。换言之，通过再次探究中日邦交正常化过程中两国首脑是怎样认识"历史问题"和"台湾问题"的，又是怎样在这些问题上达成一致或妥协的，或许可以给建构未来的两国关系，给认识和处理中日之间新出现的各种问题带来一些启示。

自1931年"九·一八事变"以后长达15年的日本对华侵略战争，给中国人民造成了巨大灾难，中国民众对日本也形成了很深的"怨恨"情感。"二战"① 结束后的将近四分之一世纪，中日两国几乎没有政府间的正式交流，普通国民间也没有相互的交流和理解。但自1972年夏天以后，中日邦交正常化的气氛迅速高涨，多年来导致两国不能改善关系和相互接近的诸多问题一下子得到了解决——至少是一定程度的克服或搁置。同年7月，日本成立了新的内阁，新任首相田中角荣在2个月后的9月访问北京，仅通过四次"周恩来、田中角荣会谈"便达成了两国邦交正常化的一致意见。毫无疑问，"尼克松冲击"是促成中日邦交正常化的主要外部因素之一，但与之相比，1972年2月的美国总统尼克松访华是在1971年7月美国国务卿基辛格秘密访华后经过周密准备才得以实现的，并且此后经过了7年时间中美才实现建交。而中日邦交正常化在实现的速度和达成一致内容的广度方面都超过了中美建交。那么，为什么中日两国政府能够如此迅速地恢复邦交？两国又是经过了怎样的谈判过程而迅速制定出政府联合声明的？如今回首望去，还有一些未解的疑问残留在人们的心里。

关于中日两国迅速实现邦交正常化的背景及过程，至今已经有了很多的研究和考证。但似乎多为事实和过程的介绍，少有对这段历史的整体把握。并且，关于轶闻趣事的发掘多，而对中日邦交正常化背后两国人民关于中日友好的真切愿望、对双方领导人在这一历史时期所做出的非凡努力和卓越贡献，特别是对两国领导人的想法所做的分析还显不够。中日恢复邦交与其他国家之间一般意义上的修复外交关系有着性质的不同。中日邦交正常化体现了两国人民克服自19世纪以来的龃龉、实现和平的总体意志，是经由两国领导人的努力而得以实现的。在看待这一历史事件时，我们有必要重新吸取当初两国人民以及两国领导人所看到的历史教训，领悟

---

① 指第二次世界大战。此为简称。

他们对未来的寄语。

关于中日邦交正常化时两国领导人所起的作用，已经有了一定的研究。但一方面，这些研究只涉及了一部分内容，还不是很充分，并且感觉中日两国对此所做的评价稍有不同。在日本很多评价都是消极的（参照本书第四章），认为田中角荣首相之所以对恢复中日邦交转向积极，主要是为了选举，在时势推动下，国内外形势又比较有利，于是摘下了这一甜蜜果实（恢复邦交）。与此不同的是，中方对其进行了高度评价，认为田中首相是顺应历史潮流、怀着中日不再交战和亲善友好的信念，不顾日本自民党内以及日本国内的反对意见而致力于实现对华邦交正常化，是战后①日本外交史上少有的富有战略眼光的首相。另一方面，关于推动邦交正常化的最大动力源自中方的主动接触这一点，中日双方的研究大都表示了肯定。并且，"周四条件"的提出使得日本经济界出现了靠近中国的雪崩效应；田中内阁刚一成立，中国即派遣孙平化等负责对日工作的要员前往日本，很快建立起两国政府间的接触渠道；中方在公明党委员长竹入义胜访华期间提出了谈判草案，使日本政府和执政党内的主要反对意见减少，田中首相终于做出了访华决定等等，对于这些内容大多数研究者都没有什么异议。

但是，中方这一推进对日正常化的具体政策是怎样制定出来的？其主要的政策制定者、推动者和实施者又是谁？关于这方面的研究还不能说很充分。"毛泽东主席制定大政方针，由周恩来总理去执行"这一说法也很普遍，但只能说这是在资料比较少的情况下所做的一种印象论的、推测式的判断。对此，笔者认为，仔细研究周恩来在此过程中所起的作用，对还原真实的历史面貌、理解中国领导人对中日关系的未来所寄予的期望是不可或缺的。

2003 年 6 月，日本《读卖新闻》社根据《情报公开法》，向日本外务省请求公开中日邦交正常化谈判过程的外交资料，于是，外务省首次公开了以下资料：《田中首相、周恩来总理会谈记录（1972 年 9 月 25 日—28 日）——日中邦交正常化谈判记录》②（共 4 次）、《大平外相、姬鹏飞外交部长会谈（摘要）（1972 年 9 月 26 日—27 日）——日中邦交正常化谈判记录》③（包括

---

① "战后"，特指第二次世界大战后。下同。
② 《田中総理·周恩来総理会談記録——日中国交正常化交渉記録》，日本外务省外交史料館所藏，公开文书整理号码 01—42—1。
③ 《大平外務大臣·姬鵬飛外交部長会談（要録）——日中国交正常化交渉記録》，日本外務省外交史料館所藏，公开文书整理号码 01—42—2。

非公开会谈，共4次），以及被称为"竹入笔记"的公明党委员长竹入义胜与周恩来总理的会谈记录《竹入义胜、周恩来会谈记录》①（共3次）。以这次公开的史料为基础，结合此前已公开的史料，就为再次探究中日两国政府邦交正常化的谈判过程、双方各自的想法、尤其是周恩来总理在其中所起的作用提供了新的依据。

第一节　先行研究的介绍与评价

一　日本学者的"中日关系"研究

研究1972年的中日邦交正常化，必须对战后中日关系进行全面的考察。在20世纪80年代前期，日本关于中日关系的研究书籍仅限于中日文化比较论或是中日关系史类，且研究成果也是寥寥无几。日本学者天儿慧认为，通过这些研究成果来理解中日关系，是不可能做到真正意义上的"知道、理解"对方的。② 80年代后期，有关中日关系的一些客观、总括性研究逐步增多，终至硕果累累。对于其中一些被高度评价的先行研究，以下将其划分通史类、综合研究类、各时代事件研究类这三类分别加以介绍。

（一）通史类

（1）古川万太郎《日中战后关系史》（原书房，1981年版）

作者有效地利用自身新闻记者的经历、个人的采访记录以及丰富的资料，对从战后到70年代末中日两国政治和经济关系的发展等进行了详细记述。是第一本有关战后中日关系的通史书，也是研究中日关系的基础性著作。

（2）田中明彦《日中关系1945—1990》（东京大学出版会，1991年版）

作者按照时间顺序概述了两国关系，并围绕各时期的争论点进行了探讨，总结论述了战后45年间的中日关系。本书分别从①两国间的原动力、②国内形势、③国际形势这三个视角论述了战后中日关系。

（3）增田弘、波多野澄雄著《亚洲中的日本与中国——友好与摩擦的现代史》（山川出版社，1995年版）

---

① 《竹入義勝·周恩来会談記録》，日本外务省外交史料馆所藏，公开文书整理号码01—298—1至01—298—2。

② 赵全胜：《日中関係と日本の政治》，岩波书店1992年版，天儿慧执笔部分，第292页。

此书作为 14 名日本研究者的共同研究成果,从中日两国的政治以及经济的变迁、国内政治与外交的关系、中日关系与美国、苏联、韩国以及东南亚各国错综复杂的关系等各个方面进行了分析,对中日关系进行了全方位的探讨。

(4) 添谷芳秀《日本外交与中国:1945 年—1972 年》(庆应通信,1995 年版)

该书作者利用大量英美两国的文献,着眼于日本政府在国际政治环境强烈制约下所采取的政策,以及从独自的中国观出发,积极致力于打开中日关系的非政府组织所发挥的作用,同时也对战后日本的对华外交进行了综合考察。

(5) 岛田政雄、田家农《战后日中关系五十年》(东方书店,1997 年版)

此书包括了作者本人的亲身经历,并按照年代具体记录了战后至 1996 年中日友好的发展历程。

(6) 中日友好协会主编《中日友好运动五十年》(东方书店,2000 年版)

记录了自社团法人日中友好协会成立至缔结中日友好和平条约之间的中日民间交流和民间友好运动。

(7) 陈肇斌《战后日本的中国政策——1950 年代东亚国际政治的文脉》(东京大学出版社,2000 年版)

依据英美日的外交文书等第一手资料,从独自的视角出发对吉田内阁、鸠山内阁和岸内阁的中国政策,尤其是 20 世纪 50 年代日本政府的"两个中国"政策进行了分析,是一部研究战后日本外交史的力作。

(8) 毛里和子《中日关系——从战后走向新时代》(岩波新书,2006 年版)

对从冷战时期起,经过中日邦交正常化到现在为止长达半世纪的中日两国关系进行了仔细探讨。也指出了两国关系正在发生结构性的重大变化,并就构建两国关系的"新时代"提出了历史经验与教训。

(二) 综合研究类

(1) 冈部达味《中国的对日政策》(东京大学出版社,1976 年版)

论述了中国外交的基本性格,并通过分析《人民日报》有关日本的报道,严密探讨了中国的对日政策。

（2）冈部达味编著《中国外交——政策决定的构造》（日本国际问题研究所，1983 年版）

是 7 名中国问题研究专家的共同研究成果。分别从①领导层的"对外形象"的构成因素、②在联合国的演讲、③国内的新闻报道、④对外关系组织的沿革与现状等角度来分析改革开放以后的中国外交政策，并举出实例来推论中方外交政策形成的原因。

（3）绪方贞子著、添谷芳秀译《战后日中、美中关系》（东京大学出版社，1992 年版）

论述了 1949 年至 1987 年的中美关系与中日关系，并对中美与中日如何实现邦交正常化进行了对比分析，指出了日美两国对华政策的差异。对战后世界政治的结构性变化也进行了清楚的分析。

（三）各时代事件类

（1）田村重信、小枝义人、丰岛典雄著《日台断交与日中关系正常化》（南窗社，2000 年版）

此书以实现中日邦交正常化的前提条件——日华（台湾）断交为关注点，加入了对当时从事日本和中国台湾交涉的原大使中江要介等当事人的采访，仔细描写了日本和中国台湾断交的来龙去脉以及日本政府和自民党的动态以及相关人员的困扰等。

（2）王伟彬《中国与日本的外交政策》（ミネルヴァ书店，2004 年版）

以 20 世纪 50 年代为中心，对中日两国是基于怎样的政策来应对对方进行了考察。尤其以日本的"政经分离"政策与中国的"政经不可分"政策为中心来进行分析。

（3）石井明、朱建荣、添谷芳秀、林晓光主编《记录与考证：日中邦交正常化、日中和平条约缔结交涉》（岩波书店，2003 年版）

作为一本回忆录、论文集，依据新史料与新证言，尤其是对从 1972 年的中日邦交正常化到 1978 年的《中日友好和平条约》之间的中日关系史进行了重新探讨，并简要介绍了日本外务省公开的有关围绕中日邦交正常化与和平友好条约进行的中日政府间交涉的新史料。

二　中国学者的"中日关系"研究

由于"文化大革命"等国内政治事件的原因，直至 20 世纪 70 年代末，中国国内仍未展开有关"战后中日关系"的研究。尽管进入 80 年代以后出现了一些概观通史类的书籍，但真正意义上的研究是进入 90 年代以后才开始的。① 其中大部分为通史类，一部分加入了研究性的分析。其中具有代表性的研究成果如下。

（1）林代昭《战后中日关系史》（北京大学出版社，1992 年版）

这是第一本有关战后中日关系的通史书。运用国际视野来把握两国关系史，并对政治、经济、文化的相互交流进行了多方面的分析。

（2）吴学文、林连德、徐之先《当代中日关系：1945 年—1994 年》（时事出版社，1995 年版）

从政治、经济、文化等方面对战后 49 年间的中日关系进行了概述。作者使用了没有对外公开的外交资料，但书中并没写明出处。

（3）田桓主编《战后中日关系文献集 1945—1970 年》（中国社会科学出版社，1996 年版）

由田桓主编，孙平化、肖向前、王效贤等人监修的这一战后中日关系史丛书，记录了 1945 年至 1995 年间中国有关中日关系的重要文献。该册收录了 1970 年之前的有关政治外交关系以及经济、科技、教育、文化等方面的文献及中方资料、日方资料，另外还有有关战后中日关系方面的系列重要文献。

（4）田桓主编《战后中日关系文献集 1971—1995 年》（中国社会科学出版社，1997 年版）

该册收录了 1970 年至 1995 年间对中日关系而言至关重要的条约、协定、协议、共同声明、会谈公报、政府要员谈话、新闻社说、评论、新闻报道、中日两国政党以及社会团体往来活动等有关文件。是研究中日关系的基本文献书。

（5）李恩民《中日民间经济外交 1945—1972》（人民出版社，1997 年版）

作者利用大量资料，对 1972 年之前约 20 年间展开的中日两国民间经济交流的发展进行了追踪，并对两国的经济外交进行了考察。

---

① 李玉：《给新中日关系的建议：环境、新人文主义、共生》，樱美林大学、北京大学合编 2004 年版，第 347 页。"因为种种原因，新中国成立后的日本研究经历了一段艰苦、迂回曲折的过程，80 年代以后终于迎来了新局面。"

（6）罗平汉《中国对日政策与中日邦交正常化》（时事出版社，2000年版）

该书以时间为顺序，仔细分析了从中华人民共和国成立到实现中日邦交正常化之间中国政府对日政策的形成与变化。

（7）田桓主编《战后中日关系史 1945—1995 年》（中国社会科学出版社，2002 年版）

分别从政治、经济、文化关系的层面概述了战后 50 年间的中日关系。

（8）黄大慧《日本的对中政策与国内政治——中日复交政治过程的分析》（当代世界出版社，2006 年版）

对日本自民党、外务省、经济界等就对华邦交正常化所采取的政策和行动以及公众舆论进行了分析，并解析了日本政府对华政策的形成过程和特征。

通过对两国学者有关中日关系的研究成果进行综合考察后会发现，中日学者对战后至实现中日邦交正常化为止的两国关系的研究，其视角有着明显的差别。大多数的日本学者着眼于日本的对华外交政策的研究，并且比较关注国际政治环境及美国的世界战略对战后中日关系发展的制约。

一方面，日本学者认为，中日关系是与日本的对美外交有着深刻关联的政治问题，对中日邦交正常化的实现起到决定性作用的是 1971 年中美关系的改善。然而，关于中国的国际战略以及中国国内政治环境的变化对中日关系的发展所造成的重大影响，其分析仍存在着一些不足。另一方面，在 20 世纪 90 年代中期之前，中国研究者对"民间贸易→半官半民关系→邦交正常化"这种战后中日关系的发展图式持肯定态度，强调民间贸易外交的成果，并主张中国政府"以民促官"的对日外交政策对中日邦交正常化发挥了决定性的作用。20 世纪 90 年代中期以后，尽管中国国内对"人民外交决定论"出现了质疑的声音，但尚未出现具体的、实证性的否定性研究。

三　日本有关周恩来的研究

本研究的另一重点内容是关于中国对日外交的关键人物——周恩来的研究。日本有关周恩来的研究始于 1936 年的"西安事变"，内容主要是周恩来的个人生平介绍及政治活动、发言的分析等。1939 年，波多野干一所著《周恩来传》（《改造》19 卷第 7 号，1939 年版）问世，这是日本

第一本介绍周恩来的传记。有关周恩来对日外交的研究，主要是在 1972
年中日邦交正常化之后陆续发表的。其中有森下修一的《周恩来与中国
的内外政策》（岛崎经济研究所，1973 年版）、米谷健一郎的《周恩来谈
日本》（实业日本社，1972 年版）、高田富佐雄的《周恩来追求的日中复
交》（《朝鲜评论》1972 年，第 136 号）等，这些论著主要分析了周恩来
处理中日关系的原则和战略，并对今后的中日关系以及中国的对日政策等
进行了预测。

　　日本学者有关周恩来的学术性研究是从 20 世纪 80 年代以后开始的，
并且大多数研究着眼于周恩来的生涯以及他与毛泽东之间的关系。其中就
有松野谷夫所著《遥远的周恩来》（朝日新闻社，1981 年版）、柴田穗的
《毛泽东的悲剧（第五卷）——周恩来的时代》（产经新闻社，1979 年
版），矢吹晋的《毛泽东与周恩来》（讲谈社，1991 年版）。关于周恩来
对日外交的著作主要是与周恩来有过交往的人们所著，其中的代表作有
《日本人心目中的周恩来》（里文出版，1991 年版）。这部著作是由 70 位
曾与周恩来有过交往的日本政界、财界、文化界、体育界以及艺术界人士
共同撰写的回忆录，也是由一篇篇回忆战后中日民间交流、周恩来的人格
以及会见发言等内容的文章所组成的证言录。此外还有介绍周恩来与日本
友人交往的著作，比如南开大学周恩来研究中心著、王永祥编的《周恩
来与池田大作》（朝日有声杂志，2002 年版）、周恩来著、矢吹晋编的
《周恩来"十九岁的东京日记"——1918. 1. 1—12. 23》（小学馆，1999
年版）、苏叔阳、竹内实所著《大地的儿子——周恩来的故事》（产经出
版社，1982 年版）等。

四　中国有关周恩来的研究

　　由于中国的国内政治形势以及周恩来本人的指示，在周恩来生前，中
国国内几乎没有有关周恩来的研究。尽管在 1949 年以前以及 1959 年左
右，出版了几册周恩来的对谈录以及由周恩来的身边人所撰写的回忆文
章，但中国有关周恩来的正式研究是从 1976 年的"四·五运动"之后开
始的。其研究成果可分为以下三个类别。

　　（一）国家研究机构研究人员的共同研究

　　1979 年，根据中国共产党中央委员会的指示，设立了中共中央文献
研究室，其中也设立了"周恩来研究组"。其后，南开大学、中共中央党

史研究室以及中国各地的党史研究机构也展开了周恩来研究。作为研究成果，出版了中央统战部与中央文献研究室编写的《周恩来统一战线文选》（人民出版社，1984 年版）、中共中央文献研究室编写的《周恩来年谱》（中央文献出版社，1989 年版）、中华人民共和国外交部与中共中央文献研究室编写的《周恩来外交文选》（中央文献出版社，1990 年版）、中华人民共和国外交部外交史研究室的《周恩来外交活动大事记》（世界知识出版社，1993 年版）、中共中央文献研究室周恩来研究组的《风范、思想、乡情》（中央文献出版社，1994 年版）等。这些文献成为研究周恩来的不可或缺的基础资料。

（二）回忆录及纪念、宣传、颂扬文章以及文艺作品

1976 年 1 月周恩来去世之后，他的部下、秘书、警卫人员等生前有过交往的人士和一起工作过的人们，出版了大量回忆文章和纪念周恩来的文艺作品。这类著作在 1988 年以前的周恩来研究成果中占据着很大的比例。其后，还出版了李克菲的《周恩来专机机长的回忆》（江苏文艺出版社，1991 年版）、廖心文的《友情与事业》（中央文献出版社，1991 年版）、安建设编写的《周恩来的最后岁月》（中央文献出版社，1995 年版）、陈乃昌的《追随周恩来的岁月》（中共中央党校出版社，1995 年版）、张佐良的《周恩来的最后十年》（上海人民出版社，1997 年版）、邹研的《周恩来与他的卫士们》（中央文献出版社，2001 年版）、纪东的《难忘的八年——周恩来秘书回忆录》（中央文献出版社，2007 年版）等力作。这类作品作为第一手资料，有着巨大的研究利用价值。

（三）学者的个人著作与论文

1980 年以后，尽管研究周恩来的生平及其思想、政治活动、外交以及日常各个方面的著作、论文相继问世，但 1988 年 3 月在南开大学召开的"首届周恩来研究学术研讨会"，才标志着中国学术领域关于周恩来研究的真正开始。其后，单个学者的学术著作和论文大量问世。其中有刘炎《周恩来研究文选》（南开大学出版社，1988 年版）、裴坚章《研究周恩来》（世界知识出版社，1989 年版）、李静《周恩来》（中共中央党校出版社，1995 年版）、李海文《周恩来研究评述》（中央文献出版社，1997 年版）、金冲及《周恩来传》（中央文献出版社，1998 年版）、徐行《新视野下的周恩来研究》（中央文献出版社，2009 年版）等优秀的研究成果。

关于周恩来对日外交的先行研究如下：

（1）季明、刘强《周恩来的外交艺术》（山东大学出版社，1992 年版）

（2）童小鹏《风雨四十年》（中央文献出版社，1996 年版）

（3）层长秋《永恒的魅力——周恩来的领导艺术》（红旗出版社，1997 年版）

（4）米镇波《深谋远虑——周恩来与中国外交》（重庆出版社，1998 年版）

（5）陈答才、藩换昭《以民促官——周恩来与中日外交》（重庆出版社，1998 年版）

（6）裴默农《周恩来外交学》（中央党校出版，1998 年版）

（7）曹应旺《中国外交第一人周恩来》（山西人民出版社，1999 年版）

（8）王永祥《周恩来与池田大作》（中央文献出版社，2001 年版）

（9）王永祥《日本留学时期的周恩来》（中央文献出版社，2001 年版）

（10）李连庆《大外交家周恩来》（香港天地图书有限公司，2002 年版）

（11）裴默农《周恩来与新中国外交》（中共中央党校出版社，2002 年版）

（12）傅红星《周恩来外交风云》（文汇出版社，2003 年版）

以上研究以周恩来个人与中国对日外交为考察对象，从各个方面具体叙述了周恩来与日本人的交流，特别是他提出的"民间先行，以民促官"的对日政策，强调了他的对日民间外交的成果。其中，陈答才、藩换昭著《以民促官——周恩来与中日外交》是以周恩来与中日外交为研究对象的学术著作。作者对古代的两国友好交流史至近代的两国战争史、直至战后的民间交流进行了历史性论述，对战后的民间交流、周恩来的"以民促官"以及"政治三原则"等对日方针给予特别关注，指出了周恩来对中日关系的贡献。另外，还介绍了日本人对周恩来的评价。

中国有关周恩来研究的论文数量也非常庞大。其中，有关周恩来与中国对日外交的论文可分为以下两类：

（1）周恩来的对日外交思想、哲学。

（2）周恩来与中日民间外交。

其中大多数论文发表在学术期刊上，篇幅简短，往往从周恩来对日外交的某一时期或者某一方面来进行论述。这些论文的特征是参考文献相似、论点相近、论述风格也是大同小异。从学术视角来看，周恩来不是圣人，在其对日外交中也存在着不完善之处。然而，在国内研究者的论文中几乎看不到这类评议观点，也未涉及其对日外交不完善之处给今天的中日关系留下了怎样的教训。

第二节　本书的重点问题

笔者在上述先行研究成果的基础上，在中日两国又进行了独自的资料调查，采访了为实现中日邦交正常化而作出贡献的两国外交人员、周恩来的秘书、卫士长等人，对周恩来在中国对日外交以及两国邦交正常化中所发挥的作用进行了考察。笔者希望借助上述材料，着重关注先行研究成果中的以下四个问题，从中国国内的视角出发，对周恩来与中国的对日外交以及中日邦交正常化的关系展开分析。

一　中日邦交正常化是否主要是中日民间外交"累积式"的成果

大多数的中国研究者分析认为，1972 年实现的中日邦交正常化是战后中日民间外交"累积式"的成果。罗平汉对此称赞道，"如果没有战后20 多年的中日民间外交，田中内阁是不可能在诞生之后不久就实现中日邦交正常化的"，"中日邦交正常化的实现是中国的对日民间外交、人民外交的典范"。① 另外，陈答才也分析道，"在周恩来的对日民间外交思想的指导下，经过长达 20 年的中日民间外交的积累，中日邦交终于在 1972年 9 月实现了正常化"。②

可以说"累积式"为中日邦交正常化奠定了基础，但也不能就此断言：如果没有长达 20 年的民间交流，田中首相不会访华，中日邦交正常化也无法实现。因为，在国际社会上引起不小震动的 1971 年的基辛格访华，就是在美国的对华"封锁政策"之下，中美之间此前几乎没有任何

---

① 罗平汉：《中国的对日政策与中日邦交正常化》，时事出版社 2000 年版，第 4—5 页。
② 陈答才：《周恩来与中日民间外交》，《中外学者再论周恩来》，中央文献研究出版社1999 年版，第 650 页。

交流的情况下实现的。中华人民共和国成立后 23 年都未能实现的中日邦交正常化，在田中内阁成立后不到三个月内就得以实现，仅仅用"水到渠成"（由"累积"的努力而自然达致成功）来解释是远远不够的。尤其是在佐藤内阁后期，中日之间几乎断绝了交流，在一部分日本经济界人士的不懈努力之下，民间贸易得以勉强维持，保住了中日交流的一丝联系。在田中内阁诞生的第 84 天一举实现了中日邦交正常化，这也可以看做是一次巨变、一起事件，应该与"累积"的背景区别开来。

所谓"累积式"指的是与要达到的目的（恢复邦交等）有着一致的方向性，并通过种种基础的努力，最终达成目标的一个过程。20 世纪 50 年代初期至 60 年代中期，中国在促进对日关系方面确实一贯采取的是"民间外交"和"累积"的方式。对此，张香山说："对日民间外交是实现中日邦交正常化的战略方针，通过中日民间友好关系的发展而孤立美国，用日本人民的力量给日本政府的对华关系施加影响"。① 归根结底，这是与美国主导下的国际体系进行的一场较量，其目的是让日本从美国的对华战略中脱离出来，从而实现中日邦交正常化。然而，1972 年实现的中日邦交正常化与 20 世纪 60 年代中期前的"累积式"却有着不同的方向。经过"文化大革命"这段外交的停滞期，中国领导层以中美接近为契机放弃了"革命外交"，转而肯定由美国主导的国际秩序，进而借着中美接近这股"春风"推动中日邦交正常化的实现。从这个意义上说来，由 1972 年 9 月的田中访华及联合声明的发表所实现的中日邦交正常化并非民间外交"累积式"的胜利，而应视作中国在新的国际形势下展开的新的外交政策的结果。

毛泽东、周恩来等中国领导人也曾说过："建交还是必须得与那个国家的执政党以及政府进行直接交涉"，"归根到底，要解决中日复交问题只能依赖自民党政府"②，因此必须把这个阶段与之前"累积式"的阶段区别开来。

二 中国外交是否都是由毛泽东主导、周恩来辅助的

无论是对国外的访问者，还是对国内的党、政府、军事部门的干部，

① 张香山：《日中の懸け橋を準備した人々》，《論座》，岩波书店 1997 年 11 月号，第 184 页。

② 《毛泽东外交文选》，中央文献出版社、世界知识出版社 1994 年版，第 598 页。

或普通老百姓，周恩来常说的一句话是，"这是毛主席的决定，那是得到了毛主席的同意的"。1972 年 7 月，周恩来在与日本公民党竹入义胜委员长的第三次会谈中传达了中国政府的草案。据竹入证实："周恩来边看笔记，边说'这是得到毛主席批准的文件'，然后才开始朗读草案。"① 中国国内有多位历史研究者也持同样的看法。② 然而，《周恩来传》的作者金冲及分析称："依我看来，周恩来向毛泽东提出的方案如果被毛主席采纳，他在向外部传达信息的时候一定会说这是毛主席的指示，而绝不会说这是自己的提案。另外，如果提出的方案被毛泽东否定了，周恩来在向外部传达信息的时候一定会说要认真执行毛主席的指示，而不会说自己与毛泽东有不同的意见"。③ 该书资料也证实，周恩来对外在所有事情上都不会把自己的意见摆出来，一定会忠实地执行毛主席的指示，原外交部长乔冠华在一次采访中也给予了以下证实："总理是一位非常谦虚的人，他绝对不会说这是自己的提案。他对所有人都说这是（毛泽东）主席的指示，尤其是在外交方面。虽然总理常常说这是主席的提案，那又是主席的意见——这表现了总理对主席的尊敬，可实际的情况并不是那样的。请你们务必记下我所说的话。"④

　　确实可以说，新中国成立后全面的外交战略的制定以及对美、对苏这些事关大局的大部分外交案件的决策是由毛泽东主席主导、周恩来总理辅助的。⑤ 1970 年以后的对美接近也完全是属于"毛泽东主导，周恩来辅助"的模式。然而，对于欧洲、非洲、日本等"从属于全面外交战略"的外交案件，毛泽东有时候也会给予周恩来很大的处理权限。在 1972 年展开的华丽的对日外交以及中日邦交正常化的过程中可以发现这样的模式。

　　从 1971 年末至 1972 年秋，一些内外因素促使"毛泽东主导，周恩来辅佐"这一传统模式发生了偏离。其一，打开中美关系后，毛泽东对外

---

① 《朝日新闻》1997 年 8 月 27 日。

② 例如：陈小鹿《美国有关对克松访华中毛泽东与周恩来的分析》，参见《中共党史史料》2006 年第 2 期，第 193 页。

③ 《访金冲及：毛泽东与周恩来》，《说不尽的毛泽东——百位名人学者访谈录》（下），中央文献出版社 2000 年版，第 397 页。

④ 中共中央文献研究室第二编研部：《访乔冠华：周恩来在"文化大革命"中的外交贡献》，《知情者访谈录话说周恩来》中央文献出版社 2000 年版，第 397 页。

⑤ 张历历：《外交决策》，世界知识出版社 2007 年版，第 110—113 页。

交战略的全面转变（联美反苏）产生了信心，中国外交走上了全新的轨
道，因此在那之后，毛泽东对具体的外交工作发言的次数急速减少。① 其
二，"林彪事件"之后，毛泽东担心"文革"路线会被否定，于是将注意
力暂时集中到内政上，而外交方面则完全托付于周恩来。另外，从 1972
年初至秋天的一段时期内，毛泽东一直面临严重的健康问题，将党政军的
权力移交给了周恩来，周恩来在长达 50 多年的政治生涯中，第一次名副
其实地成为了中国共产党的第二把手。

　　因此，从 1971 年末至 1972 年 9 月这一段周恩来集中力量展开对日外
交的时期，可以认为是偏离了"毛泽东主导、周恩来辅佐"这一外交模
式的特殊时期。

三　"历史问题"是否是中日邦交正常化交涉中的主题

　　在小泉纯一郎首相时代，中日之间围绕"历史问题"曾陷入严重对
立，两国国民彼此之间的感情也不断地恶化。在此期间，中国政府领导人
乃至学者几乎都主张"邦交正常化以来，'历史问题'和'台湾问题'往
往是阻碍中日两国关系发展的两大问题"，尤其是在江泽民时代，对日本
特别强调了"历史问题"。② 然而，如果根据日本外务省的公开史料，对
两国政府在中日邦交正常化中有关"历史问题"和"台湾问题"的交涉
过程进行考证的话，就会发现中国政府把"台湾问题"作为原则性问题，
强烈要求日方承认了"复交三原则"③，但在"历史问题"上并没有对日
方深入追究。

　　在周恩来于 1971 年 7 月向公明党委员长竹入义胜出示的关于《中日
联合声明》的中方政府草案中，完全没有提及"历史问题"。④ 没有将日

---

　　① 笔者通过查阅《毛泽东外交文选》和《建国以来毛泽东文稿》，并对 1971 年初到 1972
年 2 月底进行了对比，得出了 1972 年 2 月到 1972 年 10 月底，毛泽东在外交问题上的谈话次数急
速减少的结果。

　　② 朱建荣：《歴史を忘れず〈以徳為隣〉関係へ——江沢民主席訪日の意義》，《世界》，岩
波书店 1992 年 2 月号，第 13 页。

　　③ "复交三原则"有以下三点。（1）只有一个中国，中华人民共和国政府是代表中国人民
唯一的合法政府。坚决反对制造"两个中国"和"一个中国，一个台湾"的阴谋。（2）台湾是
中国的一个省份，是中国领土不可分割的一部分，"台湾问题"是中国的内政问题。坚决反对
"台湾归属未定"论。（3）《日华和平条约》是非法的，必须予以废除。

　　④ 日本外务省外交史料馆公开史料。

本发动的战争作为"侵略战争"写入，实属中方的让步。中国政府之所以没有对日本深入追究侵略战争的责任问题，是期待日方今后能够在一些可能刺激中国人民感情的事情上谨言慎行。不过，考虑到当时中国国内民众的对日情绪，周恩来于 1972 年 9 月 25 日在田中首相欢迎宴会上的致辞中讲道："自从 1894 年以来的半个世纪中，由于日本军国主义者侵略中国，使得中国人民遭受重大灾难，日本人民也深受其害。前事不忘，后事之师，这样的经验教训，我们应该牢牢记住"①，严肃表明了中国政府在"历史问题"上的基本态度。

听了周恩来的致辞后，田中首相就战争问题表示："前些年，我国给中国人民添了很大的麻烦，我再次表示深刻的反省"。其中，"ご迷惑"被翻译成中文的"添了麻烦"，在会场上掀起了不小的波澜。② 第二天，也就是 9 月 26 日，周恩来在第二次首脑会谈上对此表示了强烈的不满，他说道："田中首相说：'对过去的不幸表示反省'，这是我们能够接受的。但是，'添了麻烦'这一句话，会引起中国人民强烈的反感。"并对原因做出解释说："因为在中国，所谓'麻烦'只用在小事情上。"③

作为此次会谈的结果，在《中日联合声明》的前文中加入了"日本对过去战争给中国人民造成的重大损害的责任，表示深刻的反省"这一段话。

总而言之，在中日邦交正常化之际，中国政府在对待"历史问题"上，相比对日本过去的侵略行为进行严厉谴责，更为期待的是日本能够自我反省侵略战争给中国人民带来的深重灾难，不再重蹈覆辙。换言之，正如"前事不忘，后事之师"所言的那样，中国强烈地感觉到，"不能认真对待历史和过去，就会有重蹈覆辙的危险"。

通过考察日本外务省公开的在中日邦交正常化过程中两国政府首脑谈判的史料我们会发现，中日谈判的中心课题是"台湾问题"，而不是"历史问题"。

---

① 中共中央文献研究室编：《周恩来年谱 1949—1976》下卷，中央文献出版社 1997 年版，第 552 页。

② 永野信利：《天皇と鄧小平の握手》，行政問題研究所出版 1983 年版，第 58 页。

③ 中共中央文献研究室编：《周恩来年谱 1949—1976》下卷，中央文献出版社 1997 年版，第 553 页。

四　中国急于推动对日邦交正常化是否因为对苏战略是优先事项的缘故

在日本学者的先行研究当中，有很多人提出了这样的看法。比如卫藤藩吉就指出："如果（中国）与日本继续保持对立，日本会倒向苏联，而在苏联对自由国家阵营的贸易中占有最大比重的日本，其财界中曾经存在的某种中国热也会消退。"①

对于苏联的威胁，无疑是当时中国外交优先重视的问题。1969 年 3 月，中国人民解放军与苏联军队在中苏边境的乌苏里江上的小岛——珍宝岛上爆发了一场武装冲突，引起了全世界的震惊。此后，苏联从外交和军事这两方面给中国施加压力，并恐吓可能会用核武器攻击中国。中国领导人强烈感受到来自苏联方面的武力威胁，动员全国人民进入防御备战状态。从那以后，中国的"主要敌人"从美国转成了苏联。

中国为了避开来自苏联的军事威胁，开始考虑吸引更多的国家加入反苏统一战线，推动对日关系的改善也可以认为有这方面的考虑。然而，中美接近的实现使得该问题得到了基本的解决。在中日邦交正常化的问题上，虽然有抑制苏联的一面，但应该没必要急于一时。原因是：①中国在 20 世纪 50 年代之后一直努力寻求对日复交。②没有证据显示，中国因为遭到苏联的威胁而自行降低了中日邦交正常化的条件。而且，1972 年 7 月 29 日，在与竹入的第三次会谈中就有关在《中日联合声明》中写入"反霸权"（即反对苏联霸权主义的内容）条款这一问题，周恩来讲道，"如果'霸权'一词对日本来说过于敏感，可以换个说法或者不写进联合声明"。②总而言之，在中日邦交正常化之际，尽管周恩来意图压制苏联，但他并没有坚持一定要将反霸权条款写入联合声明。因此对中国而言，尽管对苏战略是推动对日正常化的一个诱因，但并非最优先的考虑因素。

第三节　本书的主要观点

在田中内阁诞生第 84 天之际，中日两国政府发表了中日邦交正常化

---

①　衛藤藩吉：《大国におもねらず小国も侮らず》，《中央公論》1972 年 10 月号，第 125 页。

②　日本外务省外交史料馆公开史料。

的联合声明。对此，许多中国学者分析认为，中日邦交正常化的实现是战后中日民间外交的"累积式"的成果。但本书认为，在田中政权初期，中日邦交正常化之所以得以迅速实现，是周恩来在其自身的日本观以及中国一贯的对日外交战略的基础上，抓住"尼克松冲击"这一国际政治环境的巨变以及中国国内政治形势发生变化的时机，迅速地充分运用各方面的有利因素，亲自制定对日方针并一一部署具体对策的结果。当然，日方的田中内阁的战略判断以及其对周恩来外交的呼应也应予以肯定。

1952 年 4 月缔结的《日华和平条约》阻碍了中日复交的进程。一个月之后，中国政府在周恩来的主导下，出台了"民间先行，以民促官"的对日外交政策。这既是实现中日邦交正常化这一目标的手段，也是通过毛泽东思想下的"人民外交"[①] 向日本的对华政策施加影响以实现中日邦交正常化的方针。从新中国成立至 1957 年这一段期间，尽管中日贸易与人员往来日益扩大，但 1958 年的"长崎国旗事件"[②] 导致中日交流全部中断，"人民外交"的成果也因为日本政府的行动而付之东流。1959 年 3 月，周恩来意识到通过民间外交来实现中日邦交正常化的局限性，他表示："民间外交这一做法已经不能打开两国的关系，只能依靠政府与政府之间的对话来寻求政治性的解决"，他明确指出，"政府间的直接谈判是恢复邦交的唯一途径"。[③]

此后，在中日双方的努力下缔结了"LT 贸易"备忘录[④]，1964 年中日两国互相设立了贸易联络事务所。对于这一时期的中日关系，许多中国学者认为是"半官半民"性质的[⑤]，但是，日本政府并没有给予中国方面坚持要求的外交官待遇，相关事务所也没有获准悬挂国旗，因此日方认为

<hr />

① "人民外交"为毛泽东主席原话。本书也叫民间外交。

② "长崎国旗事件"发生在 1958 年 5 月，在日本长崎市的滨屋百货公司举办的中国物品展览会上悬挂的中国国旗被一名右翼青年降下。然而，日本政府以不承认中国国旗为由，只把这次事件定性为轻微犯罪。中国方面对这一侮辱国旗的事件提出强烈抗议，由此废弃了第四次民间贸易协定，以致中日间的交流全面断绝。

③ 《朝日新闻》1959 年 3 月 16 日。

④ 是有关中日综合贸易的备忘录。该备忘录由中方代表廖承志和日方代表高崎达之助署名，并以二人的姓名开头字母命名为"LT 贸易"备忘录，由此产生的中日贸易，被称为"LT 贸易"，也叫"备忘录贸易"。

⑤ 罗平汉：《中国的对日政策与中日邦交正常化》，时事出版社 2000 年版，第 131 页。吴学文：《当代中日关系 1945—1994》，时事出版社 1995 年版，第 122 页。

这只是民间协定。① 佐藤内阁上台之后，废除了为期 5 年的"LT 贸易"备忘录，改为一年一签的备忘录贸易。

1969 年，由于珍宝岛军事冲突，中国开始从意识形态外交迈向国家利益外交，并展开了对美接近的计划。1971 年 7 月的"尼克松冲击"给日本带来了巨大震动，周恩来不失时机地抓住国际政治环境变化所带来的机遇，机敏地处理了中日间存在的"台湾问题"、"历史问题"以及"战争赔偿问题"，并在 1972 年 9 月一举实现了中日邦交正常化这一长年的夙愿。

"台湾问题"对中国而言，是一个与国家的政治、安全与和平统一等国家利益息息相关的切实问题，中国最期望的是在自己规定的条件下与美国、日本实现邦交正常化。然而，美国在"台湾问题"上的暧昧态度使得通过尼克松访华实现中美建交的可能性化为乌有。因此，利用尼克松访华给世界带来的冲击，不失时机地去实现战后 23 年来都未能实现的中日邦交正常化，对中国而言就成了一项既重要又紧迫的课题。周恩来在与基辛格的会谈中，对日本军队可能进驻台湾表达严重警惕，并要求美方，"你们必须保证不会在撤离台湾之前让日本军队进入台湾"。② 周恩来认识到中日邦交正常化有利于阻止日本军国主义死灰复燃，希望中日两国不再互相谋求霸权，不再交战，子子孙孙能够永远保持和平友好的关系。从 2003 年公开的中日两国首脑在中日邦交正常化之际的会谈记录中可以看到，周恩来出于对日本的照顾，并没有提出缔结《媾和条约》或《和平条约》，而是决定缔结一部超越《日华和平条约》的、由他自己亲自命名的《中日和平友好条约》。在中日邦交正常化的问题上，周恩来最重视的并不是"历史问题"——即所谓对过去的整理，而是重新构建面向未来的中日关系。当然，其中也有出于对苏战略的考虑，但无疑的是，构建面向未来的中日关系，使其重回正常发展的轨道才是最重要的考虑因素。

综上所述，在推动中日邦交实现正常化的进程中，中国方面发挥主导

① "LT 贸易"建立之后，中日关系因为日本政府在吉田书简和日本进出口银行的融资问题上所采取的行动与声明而被完全否定了"半官性质"，日本向国内外表明中日关系始终只是维持着民间层面上的关系。而同样与日本没有建立邦交的韩国，其驻日代表却得到了政府的外交官待遇。

② 毛里和子、增田弘监訳：《周恩来・キッシンジャー機密会談録》，名古屋大学出版会 2001 年版，第 93 页。

作用的并不是毛泽东，而是周恩来。在"尼克松冲击"和"林彪事件"之后的这一特殊时期内，周恩来抱着自己在长年的对日外交中所形成的对日观以及对未来的期待，并在意识到自己身患癌症的情况下，克服国内政治上的一些障碍，倾尽全力一举实现了中日邦交的正常化。

从以上分析可知，在田中内阁诞生的第 84 天之际实现的中日邦交正常化，并非只是战后长达 20 年的中日民间外交的成果，而是另外一出类似于中美接近的"外交大戏"。中日邦交正常化也是中国的对日外交方针由"人民外交"向"国益外交"，从"革命外交"向"和平外交"转变的象征。周恩来是最早对日展开"国益外交"、"和平外交"的实践者，也是中日邦交正常化这一"外交大戏"的总导演和主角。因此，笔者在这里首先想要指出的是：中日邦交正常化是由周恩来主导的外交杰作。

第四节　研究方法与本书的构成

一　研究方法

本书是以历史研究和考察作为基本的研究方法，并且，尝试从周恩来与中日邦交正常化之间的关系这一主题的特殊性出发，引入首脑外交的分析框架，以全新的角度来展开分析。

历史研究是以作为研究素材的史料的收集、正确读解，以及史料分析为基本工作。其中，史料的收集与读解必须伴随着对史料的分析和批判。吉尔伯特 J. 格拉汉（Gilbert J. Garraghan）就史料的批判提出了六个问题：第一，史料是何时写的？第二，是在哪里写的？第三，是谁写的？第四，是否根据既有史料所写？第五，是否以独创的形式纂写？第六，其内容的史料价值是什么？[①] 笔者尽量遵循上述史料分析、批判的原则，对本书所运用的史料展开了收集、筛选以及采用的工作。

迄今为止主要有"周恩来研究"和"中日邦交正常化研究"这两个方面的研究，也有研究在两者稍微重叠之处提及了"周恩来在中日邦交正常化过程中发挥了重要作用"的内容。然而，将这两个方面的内容并列提出，对周恩来在中日邦交正常化中的作用进行分析的先行研究尚未见

[①] Gilber J. Garraghan, *A Guide to Historical Method*, Fordham University Press: New York, 1946.

到。笔者认为其原因有三。其一，有一种"普遍的说法"认为中国外交都是由毛泽东主导、领导，周恩来只是做了辅助性的工作，在对日外交、中日邦交正常化这一从属于中国外交的领域，以及1972年这一特殊时期内（毛泽东因为中美接近的实现暂时减少了对外交问题的关心，把国别的具体外交问题委托给了周恩来；"林彪事件"之后，国内的政治斗争倾注了毛泽东大部分的注意力；毛泽东在一段时期内身患重病等）的特殊情况缺乏充分的考察。其二，由于中国过去的研究方法存在不愿强调个人在历史事件中的作用这一特征，因此对中日邦交正常化中的唯一领导者——周恩来的作用的研究几乎未曾涉及。其三，是资料的不足，尽管包括日本学者在内的研究人员对中日邦交正常化的外交过程以及一部分有关周恩来的逸闻轶事进行了考察，但都没有能将这两者并列起来加以研究。

笔者认为，挑战这一主题的最大要点在于历史研究方法的贯彻。首先，笔者对先行研究进行了收集、整理和批判性读解，还多次前往日本外务省外交史料馆、中国外交部档案馆等地挖掘政府公开的外交文件。其次，对先行研究和相关文件、公开的政府文件进行了比较与分析，并通过各种途径采访了数名周恩来生前与之有过接触以及参与过1972年中日邦交正常化的中日两国的历史见证人，从而获取了大量具有特殊价值的证词。通过收集这些有关史料的基础性工作，使笔者获得了将周恩来与中日邦交正常化这两项内容并列研究的自信。

本书在考虑中日两国的政治体制，毛泽东在内政、外交上的巨大影响力以及外交领域的特殊情况等要素的基础上，对周恩来在中日邦交正常化中所发挥的决定性作用进行了考察。主要通过历史性考察，从以下三个方面进行了切入探讨：其一，从周恩来个人与日本之间的关系（他于青少年时期的赴日留学以及之后与日本之间的来往等）来探讨周恩来的日本观，并考察了其对中日邦交正常化所产生的影响。其二，中华人民共和国成立之后，周恩来与中国对日政策的决定以及对日外交的行政机构有着怎样的关系，通过这一角度的研究来进行探讨。从结论来看，周恩来在中国的对日政策的决定上往往发挥着主导性作用，负责对日外交的行政机构全部是在周恩来总理的指示下设立，并且处于周恩来的直接管辖和指导之下。其三，在新中国成立后的对日外交中，周恩来作为总理兼外交部负责人是如何直接领导及参与其中的？尤其是与1972年的中日邦交正常化全过程有着怎样的联系？是如何推动并参与其中的？笔者通过对以上问题的思考来进行研究。

通过这种多方位的历史性考察，笔者最终得出以下结论：周恩来是中日邦交正常化中对日战略的策划者，是其战术执行的组织者、指挥者，也是亲自参与对日谈判的顶尖谈判家。

笔者认为，在研究周恩来与中日邦交正常化的关系时，作为对历史研究方法的一种辅助手段，还必须使用有关首脑外交的分析框架来进行研究探讨。

首脑外交（Summit Diplomacy）一词最初是被用于指称首脑之间的会见和外交谈判，战后，词义又被延伸为主权国家的政治领导人直接或间接参与外交活动，追求实现国家战略利益的一种外交方式。① 美国学者埃尔默·普利施科（Elmer Plischke）指出："首脑外交反映出当今世界关系的复杂、国际政治的活力和持续性，以及持续地不知不觉地吸引人们参与外交活动的诱惑，也显示出一种在政治领域的最高级别上把责任和行动一体化的日益增长的倾向。"② 英国学者吉奥夫·贝里奇（Geoff Berridge）考察了首脑外交的起源、主要模式以及对现代外交的意义和重要作用。③ 另外，施耐德比较重视首脑外交中最高政策决策者、执行者的个人作用，在最高政策决策者与政策实施过程之间的关系方面开发出一套于 1962 年经过修订的新的分析模式，特别提出了三个变数：①决定的时期（Occasion for decision）；②政策决策者的个人力量（Individual decision-maker）；③决策者决策时的组织环境，并强调这些指标对考察首脑外交是必不可少的。

笔者之所以想采用首脑外交的分析方法来分析周恩来与中日邦交正常化之间的关系，是考虑到有以下两大意义。

第一，要了解在日本与中国这两个社会体制全然不同、文化以及近代以来的历史发展也大相径庭的国家之间，像周恩来这样的中国领导人在其

---

① Elmer Plischke, *Diplomat in Chief* Praeger Publishers, New York, 1985, p. 14. 以及林振江的《首脑外交——以中日关系为研究视角》，新华出版社 2008 年版，第一章"什么是首脑外交"也对定义的形成过程进行了考证。

② Elmer Plischke, *Summit Diplomacy*: *Personal Diplomacy of the President of the United States*, Westport: Greenwood Press, 1964, p. 4.

③ Geoff Berridge, *Diplomacy*: *Theory and Practice*, New York: Palgrave, 2002.

外交关系的修复以及信赖关系的初步构建方面发挥了怎样至关重要和决定性的作用，"首脑外交"的分析方法是一条有效的线索。从结论来看，周恩来的存在对于1972年9月以签署《中日联合声明》的形式实现的中日邦交正常化而言是不可或缺的。当时的中国正处于"文化大革命"的动乱时期，极左思潮横行，且中日两国政府之间长年处于关系断绝的状态，在这样的内外条件下如果没有周恩来，就无法见证到中国在做出妥协缓解两国之间大量分歧的同时，还能做到不损害本国原则立场的这一中国杂技般巧妙绝伦的外交成功。

第二，中日邦交正常化也被评价为"非对称型首脑外交"中典型的成功案例。① 在实现中日邦交正常化时期，相对于日本，中国的经济落后，在政治上也正处于"文化大革命"这一内部混乱的高潮时期，如果按常理来思考，在这样实力对比不均衡、不对称的状况下，日本在两国的外交关系中无疑处于有利地位，理所当然地掌握着主导权。可实际上，历史的真相是，在中日邦交正常化的过程中，中方掌握着主导权，并将日本政府推上了中日邦交正常化的方向。本书拟采用首脑外交的方法论，来考察上述不均衡、不对称的两国之间由较弱的一方引导两国关系发展方向的外交形态和特征。笔者认为这样的研究具有一定的意义。从结论来看，即便对方拥有相对强大的实力，如果较弱的一方能够准确运用一些外交技巧，比如最大限度地综合利用自身有限的优点和长处，并照顾到对方国家的利益和内心的疑虑，进而将本国的真实想法和目的传达给对方，或巧妙诉诸社会舆论以及对方国家的各界人士，那么也有可能通过外交给局势带来巨大改变，进而实现自己的目的。不过显然，前提是必须有一位像周恩来这样能集如此高远的见识和综合应用能力于一身的首脑外交家的存在。

二　本书的构成

本书由序章、终章及其余五个章节构成。

序章在整理了前人有关战后中日关系的研究成果之后，提出了笔者对于先行研究的几个疑问，并采用历史学的研究方法围绕周恩来在中日邦交正常化中的作用这一研究主题推出了自己的主要观点：即1972年实现的中日邦交正常化，是周恩来不失时机地抓住了"尼克松冲击"所带来的

---

① 林振江：《首脑外交——以中日关系为研究视角》，新华出版社2008年版。

国际政治环境的变化以及国内政治形势的变动等机遇，作为对日政策的制定者，同时领导了对日外交活动的策划和实施工作，并亲自担任中方最高谈判家而最终达成的。

第一章考察了周恩来与中国对日外交之间的关系。本章对周恩来从新中国成立初期开始直接领导中国的对日外交，亲自制定对日政策方针、指导对日交流活动、并着手在日本人中建立人脉关系等史实进行了考证，并指出周恩来在日本留学、抗日战争以及战后的中日交流中所形成的日本观和日本人脉是支撑其对日外交的根基。

第二章考察了自中华人民共和国成立以后到20世纪60年代中期，周恩来在对日外交政策和实现中日邦交正常化方面所做的工作及其所发挥的作用。其中主要考察了中国对日政策的形成，并分析了鸠山内阁和池田内阁时期，中国在周恩来的领导下通过外交途径及民间交流展开的一系列旨在恢复中日邦交的举措。

第三章分析了周恩来在1970年以后，为了实现中日邦交正常化，开始向日本的经济界、在野党、社会各界以及执政党、田中内阁展开"攻势"，在日本社会掀起一股对华复交热潮的过程及手法。其中，笔者对公明党委员长竹入义胜是"日本政府密使"这一定论提出了质疑，并在此基础上推出了自己的见解——即反而是周恩来让竹入义胜充当了一回向田中内阁传达中方谈判草案的"密使"。

第四章在考证了中国在20世纪70年代初所处的国际和国内形势之后，对周恩来为准备中日邦交正常化谈判而努力建立与之相适应的国内体制，为了田中首相能顺利访华而展开面向全国人民的教育宣传活动的全貌进行了明晰的阐述。其中，在笔者通过获取的第一手资料以及与中日邦交正常化直接相关的数名中方有关人员的证词的基础上，对中日邦交正常化时期的中国国内的动向以及其中所包含的周恩来的真实想法和目的展开了考察。

第五章主要考察了在达到中日邦交正常化的顶点——即双方在《中日联合声明》问题上达成一致之前的政府首脑间的谈判内容和过程。首先阐述了中国在周恩来的领导下为迎接田中访华所进行的准备工作。其次，在日本外务省公开的史料的基础上，考证了政府首脑会谈中围绕"历史问题"、"战争状态结束问题"、"台湾问题"所展开的谈判过程。并对周恩来在（包括毛泽东与田中角荣的会谈在内的）政府间谈判的全过程中所起到的作用进行了分析。

　　最后的终章就周恩来在中日邦交正常化中所起的作用及其历史性评价、对未来的意义展开了总结性的分析。本章首先对周恩来在中华人民共和国成立后的对日外交中的作用进行了概括，指出了周恩来在对日外交上的成功之处和问题所在，并在最后阐述了周恩来的对日外交给今后的中日关系、以及给中国的对日外交所带来的启示。

第一章

周恩来与中国的对日外交

　　周恩来从 1949 年到去世为止的 26 年间，一直担任新中国第一任国务院总理。并且，从 1949 年到 1958 年的将近 9 年时间里，还同时兼任第一任外交部长。关于周恩来在中国外交方面所起到的作用，中国外交部这样评价道："周恩来同志在长达 26 年中，以决策人、指挥者和实践家三位一体的身份，以异乎寻常的精力、才能和智慧，为新中国的外交事业做出了最全面、最杰出的贡献。"[①] "周恩来是我们党和国家的主要领袖之一，同时也是当代中国和世界最有影响的外交家。早在民主革命时期他就卓有成效地领导了党的外事工作。新中国成立以后他与毛主席一起致力于新中国外交基本政策和方针的制定。在新中国成立后的一切对外活动上，他都是政策的制定者、指挥者和实践者。他是新中国外交的创始人和奠基者。"[②] 关于周恩来的外交能力，1959 年毛泽东也曾经称赞道，"周恩来在大的国际活动方面比我强，善于处理各种复杂矛盾"。[③]

　　毛泽东时代中国的对外政策是如何形成的？关于这一点虽然目前还没有最权威的系统研究，但据参与了当时政策制定的知情人说，当时的"大政方针"（战略方向）几乎是由毛泽东一人决定，而周恩来是外交关系的具体负责人和操作者。[④] 据日本学者冈部达味的研究，"建国后，周恩来是毛泽东政策的忠实执行者，同时我们又不能忽略，周恩来巧妙地对毛泽东进行了引导，也将中国的政策引导向更为现实的方向。尤其是在

---

　　① 钱其琛：《周恩来外交思想与实践研究》，中华人民共和国外交部外交史研究室编《周恩来外交活动大事记》，世界知识出版社 1993 年版，第 1 页。

　　② 同上。

　　③ 文辉抗、叶健君：《周恩来的外交》，《领导文萃》2006 年第 6 期。

　　④ 参见章含之《跨过厚厚的大红门》，文汇出版社 2002 年版；王泰平《新中国外交 50 年》，北京出版社 1999 年版；金冲及主编《周恩来传》，中央文献出版社 1998 年版。

20 世纪 50 年代向和平时期的过渡、60 年代末到 70 年代初美中接近的过程中，周恩来所起的作用是很大的。"①

中国的对日邦交正常化也是由毛泽东明确指出"战略方向"，周恩来沿着这一方向制定政策方针，精心拟定具体的实施计划，并在实施过程中进行一线指挥的。这一点从很多优秀的先行研究成果及各种"回忆录"中都可以看到。以外交部顾问身份参加中日邦交正常化谈判的张香山指出："周总理在制定我国对日关系的总方针上发挥了巨大作用。他是总括我党我国的对日方针并将其付诸实施的领导人。"② 总之，周恩来在毛泽东制定的"大政方针"下参与政策的制定与实施，特别是在"林彪事件"以后，周恩来一度拥有较大权限，几乎全面指导和参与了对日外交方针的制定与具体的外交活动。

第一节　周恩来在对日外交上的角色变迁

从 1949 年到 1958 年为止，周恩来在担任国务院总理的同时，还兼任第一任外交部部长。虽然在 1958 年由陈毅接替了其外交部长的职位，但由于国务院里新设立了一个外事办公室，周恩来便继续指导中国的外交工作。在对日外交上，从 1952 年的第一次中日民间交流开始到 1972 年中日实现邦交正常化，20 年间，周恩来接见了 300 多支来自日本的访华代表团，共计 287 次。在中国的领导人当中，周恩来接见日本代表团的次数是最多的，与日本人的交流也是最多的。在毛泽东时代，周恩来始终指导着中国的对日外交。

一　始自延安时代的外事工作领导人

周恩来从 1949 年开始就一直兼任外交部部长，对于这一人事安排，没有人产生过疑问，也无人认为需要慎重讨论。这是因为周恩来曾经担任过中国共产党最初的外事活动机构的负责人，首任外交部长的职位非他莫属。

从 1935 年以后的延安时代开始，中国共产党为了向国际社会宣传自

---

① 岡部達味：《中国の対外戦略》，東京大学出版社 2002 年版，第 11 頁。
② 張香山：《日中関係の管見と見証》，三和書籍 2002 年版，第 3 頁。

我形象，便开始了最初的外交活动。由于几乎不被西方国家所了解，也没有交流的渠道，所以毛泽东和周恩来首先考虑让来华的西方新闻记者了解中国共产党，于是委托当时在上海的宋庆龄牵线搭桥。1936 年 7 月，美国记者埃德加·斯诺（Edgar Snow）作为首位外国人访问了位于陕西北部黄土高原的延安。接待斯诺是中国共产党最初的外交活动。① 周恩来是斯诺第一个见到的中共领导人，周恩来建议斯诺到各地进行访问，并亲自制定了详细的日程安排。根据周恩来的安排，斯诺用时 4 个月，访问了红军的各个驻地，并对毛泽东、周恩来等人进行了直接采访。1937 年，斯诺将其活动成果写成《红星照耀中国》一书并出版。正是由于他的报道，中国共产党成功地向世界介绍了中国的共产党人。

　　1937 年 "卢沟桥事变" 后，中共中央政治局在武汉设立中共长江局，其中设有 "国际宣传组"。这是根据周恩来 "为扩大国际宣传，获得世界上所有希望和平之人民的精神、物质及技术援助而努力" 的建议而设立的机构。这一国际宣传组是中国共产党处理外事问题的最初常设机构，由中共长江局的负责人周恩来直接领导。国际宣传组在一家旅馆租了一间屋子，仅仅依靠 3、4 名办事员及 2 台打印机便开始了外交活动。周恩来接见外国来宾和记者，宣传中共的抗日政策并向其发放《新华日报》等报刊资料。其间周恩来还与英国驻华大使、美国驻华总领事、荷兰的电影导演、加拿大的医疗队等进行了交流，打下了中国共产党外交活动的基础。另外，周恩来还领导了国际宣传组的部分日常工作——翻译毛泽东的著作。②

　　1938 年 10 月，武汉被日军攻陷，八路军办事处转移到了重庆。外事活动由中共南方局宣传小组负责，但这一小组也是由当时中共南方局的书记周恩来所直接领导。1939 年 4 月，在周恩来的指示下，中共南方局设立了正式的外事组来开展外交活动，与很多美国人进行接触，打破了由国民党一党掌控外交的局面，取得了国际社会对中国共产党的理解与支持。外事组的日常事务是向国际社会宣传中国共产党的统一战线政策，其主要成员王炳南、陈家康、龚澎等人在新中国成立后都成为了外交部的主要领

---

① 埃德加·斯诺：《斯诺文集》第 1 卷，新华出版社 1984 年版，第 182—183 页。
② 方炬成、姜桂农：《周恩来传略》，人民出版社 1986 年版，第 103 页。

导干部。[1]

1945 年 "二战" 结束后，周恩来作为中共首席代表与美特使乔治·卡特利特·马歇尔（George Catlett Marshall）等人进行谈判。这次历时近 1 年的谈判，是新中国成立以前中国共产党最有影响力的外交活动。马歇尔评价周恩来说："这是我至今为止都不曾遇到过的谈判对手。"

1945 年 8 月日本投降后，中共南方局改名为中共重庆局，对外称中共代表团。1946 年 5 月，国民党政权还都南京，周恩来也率代表团迁往南京，建立了中共代表团南京办事处。中共代表团南京办事处设有负责外事活动的外事委员会，其书记由周恩来兼任，副书记是廖承志和王炳南。另外，中国共产党在中国最大的城市上海也设立了办事处，对外称 "周公馆"，其中也设有外事组。后来，国共内战爆发，周恩来由于同时兼任了中国人民解放军代总参谋长，工作重心转向了军事，因此便于 1947 年 8 月 30 日将外事工作交给了叶剑英。当时，中国共产党在党内设立了中央外事组，任命叶剑英为组长，王炳南为副组长。周恩来在 1947 年 7 月 29 日给王炳南的书信中对外事组的基本工作做出指示，要求将活动的重心 "放在毛泽东重要著作的翻译，编译几本有关美国的工具书，制作关于解放区基本政策的小册子及其外文翻译上"。[2] 周恩来还指示，国际问题的研究要将重点放在以美国为中心的美洲大陆上，对欧洲各国、日本、东南亚各国、朝鲜也要进行研究。

1948 年 5 月，国共内战的结果已初露端倪，毛泽东、周恩来等领导人来到河北省西柏坡，在这里设立了中共中央外事组，组长由周恩来担任。此后，周恩来成为了中共中央外事活动的主要负责人，同时也是其发言人和形象代表。

1949 年 1 月，经毛泽东许可，周恩来发出了一份指导性文件《关于外交工作的指示》。文件中对即将成立的新中国的外交关系、对外贸易、海关税收、外国媒体的处理方法等作出了规定，并制定了关于管理外国记者的暂行规定，构建了新中国外交政策的基础。

二　对日政策领导机构的设立

1949 年 10 月 1 日，在新中国成立的同时，中央外事组改组为外交

---

① 张植荣：《周恩来与外交部长们》，中央党校出版社 1999 年版，第 213 页。

② 《周恩来书信选集》，中央文献出版社 1988 年版，第 401 页。

部。王炳南这样回忆当时的情况："1949年9月30日，新中国成立的前一天上午，周总理来到中央外事组办公室。一进门，总理就笑着说，从现在起中央外事组的工作任务已经完成了，我们要开始办正式的外交了。"外交部在新中国政务院中拥有了第一部门的地位。

1949年10月1日，周恩来作为首任外交部长，将毛泽东主席向国内外宣告中华人民共和国成立的公告以及委托将此公告传达给各国政府的文件，连同写有"中华人民共和国要与世界各国建立正常的外交关系"的亲笔书信一起发给了各国政府。这是新中国最早的外交文件，标志着新中国正式的外交工作从此开始。随后，周恩来通过中央组织部从全国党、政、军及人民团体组织中抽调干部，组建起了外交部，任命王稼祥和李克农为外交部副部长，王炳南为办公室主任。此后，周恩来兼任外交部外交政策委员会主任委员，制定中国的对外政策并指导外交活动。

1952年4月，周恩来在首次召开的驻外使节会议上作了"我们的外交方针与任务"的指导讲话，讲话内容共分为三部分。第一部分"我们的外交方针"，指出了毛泽东提出的三原则，即①"另起炉灶"；②"向苏一边倒"；③"打扫干净屋子再请客。同时补充了④"礼尚往来"；⑤互通有无；⑥"团结世界人民"。第二部分"外交阵线"，对世界上的敌我关系进行了说明。第三部分"外交工作的指导思想"，概括了"坚持国际主义，反对狭隘的民族主义"，"勤俭、朴素"等外交官应该遵守的原则及道德。[①]

1949年以后，中国政府的外交事务分为三个部分。第一，中华人民共和国外交部负责的与有外交关系的国家所进行的交流事务；第二，中共中央对外联络部负责的与同中国共产党有交流关系的他国共产党及社会党等友好政党的交流事务；第三，外交学会（1949年12月成立）与中国人民对外友好协会负责的与世界各国的民间交流等事务。[②] 这三部分的总负责人是周恩来。

与日本的交流事务属于第三部分。1952年4月，日本政府在日美同盟的背景下，与中国台湾地区的蒋介石政权签订了《日华和平条约》并建立了外交关系，拒绝同新中国实现邦交正常化。由于与日本之间没有外

---

① 中华人民共和国外交部、中共中央文献编辑室编：《周恩来外交文选》，中央文献出版社1990年版，第48—51页。

② 张历历：《外交决策》，世界知识出版社2007年版，第105—106页。

交关系，因此中华人民共和国外交部并未直接参与同日本的民间交流，而
是以中国人民对外友好协会及其他"民间组织"的名义开始工作，主要
是联系日本的友好团体，邀请日本的访华团，草拟、协商并签署共同声明
等具体工作。20 世纪 50 年代中期以前的这些对日民间交流是在周恩来的
指导下，由廖承志具体负责的。

关于周恩来为什么选择廖承志作为对日交流窗口的具体负责人，"对
日工作小组"（详见后述）成员、中日友好协会会长王效贤举出了以下三
点理由：①廖承志在日本出生并长大，日语很好，也很熟悉日本的情况；
②为建立对日统一战线，主要应接触日本社会上层人士，而廖承志由于出
身于上层家庭，因此很适合这一工作；③廖承志在日本人脉很广，交际圈
也很广。①

为了推进与日本的邦交正常化，1952 年，周恩来亲自提出"民间先
行，以民促官"的对日外交方针，开始探索将民间贸易作为恢复对日邦
交的突破口。

1952 年 5 月初，为了接待经由第三国来华访问的日本社会党的帆足
计、高良富以及改进党的宫腰喜助等三名政治家，根据周恩来办公室的指
示，政府各机关的相关人员聚集在一起，成立了临时性的指导机构"对
日工作小组"。名义上的接待工作是由当时成立的中国国际贸易促进委员
会（主席是中国人民银行行长南汉宸）负责。接待分为"台前"和"台
后"两部分，"台前"接待除了南汉宸主席外，中国国际贸易促进委员会
的冀朝鼎主持实际的工作。在接待办公室中，肖向前任南汉宸的秘书兼日
语翻译，孙平化是招待所的主任，中华人民共和国外交部的林方任翻译，
中国国际贸易促进委员会的董超管负责总务。而在"台后"进行直接指
挥的，是周恩来办公室的负责人周荣鑫和外交部亚洲司专员谢爽秋。② 这
一临时性的"对日工作小组"与日方的帆足计等人进行协商，共同签订
了《第一次民间贸易协定》。

孙平化这样回忆事情的经过："1952 年 4 月，在莫斯科国际经济会议
上，中国代表团团长南汉宸、副团长雷任民，遵照临行前周总理对他们的
指示，利用会议的机会与参加会议的日本社会党众议员帆足计、女参议员

① 王效贤：《跟随廖承志开展对日工作》，《中共党史资料》，2006 年第 2 期，第 96 页。
② 肖向前：《永遠の隣国として》，サイマル出版社 1997 年版，第 15—16 页。

高良富和改进党众议员宫腰喜助进行了接触，并邀请他们访华。当周总理得知三位日本朋友接受邀请，即将与其他国家的朋友一道访华时，他于1952年4月17日亲自写信给毛泽东、朱德、刘少奇、陈云和王稼祥等同志，告知已做了周密安排，由他亲自领导这次接待工作。"① 5月15日抵达北京的帆足计等三人，是除日本共产党的领导人之外最早访问新中国的日本人。

因帆足计等人访华，中日两国签订了《第一次民间贸易协定》。其后，周恩来在滞留中国的日本人的回国问题、日本战犯的释放问题、中日渔业协定的签订问题、推进与日本各界人士的友好交流活动等方面接连主动出击。雷任民回忆这些活动是"以廖承志同志为首的很多人在周恩来总理的直接领导下所进行的"。②

《第一次民间贸易协定》谈判期间，亚洲太平洋地区和平会议正在北京召开，廖承志陪同与会的著名科学家们视察了朝鲜，对朝鲜战争中美军使用细菌武器的事实进行了采访报道。在回到北京后，周恩来任命廖承志负责与日本的交流事务。

《第一次中日民间贸易协定》签订后不久（1953年），按照周恩来的指示，中国政府最早的对日政策领导班子——"对日工作小组"成立。办公机构设置在访华外国人下榻的北京饭店，廖承志从政府各机关抽调有日本留学经验以及精通日语的人才，组成了队伍。这其中就包括后来被称为廖承志"四大金刚"的四位专才，即在延安负责对日宣传及教育日本俘虏的赵安博和王晓云，以及熟悉日本国内情况的孙平化和肖向前。另外，精通日语的王效贤以及从日本回国的林丽韫也加入进来，成为了最早的"对日工作小组"的成员。"对日工作小组"的诞生，表现出了曾经有过日本留学经历的周恩来对日本外交的重视。在对其他国家的关系上后来都没有设置类似的领导小组。该小组是负责对日问题的核心，在战后的中日交流上发挥了很大作用。

"对日工作小组"主要的工作内容，是制定对日政策、围绕重要事项与日本进行交涉、收集关于日本国内政治及经济等方面的最新动向、接待

---

① 孙平化、王效贤：《樱花烂漫忆园丁》，《不尽的思念》，中央文献出版社1997年版，第15—16页。

② 雷任民：《回忆周总理对外贸工作的关怀和指导》，《不尽的思念》，中央文献出版社1997年版，第244页。

日本的各种访华团以及派遣中国的访日团。

在"民间先行，以民促官"的对日外交方针下，中国为了通过各种民间交流来发展中日关系，将遣返滞留中国的日本人、渔业协定的签署、《第三次民间贸易协定》的签订等问题定为"准外交事项"，积极推动中国与日本的谈判。由于认识到这些谈判成功与否直接关系到促进两国关系、打开新局面的大政方针，因此周恩来派遣"对日工作小组"的成员参加各项谈判，并给予其领导权。例如，从 1953 年 2 月开始，当中国红十字会与日本红十字会等三家团体在北京就滞留中国的日本人的回国问题进行协商之际，廖承志作为中国红十字会首席代表参与了协商和谈判。赵安博作为中国渔业协会的代表参加了 1955 年 1 月开始的中日渔业协定谈判，并亲自签署了协定。孙平化作为副秘书长参加了 1955 年 3 月访日的中国贸易代表团，并在东京签署了《第三次民间贸易协定》。"对日工作小组"的成员在各自擅长的领域内，积极展开政治、经济、文化等各领域的对日交流活动，并通过这一过程积累了对日交流的经验。

虽然以廖承志为首的"对日工作小组"成员参与了信息收集、对日谈判及对日交流活动等，但在决定对日政策及对日方针方面，却几乎没有发言权。这是因为，按照当时中国政治体制下政策制定的结构，重要决定都要遵照毛泽东的指示，并由周恩来直接制定对日政策及指挥对日交流活动。①

三　外交、外事领导机构的总负责人

在中国，外交体系是用"外交系统"一词来表示的，指的是与外国有关系的一切机构。中国所有的外事机构都分为中国共产党和行政（国务院）两个系统。20 世纪 50 年代前半期，周恩来负责所有的外交和外事工作，但这样一来，所有事情都集中到他一个人的身上，负担过重。而在"学习苏联"时期，军队与政府各部门之间也进行了工作的细分化和制度化（即机构化），周恩来因身兼总理和外交部长两职而工作繁重，中共中央打算为其减轻一些负担，因此决定由陈毅担任外交部长，同时推动外交与外事工作的组织化。在这一过程中，1958 年成立了统管中国共产党的外事系统的机构——中共中央外事小组（1958—1966 年），同年还成立了

---

① 吴学文：《风雨阴晴——我所经历的中日关系》，世界知识出版社 2002 年版，第 55 页。

位于行政系统最上层的国务院外事办公室。①

1958 年 3 月，中共中央在陈毅就任外交部长时发出通知，表示将在中共中央设立外事小组，在国务院设立外事办公室。这份通知的主要内容如下：

> ①党中央设立外事小组，由其负责领导全面的外交工作。外事小组由陈毅任组长，成员包括陈毅、张闻天、王稼祥、李克农、廖承志、叶季壮和刘宁一。
>
> ②国务院设立外事办公室，任命陈毅为主任，廖承志、刘宁一、孔原和张彦为副主任。国务院外事办公室是管理国务院外事工作的总部，同时又兼具党中央外事小组事务性机构的职能。

为了取得中共中央指导外交工作的统一性，实际上，国务院外事办公室的定位是中共中央外事小组的事务性机构，这两个不同的系统事实上实现了一体化。国务院外事办公室在 1949 年时就已经成立，从 1949 年到 1958 年由周恩来直接领导。在随后的 1958 到 1966 年间，陈毅任主任并在周恩来的指导下开展工作，1966 年以后又再次由周恩来亲自领导。总之，即便陈毅身兼国务院外事办公室主任和中共中央外事小组组长之职期间，国务院总理周恩来自始至终都处于外事工作的领导地位。

根据这份通知，此前负责处理对无邦交国家外交关系的中共中央国际活动指导委员会立即解散，国务院不仅要管理外交部、对外贸易部、对外文化联络委员会及华侨事务委员会的外事工作，还要对中央各行政部门、各人民团体及地方的外事工作进行指导，在外交关系上的权限进一步扩大。另外，在对外关系上辅助周恩来的廖承志是外事小组的成员，在被选为国务院外事办公室副主任后，其对日工作的权限也随之扩大。根据张历历的研究，1949 到 1976 年间，中国的外交政策主要是由国务院外事办公室所制定。②

"文化大革命"期间，很多的外事机构被关闭，中国开展外交工作及外事活动的只有外交部、对外友好协会和中国旅行游览事业管理局。因为

---

① 宋德福主编：《中国政府管理与改革》，中国法制出版社 2001 年版，第 79 页。
② 张历历：《外交决策》，世界知识出版社 2007 年版，第 115 页。

外交系统中的很多指示通常是由周恩来和陈毅联名发出，因此可以认为周恩来和陈毅是外事机构的最高负责人。另外，在获得毛泽东的支持后，周恩来成功阻止了"造反派"欲在外交部内进行的夺权运动。

　　"文化大革命"中，中国政府的大部分机构都丧失了功能，外交部在一段时期内也陷入了混乱。但由于周恩来的努力和毛泽东的指示，其遭到的破坏是最少的，周恩来始终维持住了外交工作最高负责人的地位及权力。外交政策的制定者是毛泽东和周恩来，最高领导层的其他人员在外交领域几乎没有决定权。在对日外交上，周恩来始终身处领导地位并发挥着作用。

四　周恩来与"大日本组"、"小日本组"

　　在此稍微回顾一下之前的情况。周恩来曾预计中国与日本的交流会变得很活跃，因此设想成立一个机构由自己直接领导对日活动。1954 年 12 月，国务院外事委员会与中共中央统战部做出了关于扩大"对日工作小组"的决定。1955 年，对日工作委员会成立，负责研究日本问题、制定并实施对日政策。对日工作委员会的主任是郭沫若，副主任有廖承志、陈家康和王芸生，廖承志主持日常工作，是实际的负责人。委员包括中国国际贸易促进委员会主任南汉宸、全国总工会副主席刘宁一、对外贸易部副部长雷任民、中国红十字会会长李德全等共计 22 人。该委员会共涉及中共中央宣传部、统战部、外交部、对外贸易部、文化部、中国人民外交学会等众多部门，其主要任务是对日问题的调查与研究、对日政策的制定与建议、对日活动计划的制定与实施。① 藉此从对日方针政策与组织机构两方面来加强对日的外交活动。

　　为了与对日工作委员会相对应，国务院外事办公室成立了负责日本问题的专门小组。这一日本组没有正式的机构名称，只配备了几名办公人员，负责人先由杨正担任，后被王晓云接替，廖承志作为周恩来的助理担任了该小组的实际负责人。主要工作是召集中央各相关机构的负责人，召集会议以及进行相关联络。廖承志负责传达周恩来的指示，向其报告各机构的对日活动状况和计划，起到了沟通渠道的作用。

　　据王效贤回忆，当时关于日本国内各方面情况的信息很少，周恩来指

---

① 吴学文、王俊彦：《一门忠烈　廖氏家族》，中共党史出版社 2007 年版，第 476 页。

示廖承志在调查和研究日本的情况方面进一步加大力度。借鉴由新华社编辑发行、每天向中国共产党高级干部发放的内部资料《参考资料》的形式，廖承志创办了《日本广播资料》这一内部时事通讯。为此，在华侨事务委员会中设立了小型的"日语广播收听小组"，由精通日语的归国华侨和几名年轻的日本人每天 24 小时收听日本的广播节目并记录其内容。这样便形成了把握日本国内情况，有重要信息立即向周恩来报告的体制。①

　　为了使 1953 年成立的"对日工作小组"取得更大发展，国务院外事办公室将其解散并于 1955 年新设"日本工作小组"。虽然名称上只有"对日"和"日本"的微妙差别，但两者并非前后相承的关系，也不是同一组织。1955 年设立的"日本工作小组"后来被称为"大日本组"，主要负责日本问题的研究、对日政策的制定以及实施。每当有对日活动时都会召集各部门的负责人召开例会。1955 年下半年以后，参加会议的成员基本上稳定下来。据吴学文回忆，在讨论重要的日本问题时会召集各部委的负责人，主要成员有外交部的丁民、陈抗、韩念龙三人，中共中央对外联络部的赵安博、庄涛、张香山三人，对外贸易部的李新农、吴曙东、雷任民三人，侨务委员会的杨春松、李国仁二人，中国国际贸易促进委员会的冀朝鼎，对外友好协会的林林、孙平化、金苏城三人，外交学会的吴茂荪、肖向前二人，共青团中央的文迟，全国总工会的陈宇，《人民日报》的肖光、裴达二人，中央广播事业局亚洲部的张纪明、吴克泰、温济泽三人，新华社的丁拓、吴学文、邓岗、李柄泉四人。其中十多人为基本成员，其他人根据讨论问题的不同而不定期地被召集参会。②

　　参加会议的人员是各部门对日工作的负责人，与本部门其他负责人一起制定并实施对日活动计划。这一"大日本组"不是正式的外事机构，甚至连正式的组织名称都没有，但却具备与周恩来进行直接联络的途径，拥有对各部门对日工作的领导力和权威性。并且，小组成员都对周恩来怀有崇敬之情，在贯彻实施周恩来的指示上积极而忠实，在 20 世纪 50 年代中期以后的对日外交上发挥了很大作用。1955 年 11 月 30 日，廖承志根据周恩来的指示，向国务院提交设立办公室的报告，由该办公室统管中国

---

① 据笔者于 2011 年 3 月 23 日在北京采访王效贤的记录。
② 据笔者于 2007 年 9 月 15 日在北京采访吴学文的记录。

人民保卫世界和平委员会的事务以及华侨和香港、澳门、日本的有关工作。随后，"廖承志办公室"成立。

1958 年，在周恩来将外交部长的职位移交给陈毅之后，国务院设置了外事办公室，其中又新设了"日本组"（被称为"小日本组"），由杨公春任组长，王晓云任副组长（后来任组长）。不同于"大日本组"包罗了对日工作各部门的关键人物，这是一个对日工作的直属办事机构，与"廖承志办公室"的成员一起接受廖承志的直接领导。换言之，在"文化大革命"开始的 1966 年之前，中国的对日民间外交主要通过周恩来——廖承志——"（小）日本组"这一途径来做出指示，并通过"大日本组"进行分析和协商，得出的结论再报告给周恩来，由其做出决定并付诸实施。

孙平化也证实了周恩来曾直接下达过关于对日外交的指导方针。1962 年 7 月，孙平化接到周恩来的指示，"到日本如能有机会见到松村、高碕两位老先生，转达我和陈毅副总理的问候，并欢迎他们来中国就改善中日关系、发展长期贸易交换意见"。① 孙平化在 1962 年 8 月份访日回国后，一到北京机场就接到指示，"换乘火车，连夜赶到北戴河去汇报"。在听完孙平化的报告后，周恩来"当场决定以周总理和陈毅副总理的名义邀请松村、高碕来华访问，当场起草好电报稿就发出了"。② 从这个小插曲中可以看出，关于日本的信息和协商内容并不是执行从下至上的书面请示制度，而是直接报告给周恩来，再由周恩来做出决定。

由以上论述可知，从抗日战争时期中国共产党开始进行外交活动到 1972 年 9 月中日实现邦交正常化为止，周恩来始终是中国外交的负责人，1949 年后，他也一直负责中国政府对日外交工作，他的手下集结了收集日本相关信息、负责谈判、研究提案等多方面的人才和实际工作队伍。后来虽然在一定程度上受到"文化大革命"的影响，但由于周恩来拥有自 20 世纪 50 年代开始形成的这些对日活动的领导机构和特别小组，积累了很多信息、人才和人脉，因此能够于短时间内在国内形成一种体制，积极展开恢复对日邦交的工作。

---

① 孙平化：《中日友好随想录》，世界知识出版社 1986 年版，第 58 页。
② 同上书，第 60 页。

第二节 周恩来的日本观

通过以上论述可知，周恩来在 1949 年后一直负责对日外交工作。那么，周恩来自身是如何看待日本、又期待怎样的中日关系呢？为何对日本投入了和其他国家不一样的热情和精力呢？这当然和他自青年时代起就亲自参与对日交流、后又亲身经历抗日战争的经历以及在这一过程中所形成的日本观密切相关。

周恩来日本观的形成，包括好几个阶段，例如留学日本、亲身经历抗日战争、新中国成立后的对日交流等等。这当中要特别指出的是，周恩来年轻时曾留学日本，在日本获得的生活体验对他的日本观产生了很大影响。

一 留学时期的日本观

周恩来是从 1917 年 9 月到 1919 年 4 月留学日本的，共计 1 年零 7 个月的时间。从怀抱"面壁十年图破壁"的志向而赴日的雄心壮志来看，1 年零 7 个月的时间确实不值一提。但不可否认，20 岁左右是人生中对事物的感受非常丰富的时期，在这一时期度过的首次异国生活对年轻周恩来的思想及他的对日观都产生了很大影响。

周恩来关于自己青年时代留学日本的事情，除了他在会见几位外国友人时回忆过日本豆腐的味道及樱花的美丽之外，其余几乎从未提及。关于周恩来留学日本期间的足迹，由于长期以来资料不足，基本上只有在"革命斗士周恩来"这一固定观念下类似于美谈的论文和传记流传下来，缺乏实证性的研究。

了解周恩来留学日本实际情况的第一条线索便是为纪念周恩来诞辰 100 周年而出版的《周恩来旅日日记》。日记从 1918 年元旦"从今天开始一天不落，写下来留作纪念"起笔，结束于 1918 年的 12 月 23 日（接着，到 1919 年 4 月 5 日回国的一段时间没有日记）。仔细阅读这本日记，就能从零散的记述中窥见年轻周恩来的日本观，包括对日本政治、文化以及国民性的认识。

基于《周恩来旅日日记》来探究其留学期间实际情况的代表性研究有金冲及的《东渡日本》、王永祥的《关于周恩来的"旅日日记"》以及矢吹晋的《解说：构成日中友好原点的周恩来的东京日记》①等。

金冲及研究了周恩来留学日本的全过程，尤其是关于 1918 年 1 月至 10 月这段时间的情况，所依据的是周恩来旅日日记的内容。与此前的传记相比，金冲及对留学期间的周恩来的描述更为准确也更为客观，是依据史实所做的忠实记述。王永祥仔细分析了周恩来旅日日记的发现过程、出版过程以及周恩来留学日本的足迹、对故乡以及对亲人的思念、与南开校友的友情等。矢吹晋作为《周恩来"19 岁的东京日记"》日文版的编者，在书末的解说部分叙述了周恩来的出身、留学日本的原因、在东京的留学生活等，同时也提到了在外国人眼中的周恩来以及作为中国总理的周恩来。但三位作者对于留学日本期间周恩来的日本观，都没有做出充分的分析。

（一）选择留学日本的理由

很多研究都认为，周恩来是为了探求救国救民的真理、为了振兴饱受侵略、积贫积弱的中国才决定留学日本的。另外，关于周恩来留学日本的原因，矢吹晋主要从"俄罗斯十月革命前夜的大状况、亚洲的日中关系的中状况、周恩来自身家庭经济的小状况"这三个角度做了简单分析。②周恩来在 1918 年 1 月 11 日的日记中写道："我现在唯有将家里这样的事情天天放在心上，时时刻刻去用功。今天果真要考上官费，那时候心就安多了。一步一步的向上走，或者也有个报恩的日子"，表达了"通过学习能够拯救这个家庭"的想法。与留学日本之际表明抱负的诗歌相比可以发现，支撑周恩来求学热情的原动力除了救国以外，也有拯救家庭的意愿。

考虑到辛亥革命后中国兴起的日本留学热的情况，通过阅读周恩来的日记可以发现，他在 19 岁时选择留学日本还有一个重要原因就是家庭的经济状况。

1917 年 6 月，周恩来从南开中学毕业，但接下来的发展方向成为了摆在他眼前的一大难题。怀有远大抱负的年轻周恩来希望能够继续学习。进入南开中学的学生家境一般都比较富裕，很多学生毕业后去了欧美和日本留学。南开中学是英美式的教育，对于成绩优秀、精通英语的周恩来而言，去西方文化的发源地——欧美留学是非常合适的，并且，校长张伯苓

---

① 详见金冲及主编《周恩来传》（上），中央文献出版社 1998 年版，第 26—45 页；王永祥、高桥强主编《留学日本时期的周恩来》，中央文献出版社 2001 年版，第 204—227 页。

② 矢吹晋编：《周恩来〈19 歳の東京日記〉》，小学館文庫 1999 年版，第 344—369 頁。

也鼓励他去美国留学。但是，对自幼丧父丧母、"家庭贫困、生活艰难、有时都付不起学费"① 的周恩来而言，去费用高昂的欧美留学是不可能的。路费便宜、还有可能成为公费留学生的邻国日本，成为了周恩来实现去海外继续学习梦想的地方。

这里有两个背景。

第一是在 20 世纪初中国人留学日本的热潮中，如果考上了日本政府指定的学校，便能获得公费留学生的待遇，这可以解决周恩来经济上的问题。

中日甲午战争，日本的胜利引发了中国人的困惑和惊愕。为了弄清楚日本迅速成为富国强兵的近代化国家的原因并学习其发展模式，清政府开始派遣赴日留学生。在中日甲午战争结束后第二年，1896 年 3 月，清政府将通过了总理衙门选拔考试的唐宝锷等 13 人作为首批赴日留学生派往日本。在日俄战争次年的 1906 年，在日中国留学生达到了最高纪录的 8600 人。尽管随后逐渐减少——至 1916 和 1917 年已经减少到约 2000 人，但这一数字仍然超过了赴美国及欧洲的留学生人数。②

1907 年，清政府与日本文部省之间签订了"五校特约"协定，并决定实施 15 年。根据这份协定，日本在东京第一高等学校（现东京大学）、东京高等师范学校（现筑波大学）、东京高等工业学校（现东京工业大学）、山口商业高等学校（现山口大学）、千叶医学专门学校（现千叶大学）这五所学校中开设预备科，每年接收 165 名留学生，而中国政府则相应地向日本政府支付每人 200 日元的教育费用。在日本的中国自费留学生如果通过了这些学校的考试，就将成为公费留学生，到毕业回国为止其学费都将由中国政府来支付。对于自费留学的周恩来而言，成为公费留学生是他选择留学日本的最大原因。

周恩来在日记中写到，他曾研究过庆应义塾大学等私立大学的申请书，但却没有参加考试。③ 因为这些私立学校都不是中国公费留学生特约

---

① 南开大学：《第 10 次毕业同学录》，1917 年，天津历史博物馆藏。

② 据实藤惠秀的研究，1916 年的在日中国留学生人数为 4000 人。但据中国政府的统计，1916 年为 2326 人。详见林子勋《中国留学教育史》，华岗出版社 1976 年版，第 399—400 页。实藤惠秀《增补：中国人日本留学史》，くろしお出版 1970 年版，第 115 页—217 页。

③ 中共中央文献研究室、中国革命博物馆编：《周恩来旅日日记》，中央文献出版社 1998 年版（参见书中 2 月 5 日日记）。

学校，去这些学校读书对周恩来来说在费用上是不可能负担起的。

周恩来选择留学日本的另一个背景是，在成为公费留学生之前，周恩来在日本的生活有可能得到朋友的帮助。

在日本有很多南开中学毕业的学生，周恩来到日本的时候，东京已经有30多人的南开校友了，其中很多人都在日语学校、专业学校和大学里学习。这些人当中有些家境比较富裕，有些获得了政府支付的费用，因此即便周恩来遇到了经济上的困难，也能期待他们给予一些帮助。

1917年，周恩来受南开中学创始人严范孙和南开大学教师马千里的资助来到日本，就读东京东亚高等预备学校。首次的异国生活得到了很多同学的照顾和帮助。《周恩来旅日日记》中附有1917年和1918年的收支一览表，从中可以很清楚地看到，周恩来从毕业于南开中学的好朋友那里借钱做生活费。另外，周恩来本人在1946年与驻华美国记者谈话时提到了留学日本时的经济状况，他说，"我中学毕业后，为了学习而去了日本。当时是自费留学，生活费都依赖于朋友的帮助。我在日本呆了一年半左右"。[1]

总之，很多人指出，周恩来是出于经济原因才选择了去日本留学。但不可否认的是，周恩来在去日本前，和很多中国留学生一样，对日本持有很好的印象。在日本留学的南开中学毕业生将对日本的印象以及关于留学生活的感想通过书信寄回学校，刊登在学生主办的周刊杂志《校风》上。其中，吴瀚涛特别称赞"日本是亚洲的英雄。访问该国的人，一定会称赞其政治开明、教育普及、工商业发达、海军优秀。日本变得富强，就是因为有了这些基础"，并对日本人的国民性大加赞扬，"大和民族勤劳质朴，富于进取，这并非虚言。在日本所见到的建筑、服装、习惯等与中国并不一样，而是以欧美为范本。在农村男女共同劳作，在政府及商店男女分担工作，大家都勤奋而又节俭地工作，我发自内心表示尊敬。这些民族性是使国家强大的重要因素"。[2]

当《校风》上发表关于日本的这几篇文章时，正值周恩来就读南开中学并任《校风》杂志总编辑负责人的时期，这对周恩来早期的日本印象的形成，必然会产生很大的影响。

---

[1]　1946年，周恩来接受《纽约时报》驻华记者李勃曼采访时如是说。参见《周恩来同李勃曼谈个人经历》，《瞭望周刊》1984年第2期，第46—47页。

[2]　南开中学校杂志《校风》第36期，1916年9月4日。

（二）留学时期周恩来的日本观

周恩来在留学日本期间，有将近一年的时间（1918 年 1 月 1 日至 1918 年 12 月 23 日），坚持每天写日记。但是，自第 2 次考试失败后的 7 月 28 日到 12 月 23 日期间的日记，除了通信栏以外几乎为空白。周恩来写了一句后来被认为是补充 8 月 27 日日记内容的话："从这页起直至 10 月 25 日，吾未尝提笔一记，此心之伤实历两月。"①

这本记录其日本生活的日记过了很多年之后才被发现，而厘清日记全貌则是在周恩来去世 22 年后的 1998 年。笔者于 2008 年 4 月 20 日在天津采访了曾参与周恩来日记归还一事的当时天津市青年委员会秘书长、前南开大学周恩来研究中心主任刘焱教授。据刘焱讲，周恩来在去法国留学前的 1920 年 10 月，曾委托中学时代的同学柴孺瞻保管自己南开中学时期的作文以及留学日本时写的日记、书信和照片。1952 年，柴孺瞻之子将这些资料交给了天津市青年委员会，随后又被交还给周恩来。② 周恩来去世后，夫人邓颖超将留学日记的原稿及其他所有资料都捐赠给中国革命博物馆。直到 1993 年 2 月，这些资料的一部分才被收录进《周恩来早期文集》中。但是，当时《周恩来早期文集》为内部发行，只有极有限的一部分人能够看到。为纪念周恩来诞辰 100 周年，1998 年 2 月，中共中央文献研究室与中国革命博物馆公开发行了《周恩来旅日日记》，周恩来留学日记的全文才首次被公开发表。

《周恩来旅日日记》具体记述了他在东京的生活、与周围中国人的交往及其对祖国亲人的发自内心的深深思念。从"只能讲很简单的日语"便能推测，周恩来此时还很难形成对日本文化的深刻理解以及与日本人进行日常交流。③ 虽然在日记中关于他对日本及日本人的印象、与日本人的交流等内容不是很多，但从一些记述当中我们还是可以窥见周恩来的日本观。

1. 认识到日本是中国学习的榜样

开始在日本生活的时候，周恩来与其他很多留学生一样，认识到日本

---

① 中共中央文献研究室、中国革命博物馆编：《周恩来旅日日记》，中央文献出版社 1998 年版。参见 8 月 27 日日记。

② 笔者于 2008 年 4 月 21 日在天津的南开大学采访了周恩来的侄子周尔鎏。据周尔鎏透露，1954 年秋去周恩来家里时，恰好当时周恩来夫妇正在重读以前的日记和书信。二人对周说"这些是在天津发现并被送来的"。

③ "我现在已经来四个多月了，日文、日语一点儿长进还没有"，选自《周恩来旅日日记》1918 年 1 月 29 日日记。

是中国应该学习的榜样。

在 1918 年 1 月 21 日的日记中，周恩来记录了自己收到一位国内好友的长信，这位朋友由于其父亲不信任日本而放弃了去日本留学的计划，改为去国内的教会学校读书。在第二天的日记中，关于那所学校，周恩来态度鲜明地评价道，"我看起来，约翰是个教会的学校，对于我国实在没有什么好处"，并写道"今天晚上，我连忙着又写一封快信给他，叫他斟酌，斟酌再入，或者哀求老人将来东京的好处多说一说，或者能打动老人的心，也未可知"。周恩来认为，比起在中国国内的教会学校学习，年轻人去日本留学将来才能对祖国有利。

他在 2 月 4 日的日记中写道："我自从来日本之后，觉得事事都可以用求学的眼光，看日本人的一举一动、一切的行事，我们留学的人都应该注意。他们的国情，总是应该知道的。最可怪的，一班留学生看见有同日本人来往的，就骂他是汉奸。"他主张中国留学生应该向日本学习，批评了一部分盲目采取反日行动的中国留学生。

周恩来也很称赞当时日本的政治体系。1 月 23 日的日记中写道："今天早晨看《朝日新闻》上登着日本昨日国会开会的事情，各党派质问的情状，寺内内阁同着各大臣演说的事情，我心中颇觉有个大感触。我国现在是没有国会的，临时参议院是个不成问题的东西，终久总要解散的。将来的政局不论是新国会、旧国会，反正是一班宝货。人民的程度、普通的智识是这个样子，哪能够有好国会呢？至于做官的，有几个真心为国的？想来实是害怕得很。"比起日本，周恩来很担心中国政治家的无能和国民素质的低下。

并且，周恩来还很关心日本的政治。4 月 30 日写道，"日本财政部发表欧战发生以来，至于本年四月的外汇收支统计"，详细列出了年度收入盈余、国际借贷及盈余、外债等的一览表。

由于虚心观察日本，周恩来逐渐产生了几个新的想法。以前在中国的时候他认为"军国主义"是拯救弱小中国的一种方法，但到日本观察了实际的日本社会之后，周恩来关于"军国主义"有了新的理解。

周恩来在 2 月 19 日的日记中对军国主义进行了批判："日本也是行军国主义的国家，军国主义的第一个条件是'有强权，无公理'的。两个军国主义的政策，碰到一块儿，自然是要比一比谁强谁弱了。而且军国主义必定是以扩张领土为最重要的事。将来欧战完后，德意志的军国主义怕难保得住了。日本的军国主义，不知又教谁打呢？'军国主义'在20世纪上，我看是绝对不能存留了。我从前所想的'军国'、'贤人政治'这两种主义可以救中国的，现在想想实在是大错了。"

4月初，日本政府与北洋军阀段祺瑞政府秘密签订《日中共同防敌军事协定》、共同出兵西伯利亚镇压俄国革命的消息传到了日本。在4月3日的日记中，周恩来写下了一行内容："知日政府又提出二十条要求于中国矣！"这则消息给中国留日学生带来了巨大冲击。到5月初，中国留学生团体主张通过中国留学生全体回国的形式来表达抗议，并向各方面派遣代表劝说中国留学生全体回国。金冲及谈到周恩来积极参加了这一弃学回国运动："5月份周恩来的日记几乎全都是对中国留日学生爱国运动的记载。他参加各种聚会，散发表达爱国的传单。"① 但是，周恩来在5月3日的日记中写道："闻留日学生将发起全体回国事"，在4日的日记中又表达了"余于斯事持消极反对意见，闭口不言"的想法。从中可以看出，周恩来的想法是倾向于在日本继续学习。

5月6日，著名的"维新号事件"爆发。② 周恩来没有参加集会，而且在5月7日的日记中也没有对该事件进行评论，只是淡淡地叙述了事件的经过，"昨日各省同窗会代表干事聚议于维新号，假宴会为名，选举归国总机关干事。事毕，被日警拘去，旋释"。随后，中国留学生呼吁全体罢课、一起回国，但周恩来在5月13日却"至监督处见经理员询广岛高师事"，一心做着升学的准备。热心政治、有强烈爱国心的周恩来虽然对中国留学生的弃学归国运动经常保持关注并参加了几次抗议活动，但却不赞成好友们所采取的弃学归国行动。

在5月30日的日记中，周恩来写道，"救国团劝不归者速归，切勿逗留，图投考一高"。6月2日又写道，"救国团调查部宣布帝大上课两人罪状"。通过阅读日记便能发现，在当时的情况下中国留学生继续留下来学习是需要很大勇气的。尽管如此，在6月5日的日记中周恩来写道，"早起读书，至九钟，往单人教授处。午后，得考一高章程"，说明他还在切实进行

---

① 金冲及主编：《周恩来传》（上），中央文献出版社1998年版，第38页。
② 1918年5月6日，反对签订《日华共同防敌协定》的各省留学生同窗会干事和代表共46人以宴会为名，聚集在今川小路（现神保町3条）的中餐店"维新号"中，决定弃学回国。警察得知此事后逮捕了全体成员，将其拘留在神田警察署并一直讯问到深夜。但由于日本当局找不到正当理由，所以第二天便将所有人释放了。

着考试的准备。在 7 月东京第一高等学校的考试失败之前，周恩来不仅独自一人努力进行考试复习，还 13 次去了单人教授那里接受单独辅导。①

由此可以看出，年轻的周恩来不忘赴日留学的初衷，很想留在日本这个吸收了欧美先进文化、完成了近代化、正在成为亚洲强国的国家，成为公费留学生并继续学习。

2. 对日本文化的亲近感

周恩来开始写日记是在来日本 4 个月之后。刚来日本时，周恩来寄身在南开中学朋友的宿舍，不久，搬到了神田的一个叫做"玉津馆"的日式宿舍。

在 1917 年 12 月 22 日给南开中学友人陈颂言的信中，周恩来谈到了自己在日本生活的感想，"弟自居此，饮食起居尚无大不顺。乍至，席地而坐，而饮，而食，而读，而卧，颇觉不惯，久之亦安。初至，偕蓬仙寓早稻田，现移来神田下宿日馆。食日本餐，食多鱼，国人来此者甚不惯食，弟则甘之如饴，大似吾家乡食鱼风味，但无油酱烹调，以火烤者居多。国人咸住中国人开设之馆，为便于食味。故日馆较中馆清净，无喧哗声，便于用功"，他似乎感到了对日本生活的亲近感。②

周恩来还利用学习的空隙游览东京，接触日本文化。1 月 2 日，"去浅沼看电影"。1 月 6 日的日记中写道："晚上还同他们上浅草去看喜歌剧，剧中全是日本话，一点儿也不懂，只觉舞跳的是不错。"另外还去了三越布庄等地方游玩。

随着逐渐习惯日本的生活，在与中国本国文化相比较的过程中，周恩来也逐渐形成了对日本文化的理解。5 月 19 日的日记中说："泰东西③的文化比较我们的文化，可以说新的太多。他们要是主宰中国，决不能像元、清两朝被中国的民族性软化了。我们来到外洋求真学问，就应该造成一种泰东西的民族样子，去主宰我们自己的民族，岂不比着外人强万倍不止了么？"

从 5 月份开始，由于关心中国留学生归国运动以及专心于考试复习，因此其后的日记并没有太提及与日本人及日本文化相接触的内容。但毫无疑问，通过在日本的生活，周恩来形成了对日本文化的亲近感。

----

① 《周恩来旅日日记》中 6 月 5 日、6 月 6 日、6 月 8 日、6 月 15 日、6 月 17 日、6 月 18 日、6 月 19 日、6 月 20 日、6 月 24 日、6 月 30 日、7 月 1 日、7 月 6 日、7 月 8 日的日记。

② 刘焱编：《周恩来早期文集》（上集），南开大学出版社 1993 年版，第 264—265 页。

③ 泛指欧美和东亚、南亚、东南亚各国。

新中国成立后不久的 1954 年 10 月 11 日，周恩来在会见日本国会议员访华团和学术文化访华团时说，"我最初留学的地方是日本。虽然生活了一年半，但日语并不是很好。但是，这段在日本的生活使我留下了对日本的深刻印象。日本有非常优秀的美丽的文化。中日两国此前的历史，是一种文化相互交流和影响的关系"。他坦率地表达了对日本文化的亲近感。

3. 认识到日本民族的长处

周恩来在留学日本期间，几乎每天都要与南开毕业的友人及中国留学生见面，相互间频繁往来，但与日本人的交流很少。日记中出现的日本人只有单人教授①、东京美术学校的学生保田龙门以及寄宿旅馆的日本女佣们。

关于单人教授，共在周恩来的旅日日记中出现过 27 次。1 月 7 日，周恩来第一次与单人教授见面。他在这一天的日记中写道："今天是开学的日子，早早起来，先到单人教授的地方上了一点钟的课。那位先生是一位日本老先生，性格尚不错。"在他的旅日日记中，表达对这位单人教授的印象仅此一次。随后，除 3 月 10 日的"日人松村先生来"和 3 月 29 日的"松村先生病了，我也没法上课"之外，全部都只写作"至单人教授处上课"。

据考证，当时的东亚高等预备学校里并没有叫做松村的教师，因此恐怕这位单人教授指的是校长松本龟次郎。②

在周恩来的旅日日记中，唯一实名出场的日本人是东京美术学校的学生保田（保田的全名是保田龙门）。周恩来寄宿在友人严智开的住所时，认识了也住在此处的保田。虽然保田在周恩来的日记中出现过 11 次，但其中两人见面只有 8 次。2 月 2 日的日记中记录了与保田初次见面时的情形："同着季冲，还有一个同住的日本美术学生保田君，在一块儿吃早饭。"2 月 3 日"晚与保田君畅谈"。2 月 6 日"归来与保田君谈，日、英语杂进，彼且画余像"。2 月 8 日"晚应保田君之约，偕其往神田，访伯鸣"，2 月 20 日"保田君告我季冲有信来"。2 月 21 日保田告知周恩来等人住的地方要停止出租，周恩来在日记中写道，"保田君语我以迁居事，定于二十四日"。23 日早上保田再次告知明天要搬家，二人至此分别。但

---

① 该单人教授后来以"松村先生"的名字出现。见《周恩来旅日日记》中的 3 月 10 日、3 月 29 日日记。

② 关于单人教授是不是松本校长，现在还没有发现确切的史料。推测这些资料可能在 1923 年关东大地震或"二战"的空袭中被烧毁了。

是，此后二人又取得了联系，3 月 1 日"接保田君信一"，3 月 11 日及 3 月 18 日"至保田君片一"。4 月 14 日周恩来应严智开所托去看望保田，成为了二人在日本最后的交流。

在日记中出场的不知姓名的日本人中还有寄宿旅馆的女佣们。在他住在神田的"玉津馆"时，由于周恩来对女佣的无理做法感到很生气，因此搬了出去。1 月 5 日的日记叙述了事实："今天早晨起来，馆子的下女忽然向我要房钱；我告诉她上月的房饭钱只差一块多钱，等几天给你。她一定不依，并且还拿出昨天要番菜的帐来。我见她这样无礼待我，加着我不会说日本话，一概置之不理。停会儿，店主妇也上来指指画画，我更加讨厌，并不睬他，穿起衣裳出去。"第二天的日记又写道："今天起来后，店主妇见着我忽说道：'对不起的很。'我听见起初还不明白，后来想起我昨天晚上，我回来的时候，将欠的钱全给他了，所以他今天说这话。仔细想去，日本人的眼光，真可谓又小又贱了。"1 月 7 日周恩来便去找新的住处。随后搬到了一所新的公寓。2 月 1 日的日记中写道，"与下女谈一会儿话"，2 月 7 日"向下女学日语"，2 月 27 日"接日下女冠兔子片一"，3 月 2 日"下女信一，下女片一"，记录了与日本女佣的交往。但留学时期的周恩来持有的是"独身主义"的想法，所以他与女佣们的交流主要也是为了学习日语。3 月以后，日记中也没有了与女佣的交往记录。

对日本的国民性具体表达感想的是 3 月 9 日的日记。日记中首先描绘了当天去日比谷公园看到的景象："果然是一个好公园，风景虽然多半是人工做的，但是看去很觉幽雅。最叫我受感动的就是一帮男女学生，成群结伴到这园子来，看书的看书，游戏的游戏，运动的运动。无论做什么事，总含着点教育意味。我走到一个地方，看着两个小女学生蹲在地上堆土。我以为她们是和中国小孩子玩土一样子的意思呢。等到走到面前看，原来是从他处将些无用的草移来种着玩儿。"周恩来就是通过这种亲眼观察日本人日常游玩的景象而注意到了中日两国国民性的差别，一面称赞日本人，另一面又对中国人的国民性进行了批判，"我这么一看，才知道日本小学的教师真正有教育本领。要是中国的小孩子玩泥，一定是要拿他的尿当水，来和泥了。小孩子没有知识，这种指点全仗着家长、教师去告诉他去做。中国人开口便说'东洋褴褛之邦'，仔细想来，日本何尝是褴褛之邦呢，想怕中国不免有些没出息的样子了。举一反三，我想起日本的国民无怪他瞧不起中国人，他的知识实在是从小儿就练出的。中国人一知半解，那能够讲到开通呢"。

从周恩来的旅日日记来看，虽然他在留学期间并没有和很多的日本人进行接触和交流，而且在战后也不曾和留学期间认识的日本人交往，但可以推测，周恩来认识到了日本民族的勤劳和优秀以及日本教育的了不起。

1959 年 2 月 12 日，周恩来在会见日本工会总协商会总评事务局局长岩井章时，很罕见地提到了留学日本时的事情。"我 19 岁时去日本留学，21 岁时回国，当时正值青年时期。劳动的人们很勤恳，自然景观很美丽，人人都温和而善良。虽然也有轻视中国的人，但只是非常少的一部分"，表达了对日本人的良好印象。

（三）留学日本的收获

从日记中可以发现，周恩来因没能考上 3 月份的东京高等师范学校和 7 月份的东京第一高等学校而遭受了巨大挫折。

7 月 4 日的日记中对考试的结果进行了预测，"昨、前两日试验失败，心中难堪异常，负友负我，自暴自弃！不胜悲矣！"。7 月 5 日写道："来到日本还说不好日本话，岂不是太可耻了吗！不考官立学校，此羞终不可洗！"10 月 17 日又表达了类似感慨："回想前情，心焉怆恻矣！"7 月 13 日东京第一高等学校考试结果公布，周恩来已不可能成为公费留学生。此后日记中只写了通信栏和治事栏。7 月 28 日临时回国，返回东京后日记中只在通信栏里写有内容，其余部分几乎为空白，几乎不像是日记。至 1919 年 4 月 5 日回国，途径京都岚山时创作《雨中岚山》一诗为止，目前还没有发现这一时间段内与周恩来相关的资料。

在周恩来留学日本的时候，正值帝国主义在国际上抬头、日本国内民众追求自由民主风潮正盛的大正民主时期。1918 年，周恩来曾考虑去京都帝国大学河上肇教授门下学习经济学，并在神田的住所内写好了申请书，但却没有交出去。① 这或许与京都大学不是公费留学生的特约学校有关。通过留学日本，年轻的周恩来期望经由日本学习欧美先进的科学技术，学习从明治维新到大正民主期间的日本，学习日本近代化的精神，但遗憾的是并未获得成功。

在目前的几部周恩来的传记中，都提到了周恩来受河上肇的影响而接

---

① 李彩畛：《1917—1919 年周恩来在日本的经历》，刘焱主编《中外学者论周恩来》，南开大学出版社 1990 年版，第 36 页。

受了马克思主义。① 但从周恩来的日记中却没有发现关于这些内容的直接记述。并且，根据川崎高志的研究，周恩来早年所理解的马克思主义理论，比起河上肇的《贫乏物语》的影响，倒不如说受李大钊《新青年》上所发表论文的影响更大。②

仅仅通过周恩来的留学日记便能发现，年轻的周恩来获得了对日本文化和日本人国民性的感性认识，并对其持有好感。周恩来在担任总理之后也把这些作为理解日本的线索而经常谈论。新中国成立后，在周恩来接待的外国人中数量最多的是日本人。并且，日本各年代、各阶层中喜欢周恩来的人都人数不少，这些都与周恩来在年轻时就开始了与日本人的交往有关。

虽然周恩来的日本留学遭受了挫折，但可以说周恩来从日本留学中所获得的感性的日本观，在后来由其主导的中国政府对日外交政策和中国社会对日观的形成上得到了恰当的发挥，成为了今天中日关系的基础。

二　与日本长期"交往"所形成的日本观

（一）南开求学和欧洲留学时期参加反日运动

1919 年 4 月回国的周恩来乘船到达大连港，之后又拜访了哈尔滨的友人。5 月初北京发生"五四运动"的消息传遍全国，周恩来在得知消息后婉拒了留在哈尔滨工作的建议回到天津，5 月 17 日来到刚刚创建的南开学校大学部。周恩来很想进入这所大学学习，虽然还不是大学生，但却参加了学校内部一连串的抗议运动，与其他大学生一起创办了《天津学生联合会报》并担任编辑。7 月 12 日《南开日刊》报道了周恩来起草的《天津学生联合会报创刊宗旨》，周恩来将"这次全国学生自动发起的运动"同"日本的米骚动、朝鲜的三一独立运动"并列起来，称其为"受世界新思潮的影响，是东亚史上体现出国民自觉的运动"。

在一连串的抗议斗争中，同年 9 月，周恩来等人创建了以"革新"为宗旨的团体，邓颖超当时也是其成员。该团体发行《觉悟》这一不定期出版的小册子，邀请中国共产主义思想最早传播者之一的李大钊来做演

① 参见金冲及主编《周恩来传》（上），中央文献出版社 1998 年版，第 43—44 页；許芥昱：《周恩来—中国蔭の傑物》，刀江書院 1971 年版，第 27—28 页。ディック・ウィルソン：《周恩来—不倒翁波瀾の生涯》，時事通信社 1987 年版，第 26—27 页。
② 川崎高志：《周恩来与日本的民主主义思潮》，王永祥、高桥强主编《留学日本时期的周恩来》，中央文献出版社 2001 年版，第 177 页。

讲，发展很快。年底，周恩来还参加了抵制日货运动，并且由于参加了反对当局镇压活动的示威游行而首次被逮捕。在狱中，他一边学习，一边向同样被监禁的学生们做了 5 次介绍马克思学说的讲演。① 7 月出狱后，周恩来因校方推荐获得了南开"范孙奖学金"的资助得以赴欧留学。为了深入学习马克思主义，周恩来于 11 月登上了从上海去法国留学的轮船。

1921 年，周恩来正在法国留学期间，中国共产党成立，周恩来在巴黎加入了中国共产党。次年 3 月，周恩来改去德国留学，来到了柏林。同年 6 月，周恩来参与创建了"旅欧中国少年共产党"（即中国共产党欧洲留学生支部），是三位主要负责人之一。随后，周恩来与留学欧洲的中国年轻人一起参加了一系列政治运动，渐渐提高了声望。1924 年 7 月，按照中国共产党的决定，为了报告欧洲留学生的斗争状况以及支援国内的革命斗争，周恩来登上了去往孙中山领导国民革命的根据地——广州的轮船。

在此期间，周恩来的日本观渐渐扩大了范围。他已经在天津参加过抵制日货的运动，其斗争的重点目标是甘于丧失主权、服从列强的中国卖国政府，同时也致力于呼吁民族独立、唤醒国民及学生的"觉醒"。

留学欧洲期间，周恩来一边参加中国留学生运动和中国共产党的政治活动，另一边又为祖国寄回了大量的政治评论文章。首先是在天津的《益世报》上为"西欧通信"的专栏执笔，每周投稿 2—3 次。接下来在中国共产主义青年团的刊物《少年》和《赤光》上发表了数十篇论文和评论文章。投稿内容很多都是介绍马克思主义和苏联革命、分析和批判帝国主义列强及中国国内军阀的动向，而其中的部分内容直接提到了日本。例如，周恩来介绍和分析了 1921 年访问英国的日本皇太子（后来的昭和天皇）的动向，以及与此相关联的日英、日美关系。特别是关于华盛顿会议，周恩来写了一系列的报道和评论，详细解说了在会议中日本企图向中国扩张和独占权益的意图，并传回国内。②

周恩来一系列的政论报道揭露、批判了日本对华扩张、独占中国的野心，同时，也形成了以世界眼光来看待亚洲问题和中日关系问题的观点。除此之外，周恩来还多次谈到了德国向第一次世界大战战胜国支付赔偿款

---

① 邓颖超：《漫话五四当年》，中国社会科学院近代史研究所编《五四运动回忆录》（上），中国社会科学出版社 1979 年版，第 10 页。

② 周恩来：《大西洋上之太平洋问题》，原载天津《益世报》1921 年 12 月 16 日、17 日，转引自《周恩来政论选》（上），人民日报出版社 1998 年版，第 26—35 页。

的问题。通过这些观察，他后来形成了这样的认识，"对战败国要求过高的赔偿不利于其后国际形势的稳定和两国关系的改善，会在战败国国民的心里种下复仇的种子"。这可以说给毛泽东、周恩来等中国领导人日后做出政治决断提供了一种历史教训，所以中国并没有要求曾经侵略中国并给中国人民造成巨大伤害的日本做出巨额赔偿。并且，在留学欧洲期间，周恩来成为了马克思主义的信奉者，学会了不以国家来区分善与恶，而是以阶级和阶层来区分善与恶的分析方法，后来中国政府放弃对日索赔并用以说服民众的理论——即"日本大部分国民都是军国主义和侵略战争的牺牲者与受害者，要将极少数的军国主义领导人与大部分的国民区分开"的理论就是建立在这一基础之上的。

（二）在抗日战争中看到日本的局限性

1924 年年底回国后，周恩来参加了国民革命，年仅 26 岁便担任了黄埔军官学校的政治部主任，后来相继领导了上海武装起义和南昌起义，成为中国共产党的主要领导人之一。

由于在此期间周恩来专注于国内的革命斗争，因此，目前还没有发现他会见日本人的记录以及评论日本的原稿和讲演。周恩来再次提出日本问题、谈到日本，是在工农红军结束长征到达陕北之后的事情。当时正值日本扩大侵略（1935 年、1936 年左右，日本军队已经将势力扩展到中国内蒙古和华北地区）、全国抗日运动声势高涨的时候，中国共产党也提出了"反对内战，团结一致抵抗侵略"的口号。

西安事变时，周恩来在与张学良、蒋介石等人往来的文书中提到，因日本扩大侵略，中国已面临亡国危机，再三主张应该将对日抗战放在优先地位。当中国的全面抗战爆发后，周恩来在一次讲演中这样描述抗日战争的性质，"今天，无疑是个变动的战斗的历史上从未有过的大时代。敌人要我们每个人、每个人的子子孙孙都做亡国奴。我们要求生路，便只有抗战，便只有坚持抗战到底。这时代是战斗的。这时代不能与过去'五四'、'五卅'、一九二五年大革命时代相比。过去是对内的局部的政治斗争，这一次却是对外的全面的反法西斯侵略的抗战。现在是整个被压迫、被屠杀、被奸淫、被侵略的中华民族的人民起来反抗的时候"。[①]

---

① 《周恩来于 1937 年 12 月 31 日在武汉大学举行的讲演》，《周恩来选集》（上），人民出版社 1980 年版，第 88 页。

我们可以看出，对日本侵略的愤怒与绝望，对中国亡国的深刻危机感，对全国抗战的决心都体现在上述演讲中。

抗日战争爆发后，周恩来主张促进中国共产党与中国国民党建立统一战线。他运用留学日本和留学欧洲所形成的关于日本的认识和理解以及把握大局的视野，冷静分析了抗日战争的力量对比，特别是在战争的初期阶段（尽管日军在战场上占有压倒性优势）就敏锐地指出日本的弱点，预测中国最终能取得战争的胜利。

一方面，1938 年 10 月，当日本在对华侵略上最大限度地扩张势力的时候，周恩来这样分析日本的弱点，"在日本国内方面，不管敌人的内阁如何改组，外交如何强化，思想如何统制，长期作战如何强调，但其速战速决的方针，是始终没有改变的。敌人国小人少，资源不富，而又野蛮暴虐到极点。国外树敌既多，国内矛盾又大。因此，敌人自开战迄今，始终没有决心进行长期战争。显明的是：每次用兵，都是逐渐增加，常常失去时机；兵力分散，又不协同；在动员上，常是临时抽调；在财政上，更是挖肉补疮；在军事生产上，消耗既多，大的长期设备，也还未见；使用满蒙伪军，更多顾虑；而其本国军队，反战空气，也渐增长。这是日本国内条件，并不利于支持长期战争而有利于我们造成相持局面的"。①

另一方面，周恩来认为日本的全面侵略给中国的全体国民提供了"反面教材"，有利于国内的团结和民族意识的觉醒。"抗战九个月以来，我们中国有了空前统一的政府，统一的军队，统一的最高统帅和民族的觉醒，结成了不分党派，不分信仰，不分地域，不分种族的全民族的大团结，这是抗战必胜，建国必成的基本条件"。②

正如周恩来所预见的一样，中国全力作战，耐心等待国际形势的变化，同时又加上日方的战略失败，1945 年终于迎来了抗日战争的胜利。

战后，中日所处的环境出现了逆转。日本成为战败国，被置于以美军为中心的同盟国军队的进驻和控制之下。中国经过国共内战于 1949 年 10 月迎来了中华人民共和国的成立，实现了 1840 年鸦片战争以来真正的独立。此后，周恩来为了实现"真正的独立"和建立中日间真正的和平友

---

① 周恩来为武汉《新华日报》所写的社论（1938 年 10 月 7 日、8 日、9 日），《周恩来政论选》（上），人民日报出版社 1998 年版，第 219—220 页。

② 周恩来的广播演讲（1938 年 4 月 17 日），《周恩来政论选》（上），人民日报出版社 1998 年版，第 187 页。

好关系而多年致力于对日外交。在这一过程中，周恩来会见了很多日本人，观察日本的最新动向，并做出了关于日本的一系列发言。

（三）周恩来日本观的归纳

那么，通过日本留学、欧洲留学、抗日战争和战后的交流，周恩来形成了怎样的日本观呢？

首先需要说明一点，周恩来在表达个人观点之前，他还是一位中国共产党的高级领导，身负中华人民共和国国务院总理之职。因此，在他的观点中必然包含源自原则立场和意识形态的一些想法和分析方法。而且，将个人情感和对日认识原封不动地反映到政策当中显然不是完全可行的。从这个意义上来说，这里谈到的周恩来的日本观并不仅限于反映在其对日政策中的那部分。

然而，对周恩来的日本观进行研究依然是有价值的。周恩来曾留学过日本，和没有亲身体验的国家相比，其认识和感受是不一样的。日本是与中国直接发生过战争的对手，也是中国特别在意的一个对象国。而且，在1949年后中国领导人所进行的对外交流方面，周恩来会见的日本代表团数量最多，拥有最多的日本朋友和人脉。日本的政财界及各方面的知名人士共同撰写了《日本人眼中的周恩来》一书并出版，这在其他国家是不可能出现的。把"为了打破美国的封锁政策"、"想引进日本的资金和技术"、"因为没有邦交，所以只能多会见民间人士"等大打折扣的理由算上，周恩来在中日恢复邦交和中日关系的重建上所倾注的热情及采取的准确的对日接触措施，其根源和背景都来自于他的日本观。特别是在"中美接近"之后和周恩来已身患不治之症之时，他还曾做了一番伤感的发言，"我虽然了解日本，但已经不再年轻。我希望趁我还行的时候，能打好中日友好的基础"[①]，其在对日关系上用"情"乃是事实。

根据以上历史过程，笔者想将周恩来的对日观归纳为以下三点。

1. 警惕军国主义的复活及其对台湾的野心

抗日战争中周恩来的对日言论，特别是对军国主义的批判在前文中已经做了介绍。与日本有过长期交往，经历了长期斗争的周恩来认为，日本具备军国主义复活的基础，不能完全否定其复活的可能性。因此周恩来对

---

① 1972年5月15日，周恩来在与公明党第2次访华团会谈时所说。每日新闻社政治部：《転換期の〈安保〉》，每日新闻社1979年，第155页。

战后访华的日本各界友好人士反复强调，要警惕日本军国主义的复活，因为这样首先对日本自身是不利的。

1972 年 11 月，周恩来在会见访华的日本旧军人友好团体"中国归还者联络会"（"中归联"）会长藤田茂时表示，虽然中日邦交正常化实现后，"过去"的问题得到了解决，但那时日本国内上映的美化战争的电影对不了解战争的年轻人产生了不良影响，他对这种不考虑战争的严重性而轻率使用武力手段的做法表达了担忧。周恩来说："在日本，政治家也好，知识分子也好，军人也好，如果不研究东条英机侵略战争失败的历史，而且还要美化他，将来还要重蹈覆辙"，他希望了解战争真实情况的"中归联"的各位朋友编写反映"大东亚战争"真相的战史。① 周恩来对经济界的访华团说，"日本重走军国主义的老路是不会有前途的"，再次强调不要因军国主义的复活而引起日本国民与政府之间、与诸外国之间、与经济发展之间等"五个无法克服的矛盾"。②

周恩来当初也许并未预见到，一直到 20 世纪 70 年代初为止，日本走的完全是一条和平的道路。位于中国大陆一隅的小国日本发展到与欧洲列强分庭抗礼的地步，在抗日战争中占领了中国大部分国土，战后又迅速东山再起，成为了世界第二位的经济大国，这种超出日本人自身感受的重要性及其对世界的影响，对包括中国领导人在内的很多中国人而言，却是夹杂着痛苦的战争记忆的。

周恩来对日本的担心和警惕还特别表现在"台湾问题"上。在与 1963 年访华的石桥湛山前首相的谈话中，周恩来指出，"日本有一部分人对台湾念念不忘"，并分析这源自三种感情。第一是"源自对过去的殖民主义的感情"，第二是"由于军国主义的感情"，第三是"因密切的经济关系而带来的感情"。他指出，对于第三点不难理解，但前两点"对中国人民是非友好的"。③

1964 年 1 月，法国与中国建交，成为在西方发达国家中最早与新中国建立正式外交关系的国家。中法关系的发展对中国而言，是对西方外交

---

①　中共中央文献研究室编：《周恩来年谱》（下），中央文献出版社 1998 年版，第 562 页。

②　1961 年 2 月 28 日与日本经济友好访华团的谈话。中华人民共和国外交部、中共中央文献研究室编：《周恩来外交文选》，第 307—308 页。

③　中华人民共和国外交部、中共中央文献研究室编：《周恩来外交文选》，中央文献出版社 1990 年版，第 342—344 页。

成功的重要象征，"对日工作小组"秘密制定了"法国之后是日本"的目标。周恩来亲自分析各种资料后表达了如下想法："还不能说中法建交之后下一步就是日本，意大利的可能性也许更大一些。最近有一份报告中提出要日本抛弃美国、抛弃台湾，短时间内恐怕这是不太可能的。对日本不是要它反美，而是要它同美国闹独立性。日本自民党虽有许多派别，但在"台湾问题"上都是一致地含糊其辞，大多都有野心。法国讲'台湾归属未定'只是说给美国听听，他们对台湾没有野心。日本则不同，吉田茂、岸信介之流就是想把台湾分出去。在台湾和祖国统一之前，在这个问题上我们同日本的斗争是长期的。"①

周恩来对日本军国主义复活的可能性的警惕，特别是对日本介入"台湾问题"所持有的警惕，也体现在 1971 年 7 月基辛格秘密访华后周恩来在中美会谈中的发言上。同时这也成为了他在中日邦交正常化谈判过程中特别强调要解决"台湾问题"的一个重要背景。但这里笔者也想说一下，周恩来一贯的态度是：在"历史问题"上与其和它纠缠不休，还不如把它交给日本的国民去解决。

2. 对日本国民、社会、经济的高度评价

如果反过来看上述对日本的种种担心，那么可以说这些都是源自对日本"实力"的高度评价。周恩来虽然也对当时军国主义领导者的肤浅进行了批判，但总的来看周恩来认为日本是一个优秀的民族，对其拥有亲近感，并认识到中日之间不能再有战争。

1955 年 11 月，周恩来对访华的日本代表团说，"日本是一个拥有几千年历史的独立国家，民族自尊心很强，说不定什么时候还会超过美国。"虽然当时的背景是中美对立，但周恩来对日本的这种评价在之前和之后都始终如一。

周恩来对日本明治维新以后的近代化建设也进行了积极评价。1954年 10 月 11 日，在与日本国会议员访华团举行的恳谈会上，周恩来说，"近百年来，日本在经济上和文化上都比我们中国更为先进。经历过明治维新的日本实现了工业化。工业化的实现也带来了军国主义的不幸。军国主义者发动战争，给人民带来了不幸。但是，这些都成为了过去，中国人

① 李孟竞：《洞察事理　真情感人》，中华人民共和国外交部外交史编辑室《研究周恩来——外交思想与实践》，世界知识出版社 1989 年版，第 235—236 页。

民能够辨别和区分军国主义者和人民。不可否认，工业化有利地促进了日本的经济发展。中国人民现在也很担心日本军国主义的复活，但像从前那样的军国主义的复活是不会有的。中国人民坚信，只要中日两国人民推进友好往来就一定能够阻止这种危险"。周恩来还对日本进行了高度赞扬："我最先留学的国家就是日本。虽然日语说得不好，但对日本生活的印象却很深。日本有很多优秀而美丽的民族文化。"①

1971 年 3 月 13 日，在会见日本关西学生友好访华团的代表时，周恩来说，"日本民族是伟大的民族，历史上也是个独立的民族。中国历史上封建统治者对外侵略，特别是成吉思汗时期，到处扩张，一直打到莫斯科、印度，到了中亚细亚，可是打到日本就碰了钉子回来。从这点证明日本民族是伟大的"。②

3. 军国主义者与一般日本国民的"区分论"

在 1972 年中日实现邦交正常化之前，中国政府的对日态度与政策几乎都是通过最高领导人的言论来表现的，这些言论可以说是当时对日政策的集大成。其中，象征"中日友好"的言论首推毛泽东与周恩来在 20 世纪 50 年代和 60 年代提出的"区别论"，即应该区分军国主义的"反动的日本执政者"与"日本人民"的观点。

关于这一点，最典型的发言是 1972 年 9 月 25 日周恩来在田中首相访华的欢迎宴会上所做的致辞。

我们两国历史上有 2000 年的友好往来与文化交流，两国人民之间结下了深厚情谊，（这一点）必须要珍惜。但 1894 年以来的半个世纪中，由于日本军国主义侵略中国，中国人民遭受了重大灾难，日本人民也深受其害。前事不忘，后事之师。我们必须要谨记这些经验和教训。中国人民会按照毛泽东主席的教导，严格区分极少数军国主义者和广泛的日本人民。③

---

① 石川忠雄、中島嶺雄、石井優：《戦後資料：日中関係》，日本評論社 1970 年版，第 27 页。

② 中华人民共和国外交部外交史研究室编：《周恩来外交活动大事记》，世界知识出版社 1993 年版，第 582 页。

③ 《人民日报》1972 年 9 月 26 日。

同样的发言在之前也有过。1961 年，周恩来说：

　　　　我们对日本人民毫无怨恨，日本人民也同样是军国主义的受害者。皇族、华族（指除皇族外有爵位的日本贵族）也好，资产阶级也好，劳动人民也好，只要愿意同中国友好，我们都和他友好。参加过日本侵略政府的成员，只要他们赞成中日友好，我们仍然欢迎他们。①

这一区分论虽有来自马克思主义理论的一面，但更应该被看成是反映了周恩来以及大部分中国人摆脱了曾经的侵略战争的不幸、构建新的中日友好关系的真切愿望。

第三节　周恩来与日本人的交往

一　周恩来培育出的无数日本"千里马"

　　周恩来曾经说过："外交是通过国家和国家的关系这个形式来进行的，但落脚点还是在影响和争取人民"，"外交工作首先就是做人的工作"。在说明周恩来的对日外交时，不能忽略他与日本人的交流方式、个人魅力、强烈的说服能力以及广泛的人脉和深厚的关系。笔者在日本时曾参加过日本外务省举办的一个演讲会，演讲者在《日本各界对中国领袖的形象分析》中，介绍了周恩来与日本人会谈时的模式：首先是打动对方的心灵，接下来是表示原则立场并进行说服，最后是调整细节部分的意见分歧从而达成一致。

　　周恩来所采用的抓住对方心灵的方法是：在会见日本来宾时，不管是10 人也好，20 人也好，都会预先掌握每个人的个人信息和预备资料，然后再同每个人进行温暖人心的提问和对话。例如，在会见经济代表团时，会对造船业的相关人员称赞日本造船技术的优点，而在面对农业专家时，又会提到当时的新肥料尿素并表示极大关心。当妇女代表团中有歌手时，周恩来会询问："来中国之后唱歌了吗？"接见女电影演员时，又会介绍中国电影落后的地方。另外，在面对见过多次的老朋友时，周恩来又会提起上次见面时说过的话，或者是关于对方家庭状况的话题。1971 年元旦，

---

　　①　金冲及主编：《周恩来选集》（下），人民出版社 1984 年版，第 322 页。

周恩来为了准备会见反对美国军事基地的日本妇女代表团，特意花 2 个小时看了日本电影《军阀》。会见时就这部电影以及日本的军国主义等问题进行了长时间的交流。①

在会见中与周恩来进行过直接交流的很多日本人都感到，百忙中的周总理还记得自己的事情、对自己表示出特别的关心，于是很快便产生了好感，并成为周恩来的"粉丝"。

周恩来还在会见、恳谈中坦率承认中国发展的落后，向访华的日本人寻求对中国的批评和建议。很多时候，一有会见，周恩来必定先行赶到，在会见室入口处欢迎来宾并一一握手，结束的时候，在出口处也同样如此。② 与周恩来会见的日本人都被这位国家总理的谦虚所打动。

另外，周恩来在会见时，必定先让对方讲话，听过之后自己再讲。而且，他讲话的特点是不讲冗长和啰嗦的内容。在他的讲话中，还经常会不经意地提到一些日常生活的具体事情。例如他经常会提到，日本的豆腐很好吃，樱花很美等留学日本时的印象等等。

但是，周恩来的谈话也并非只是聊天。作为一国总理所举行的会见，要将一定的意图和信息传达给对方，有时还要进行劝服。因此周恩来常常将想要表达的原则性问题归纳成几点，以明确的概念传达给对方。在中日关系遇到困难，或是中方要提出某项方针时，周恩来常常向对方明确提出诸如"政治三原则"、"周四条件"、"复交三原则"等概念，寻求日方接受并加以说服。当日方表示同意时，周恩来就会在"存小异求大同"的方针下，在细节性的意见分歧上接受日方的要求并进行调整，最后达成一致。"原则问题不让步，但也要考虑到对方的立场和困难，找到双方都有面子，都很满意的一致意见"是周恩来外交的典型特征。

周恩来不仅会见了日本的政治家、财界人士及上层人士的代表团，而且还会见了大众的访华团。即便时间很短，周恩来也经常会见日本的农民代表团、妇女代表团、学生代表团等群众性代表团。经过这种积累，日本国内已经形成了对周恩来的高度评价，与周恩来直接会面的日本人大都成为他的超级"粉丝"。例如，作为本书先行研究的一部分，本书序章中已经提到的《日本人眼中的周恩来》一书中，日本的政界、财界、文化界、

① 金冲及主编：《周恩来传》（下），中央文献出版社 1998 年版，第 2073 页。
② 冈崎嘉平太：《周恩来総理の思い出》，《世界》1976 年 3 月号，第 164 页。

体育界及艺术界等各界与周恩来有过交流的 70 多人都不约而同地写下了回忆周恩来的文章，对周恩来的人格、对日外交的方式及其对日观进行了高度评价。在中国的领导人当中，周恩来获得了日本人的最高评价是不可否认的事实。

这里要介绍关于周恩来了解日本的情况、站在对方的立场考虑问题的两则轶事。

佐藤内阁末期，为了开展"鸭子外交"（不公开进行的对华交涉），对华政策发生转变的佐藤首相将一份以自民党干事长保利茂的名义写的亲笔书信交给访华的东京都知事美浓部亮吉，委托其转交给周恩来。由于信中没有明确写出"一个中国"而遭到中方拒绝。据说亲笔书信的名义人保利茂在事后受到很大打击。中日恢复邦交后，因田川诚一的斡旋，保利茂来华访问，在医院见到了已经重病住院的周恩来。周恩来向保利茂说明了当初不得不拒绝书信的理由，并说："都已经是过去的事情了，就让它随水流走吧"。① 周恩来对意见不同的另一方也能表示真挚的态度，在尊重对方人格的同时又努力改变他的想法。对于周恩来的这种态度，保利茂非常感激。此后，他为签订中日友好和平条约做出了积极努力。

1972 年 4 月，三木武夫在参加自民党总裁选举之前来北京访问。在与周恩来的第一次会谈中，三木说如果自己成为首相，将承认中国的"复交三原则"并宣布结束战争状态，以及《日华和平条约》无效、日中永不再战。② 第二次会谈结束时，三木向媒体详细介绍了他对周恩来所讲的内容。周恩来对三木说："不要太说中国的好话，把你完全说成亲华派了也不好，当然你是愿意友好的，但是给你的帽子太大了也不行。这都是为了促使你成功"，使三木大为感动。③

周恩来去世后的第二天（即 1976 年 1 月 9 日），尽管还没有得到中方的正式通知，但三木却以首相身份，在上午 10 点，继公明党委员长竹入义胜之后来到东京的中国大使馆进行吊唁，并指示驻北京的日本大使馆向中国政府申请出席周恩来的遗体告别仪式。但是，由于当时中国正值"文化大革命"期间，中国政府没有邀请包括三木首相在内的任何外国人

---

① 張香山：《日中懸け橋を準備した人々》，《论座》1997 年 11 月号，第 190 页。

② 中共中央文献研究室编：《周恩来年谱》（下），中央文献出版社 1998 年版，第 520 页。

③ 李孟竞：《洞察事理　真情感人》，中华人民共和国外交部外交史研究室编：《研究周恩来——外交思想与实践》，世界知识出版社 1989 年版，第 237 页。

来参加周恩来的遗体告别仪式。①

这些轶事在日本人中间反复传颂，周总理的才智、学识、气度、品格……总之，他的精神和魅力给日本友人留下了深刻印象。他们敬仰周总理，称其为"世界的伟人"。那些把周总理视为自己最伟大的朋友、个人至交并且对此毫不避讳的日本人不在少数。

在2000多年前的中国春秋战国时代，有一则用很多钱买千里马骨头的故事。为了抗击齐国的侵略，燕昭王正在为如何能招揽到振兴国家的人才而苦思焦虑。这时谋士郭槐向其进言：从前有位国君非常想得到一匹千里马，因此准备出黄金一千两购买，可过了三年都没买到。这时一位部下自告奋勇带着很多钱去买千里马，可结果却用五百两黄金买回了千里马的骨头。国君很不高兴，这时部下解释说："我这样做是为了向天下表明国君您诚心诚意买千里马的决心哪！"果然，没过一年时间，就有人将三匹千里马卖给了国君。听了这个寓言之后，燕昭王便拜郭槐为师，还为他修建了一座黄金台。听说郭槐被重用，各国的贤能之士都投奔而来，20年后，昭王依靠这些人才振兴了国家，打败了齐国，收复了被夺去的国土。②

为了实现中日邦交正常化，周恩来礼贤下士，表现出购买日本各界"千里马"的姿态，体现出了自己的诚意。与周总理见过面的日本国会议员、在野党党首、财界领导人、民间团体、学者、作家、记者等都感觉自己受到了周总理的重视和亲切对待，一致认为要报答周总理并做对日中友好有益的事情。这些人在1972年，从各个领域、各个方面主动在中日两国间搭建桥梁，在日本国内大声呼吁对华友好，向中方提供了宝贵的建议。在中日邦交正常化得以迅速实现的背后，不能忘记这些无名英雄的存在，他们都是周恩来多年来撒下的种子长大成为了栋梁。

二　周恩来与松村谦三、高碕达之助、冈崎嘉平太的关系

在背后支撑中日邦交正常化的有无数匹"千里马"，这里作为代表人物，笔者想举出松村谦三、高碕达之助和冈崎嘉平太三人。

前日本驻华大使（1984—1987）中江要介于2003年在纪念《中日和平友好条约》签订25周年的北京演讲中说道，"30年前，经中方和日方

① 宗道一：《1976年1月9日东京在哭泣》，《文史精华》1998年第8期，第31页。
② 出自《战国策·燕策一》。

很多人的努力，中日邦交正常化得以实现。我们不能忘记中方的周恩来、廖承志，日方的松村谦三、高碕达之助、冈崎嘉平太等人。"① 这是因为，在战后的中日关系中，中方的周恩来、廖承志和日方的松村谦三、高碕达之助、冈崎嘉平太等人付出了很大努力，构建起中日交流的渠道。特别是在"文化大革命"期间，中国政府的外交活动几乎停止，但中日民间贸易却由于这一人际关系和信赖关系而得以维持。

凭借周恩来"民间先行，以民促官"的对日外交方针，1952 年以后中日间开始了以贸易为中心的民间交流，但由于1958 年 5 月的"长崎国旗事件"，中日交流全面中断。1960 年又发生了《日美安保条约》修订一事，中日关系更加恶化。在这一阶段维系中日关系的是日方的松村谦三、高碕达之助、冈崎嘉平太等人创建的"LT贸易"的人脉。他们付出了巨大努力，一方面要维持对华贸易和日本国内舆论的平衡，另一方面还要维系中日关系。

为了打开"长崎国旗事件"后双方的困局，周恩来开始考虑与自民党实力派展开交流。参加自民党总裁选举并落选的前文部大臣松村谦三应周恩来的邀请，于 1959 年 10 月对中国进行了首次访问。周恩来为了同松村深入交换意见，百忙之中陪同松村一行来到了单程要花将近四个小时、位于北京西北正在建设中的密云水库参观。松村在中国呆了一个半月，与周恩来举行了四次会谈。但是，在关于"台湾问题"、岸信介内阁的对华政策等中日间存在的问题上双方没有取得一致，因而没能发表共同声明。当时周恩来说："我是中国共产党员，松村先生是日本自由民主党的成员，我们对问题的看法不可能完全一致。不一致是自然的，在这个前提下，中日两国要和平共处，发展友好关系。"② 松村后来多次回忆："虽然第一次访问时没有达成共同声明，但周恩来所说的话至今还铭记于心。"③

1962 年 9 月，松村第二次访华，与周恩来举行了两次、总计达七个小时的会谈，双方构建了中日民间交流的主要内容——"LT贸易"的框架。之后，1964 年 4 月在他第三次访华时，松村和周恩来共同见证了根据"LT贸易"备忘录相互常设联络事务所和互派记者的协定的交换。

① 中江要介：《三十而立：吃水不忘挖井人》，《社会观察》2003 年第 4 期，第 20 页。
② 劉德有：《周·松村会談の思い出》，《中国》臨時增刊，愛知大学 1997 年版，第 111 页。
③ 同上书，第 110 页。

1970 年 3 月，松村对当时因佐藤内阁而恶化了的日中关系倍感苦恼，为打开困局，以其 87 岁高龄开始了生平最后一次访华之旅。周恩来担心松村的身体，用设有卧铺的专机将松村从广东接来北京，并亲自设定与松村会谈的时间。同行的冈崎嘉平太这样证实："周总理在会见室入口和大家握手时，松村先生坐着轮椅，已经乘电梯上来了。在得到工作人员的通知后，周总理小跑似的快步走向十多米开外的电梯口处，松村先生一出来，周总理就一把抱住，半天都没松开。我们都觉着这仿佛是在迎接阔别已久的父亲一样，不由得眼眶湿润。"① 当时松村先生已经是一位连自己是身在北京还是在东京的家里都分不清的"神志不清"的老人，最后由古井喜实和西园寺公一商量后，谢绝了与周恩来的深夜聚餐。② 因周恩来的人格魅力，晚年的松村为打开对华关系付出了忘我的努力，中日间的民间交流也因此而在波澜万丈的形势下被维持了下来。

松村在第一次访华前与高碕达之助商谈，双方一致同意政治归松村、经济归高碕的"分工"，松村还向周恩来推荐由高碕接任 1957 年去世的日本国际贸易促进会会长村田省藏的职位。1960 年 10 月，高碕达之助应周恩来的邀请首次访问北京。高碕在 1955 年的万隆会议上就已经与周恩来相识，这实际上是双方的第二次对话。对于与高碕时隔 5 年的再次会面，周恩来在欢迎高碕一行的宴会上表达了自己深切的感慨，"今天在北京，与万隆会议时的同事及友人高碕达之助先生久别重逢，与大家汇聚一堂，我感到非常高兴"。高碕的第一次访华虽然在政治和经济两方面都没有取得具体的成果，但两年后再次访华时和他松村一起构筑了实现"LT贸易"的重要基础。1962 年 11 月，廖承志与高碕签署了"LT贸易"备忘录，草案是由与高碕一起访华、后来担任"LT贸易"代表的冈崎嘉平太起草的。两年后的 1964 年，高碕去世。

冈崎嘉平太可以说是在日本人中最忠实的周恩来迷，特别是在晚年，他越来越为周恩来的人格所倾倒，将周恩来尊为"我一生最大的老师"。不仅在桌子上放有周恩来的照片，去世时棺木中也一同放入了周恩来的照片。③

---

①　岡崎嘉平太：《周恩来総理の思い出》，《世界》1976 年 3 月号，第 166—167 頁。

②　嶋倉民生：《周恩来総理について記録しておきたいこと》，《中国 21》，風媒社 2002 年 10 月号，第 211 頁。

③　岡崎嘉平太：《わが生涯最大の師・周恩来総理》，《日本人の日中の周恩来》，里文社 1991 年版，第 196 頁。

冈崎一生共访华 101 次，总还清楚记得第一次访华时与周恩来见面的情形。他后来回忆道："1962 年 11 月 1 日晚，与高碕达之助一起在中华人民共和国国务院与周总理举行了长时间的会谈，周总理这样说：'甲午中日战争以来日本侵略了我国 80 年，给人民的生命和财产造成了巨大损害……我们对此怀有深深的怨恨……我们正在为忘记这种怨恨而努力。忘掉怨恨，今后要携手让亚洲变得强大……'这样说了之后，周总理面向我这里问道，冈崎先生你觉得怎样？"

冈崎说："此后，我每年都要访华一到两次。在因病住院之前，周总理每次都亲切接见我们，又多次举行宴会予以款待。我渐渐被周总理高尚的人格所吸引，比起尊敬他总理的身份，我更加发自内心地敬慕他所富有的人情味。因此我将周总理作为人生之师，从一点一滴上努力学习。"①

此后，冈崎每次访华时都会和周恩来见面，与周恩来的友情逐渐加深，终其一生都为中日友好尽力。关于同周恩来的见面，他在晚年表达了这样的感想，"我认为像周总理那样被人民爱戴和敬仰的政治家即便是在世界历史上都是为数不多的。我常常感到，此生能够多次与周恩来总理见面，这种幸福是很难得的"。②

毛泽东在 20 世纪 50 年代多次会见了可以称为"前侵略者"的前众议院议员久原房之助，还会见过日本的议员、艺术家、前军人等很多的日本人，但却从未会见过 20 世纪 60 年代代以后为打开中日关系而付出努力的松村、高碕、冈崎等人。毛泽东避免接触松村等从事中日民间交流的人员，是因为他在看到岸信介内阁的对华政策后，放弃了通过中日民间交流来实现中日邦交正常化的方针，而认为必须与自民党的实权派进行接触。

在日本，有无数的日本人像松村谦三、高碕达之助、冈崎嘉平太三人一样，自从与周恩来见面之后就被其人格和胸襟所吸引，与周恩来之间建立起深厚友情，将自己的后半生都奉献给了中日友好事业。20 世纪 50 年代以后历任日本国际贸易促进协会关西本部事务局局长、专职理事、理事长、会长的木村一三先生就是其中一位。木村先生作为民间人士，在促进

---

① 冈崎嘉平太：《周恩来総理の思い出》，《世界》1976 年 3 月号，第 164 頁。
② 冈崎嘉平太：《わが生涯最大の師・周恩来総理》，《日本人の日中の周恩来》，里文社1991 年版，第 198 頁。

中日经济交流、促使关西财界转向恢复对华邦交的方向上做出了很大贡献。笔者曾经在事务工作上帮助过木村先生，他多次颇为自豪地向笔者讲到与周恩来的交往。他常常称自己是"毛泽东思想大学"的毕业生，虽然并没有见过毛泽东，但从周总理那里学到了毛泽东思想及其哲学和统一战线的方法论。并且木村先生还向笔者透露，由于他的名字中最后一个字是"三"，于是周总理便给他起了一个中国式的亲昵的名字——"小三子"。

这种周恩来的人际关系存在于日本各界，这些日本人在中日邦交正常化过程中共同发挥了"无名英雄"的作用。

第二章

1949 年至 1960 年前后周恩来
主导的对日外交

从 1949 年中华人民共和国成立，到 1971 年中日邦交正常化不可或缺的外部条件——"尼克松冲击"发生为止，为了改善中日关系，中国政府对日本政府采取了一系列的主动外交，这一过程，按照时间顺序，大致可以分为三个阶段。

第一阶段，从新中国成立到 20 世纪 50 年代中期鸠山内阁上台为止，即所谓中国对日外交政策的形成期。在这一阶段，中国形成了全面的"新中国外交"政策，而在对日外交方面，以实现中日邦交正常化为最终目标，中国政府不断摸索对日政策的特征，并最终制定了"民间先行，以民促官"的基本方针。

第二阶段，从 20 世纪 50 年代中期到 1958 年的"长崎国旗事件"为止。在此期间，中国政府对鸠山内阁展开了一系列的外交活动，这些活动为中日邦交正常化的实现做好了准备，是中国采取的最初的对日外交努力。

第三阶段，从 20 世纪 60 年代初期到佐藤内阁成立初期为止。在此期间，为促进中日邦交正常化，中国政府针对池田内阁展开了第二次对日外交努力。虽然由于日本政府追随美国的对华政策，使得对日外交未能取得实际成果，但可以说这些外交活动在为 1972 年 9 月实现中日邦交正常化营造环境和提供基础方面发挥了重要作用。

本章主要探讨以上三个阶段中国政府对日政策的形成与发展、实际的对日外交接触过程、以及在对日外交中周恩来所起的作用。

第一节　中国对日外交政策的形成

一　新中国成立初期宏观外交政策和对日方针的制定

众所周知，中国在制定新中国成立初期的内外政策、尤其是对外政策时，强烈意识到苏联的因素并深受其影响。在美苏冷战正酣的 1949 年 10 月 1 日，中华人民共和国宣告成立。为对抗以美国为中心的西方势力，中国加入了以苏联为中心的社会主义阵营，公开向全世界表明了以苏共为师的"一边倒"政策。关于采取"一边倒"政策的理由，毛泽东在 1949 年 6 月作了如下说明："一边倒，是孙中山的四十年经验和共产党的二十八年经验教给我们的，深知欲达到胜利和巩固胜利，必须一边倒。积四十年和二十八年的经验，中国人不是倒向帝国主义一边，就是倒向社会主义一边，绝无例外。骑墙是不行的，第三条道路是没有的。"

通过向苏"一边倒"的外交政策，中国将外交战略的重点放在了强化与社会主义各国的关系、增进与亚非民族的团结、深化与西方各国中革命势力的合作上，表明了与帝国主义持续斗争的立场。在与帝国主义国家建立外交关系方面，毛泽东在 1949 年 3 月中国共产党第 7 届第 2 次中央委员会全体会议（七届二中全会）上所作的报告中谈到外交问题时说，"关于帝国主义对我国的承认问题，不但现在不应着急于去解决，而且就是在全国胜利以后的一个相当时期内也不必急于去解决"。①

因此新中国成立之初，中国政府在制定对日政策的时候，也在某些方面受到了苏联外交战略思想很大的影响。1949 年 7 月，以刘少奇为团长的中共中央代表团访问苏联，在人民政权成立前夕，在政策层面上同苏联共产党进行了协商。当时，关于对日政策，斯大林表示，"你们应当与日本共产党建立密切的联系。现在美国正想把日本争取到他那一边去，如果美国在日本达到其目的，以后中国的困难就会更大。如果你们能将日本争取到你们那一边来，那资本主义在远东从此就完蛋。日本人民是很好的，中国人民仇恨日本人的情绪不应该成为你们争取日本的障碍。但日本的上层还有一批反动分子没有被打下去。今后你们的任务，就是要很好地帮助日本共产党及其他进步势力打倒日本反动分子"。② 苏联从与美国对抗的世界性战略观点出发，从远东东西方势力对比的局势上来把握中日关系，强调了中日关系的重要性和方向性。

正因如此，新中国成立之初的对日政策，便是和苏联一起提倡全面的对日讲和，以对抗美国所企图的片面讲和，明确反对美国统治日本、压制

---

① 《毛泽东选集》第 4 卷，人民出版社 1991 年版，第 1435 页。
② 刘建平：《新中国的原点》，西苑出版社 1999 年版，第 146 页。

中国的政策。1950 年 2 月 14 日，中苏两国在莫斯科签订了《中苏友好同盟互助条约》。条约明确规定："一旦缔约国的任何一方受到日本或日本同盟国的侵略而爆发战争，缔约国的另一方要全力进行军事及其他援助。"并且，"经缔约国双方同意，保证在尽可能短的时期内，与其他二战时的同盟国一起和日本签订和约"。1950 年 4 月召开的中央人民政府委员会第 6 次会议通过了该条约，毛泽东在会上说，"在帝国主义侵略我们的时候，因为有这一条约，所以最值得信赖的朋友会帮助我们"。[①]

　　当时中国所感到的来自日本方面的威胁主要有两点：一是源自 1931 年"九·一八"以来长达 15 年的日本对华侵略所造成的巨大心理伤痛，二是源自对支持台湾国民党政权的美国的警戒。中国对美国占领日本、控制日本及美日同盟怀有警惕感和威胁感。但实际上，即便处在当时的背景下去考虑日本军国主义的复活，在可以预见的将来也是不可能发生的；选择与美为敌是因为与"台湾问题"有关。事实上，杜鲁门政权从 1949 年年底到 1950 年 1 月曾考虑将台湾地区从防御战线中撤除，《中苏同盟条约》的签订反倒促使杜鲁门政权放弃了这一构想。也可以说，《中苏同盟条约》的签订为日本在两年后选择台北而非北京签订所谓的《日华和平条约》提供了重要的根据和借口。

二　对日本共产党取得政权的期待

　　在 1945 年 7 月中国共产党第七次全国代表大会上，毛泽东在其《论联合政府》的政治报告中提到了战后对日处理的基本外交原则：一是彻底消灭日本的法西斯主义，消灭军国主义以及产生军国主义的政治、经济和社会原因；二是协助日本人民的民主势力在日本建立民主制度。

　　1949 年 1 月，新华社发表社论《日本的选举与中国》，主张"不管美帝国主义及其走狗希望也好、不希望也好，人民的中国应该致力于对战后日本的管理。日本也必须同人民的中国签订和约，建立经济和政治方面的关系。但是，有资格代表日本人民同新中国建立友好关系的政党只能是没有被中国人民的鲜血浸染过的日本共产党及其他民主分子。必须要将这一简单的真理传达给所有的日本人民"。[②] 这表明了中国共产党对日本共产

①　刘建平：《新中国的原点》，西苑出版社 1999 年版，第 29 页。
②　《人民日报》1949 年 1 月 21 日。

党取得政权的期待。

1950 年 7 月 7 日的《人民日报》发表社论《日本人民斗争的现状》，社论说："日本民族当前最大的敌人是美帝国主义及其在日本培植的少数走狗、日本的资产阶级及其政治代理人、日本的反动派"，并且"日本共产党如果坚持并扩大民族统一战线、努力获得正确的行动方针的话，日本的民族解放和人民解放事业将会有光明的前途"。中国共产党欲将其制胜法宝——统一战线的经验传授给日本共产党。7 月 14 日，中共中央在日本共产党建党纪念日向其发去贺电，表明了对日本共产党"团结日本各阶层爱国人民"、"为日本的民族独立和人民民主主义"而斗争的希望。①

1950 年 6 月，针对吉田政权取缔日本共产党的做法，中国政府发表抗议声明，与日本政府采取了对立姿态。1950 年 6 月 17 日的《人民日报》将吉田政权称为"卖国奴"、美国的"看家狗"，表明了从正面否定日本政府的立场。1951 年 1 月 28 日的《人民日报》评论说，吉田茂及芦田均等一部分反动派在美帝国主义的支持下，企图复活日本军国主义、再次引发世界大战。并且，同年 9 月 8 日，周恩来总理发表声明，强烈批判美国政府"在为新的侵略战争做准备"，批判日本政府"妄想复活军国主义"，是向美国"出卖国家独立和主权的卖国集团"。②

在这一时期，由于朝鲜战争所带来的"军需繁荣"，日本国内经济迅速恢复，国民收入大幅增加，政治趋于稳定，工人革命运动走向低潮。中国所寄予希望的由日本共产党领导日本人民推翻反动政府、建立民主政权、中国与之签订和约的战略构想已完全没有了实现的可能。在朝鲜战争所带来的冷战结构进一步确立的国际环境下，中国政府着手进行部分外交政策的调整，将与日本现政府建立外交关系作为具体的外交目标，开始谋划新的外交战略。

三 主张全面对日媾和

1950 年，美英所主导的对日媾和会议进入了准备阶段。中国表达了三方面的主张：一是反对美国占领日本；二是参加对日媾和会议；三是签

---

① 日本共産党中央委员会编：《日本共産党 50 周年文献资料集》第 2 卷，新日本出版社1957 年版，第 7 页。

② 《日本问题文献编》第 1 卷，世界知识出版社 1955 年版，第 88 页。

订全面对日媾和条约。周恩来总理代表中国政府连续发表了《关于对日和约问题的声明》（1950 年 12 月 4 日）、《支持苏联政府关于对日和约准备工作提案的书信》（1951 年 5 月 22 日）、《关于对日和约美英草案及旧金山会议的声明》（1951 年 8 月 15 日）、《关于美国及其追随国签订旧金山和约的声明》（1951 年 9 月 18 日）和《关于美国非法单独和约生效宣言的声明》（1952 年 5 月 5 日）。《人民日报》也连续发表了《亚洲人民的光明前途》（1953 年 9 月 3 日）、《论中日关系》（1953 年 10 月 3 日）等社论。这些声明、社论及其他相关文件和谈话显示了新中国成立初期的对日基本政策。现对其论点整理如下：

第一，基于《开罗宣言》和《波茨坦宣言》等协定的规定，应共同签订对日和平条约，反对美国的单方面对日媾和及《旧金山和约》。

第二，反对美国对日本的长期占领及日本的重新军备。

第三，反对日本政府和台湾的蒋介石集团签订和平条约。

第四，区别日本人民和日本政府，支持日本人民争取独立、和平及中日友好的斗争。

但是，新中国政府虽反复表明了与日本政府建立外交关系、签订和平条约的意向，但只是明确表述了关于日本战争赔偿等重大问题的一些原则立场，并未提出尽早与日本签订和约的具体方案。当时的台湾当局驻美大使顾维钧在回忆录中这样说："中华人民共和国成立后，共产党政府并未代表中国人民提出各主要国家能够接受的对日媾和的具体方案。当时的中国政府并没有关于中国主权问题、人民生命财产问题以及战争赔偿问题等具体问题的成熟方案。关于这一点，杜勒斯评论说：'（蒋介石）国民政府的很多建设性意见都被和约草案所采用，但北平政权并未提出任何建议，只是声称它同意苏联就条约草案对美国所做的答复。事实上并没有任何代表中国人民利益的建议。'杜勒斯还表示了疑惑：'我曾料想共产党政权至少会代表中国人民提出赔偿问题，而它竟一点有主见的建议或意见也没有提出。'"①

杜勒斯是当时美国反共反华势力的代表人物，他对中国共产党的评价是带有一定偏见的。实际上，至少新中国政府并不希望日本成为敌国，而

---

① 顾维钧：《顾维钧回忆录》第 9 卷，中华书局 1989 年版，第 150—151 页。

是成为"中立国"。① 但现实情况是，日本在美国的压力下与其签订了
《日美安保条约》，又与台湾签订了《日华和平条约》。由于这一系列条
约，旧金山体制在亚洲太平洋地区得以构建，中国与日本在该体制下逐渐
走向对立。

1952 年 4 月签订的《日华和平条约》，使新中国在战后与日本发展正
常国家关系的大门进一步关闭。由于不承认台湾的蒋介石政权、不与和台
湾拥有外交关系的任何国家开展外交活动是中国的原则立场，因此对中国
政府而言，与承认台湾当局的日本实现邦交正常化便显得越发困难，成为
了难以处理的一大外交课题。

四　提出"民间先行、以民促官"的对日方针

1952 年 5 月 5 日，周恩来发表声明："中国人民此前一直希望与日本
人民和平共处、友好合作、相互开展贸易、相互尊重民族独立和国家主
权、确保东亚的和平，现在依然如此"。这不仅是出于对日战略上的考
虑，也表现出中国在与美国激烈对立的时期，想要与邻国日本和平共处的
愿望。中国政府采取了将日本政府和日本人民区别对待的立场，开始推进
基于长远目标的灵活的对日政策。

1952 年年初，周恩来在分析了美国、日本、中国台湾的动向之后，认
为《日华和平条约》的签订是不可避免的。因此，抓住时机、寻求国际场
合的各种途径、打开中日民间交流的大门，从而为实现中日邦交正常化创
造条件，周恩来提出了"民间先行、以民促官"的战略方针。具体是对日
本的在野党、经济界及自民党政治家做工作，通过与日本各民间团体的交
流在日本国内营造中日邦交正常化的舆论及气氛，以此促成自民党政府的
政策转变。当时，中国政府针对国内人民对日本普遍反感的状况，提出了
区别日本军国主义者与一般国民的战略——即侵略中国的责任在于当时的
日本政府，日本人民和中国人民一样也是战争受害者的"区别论"。这一
"区别论"在今天也仍然是中国对日原则和对日政策的重要基础之一。② 关

---

① 外务省アジア局第 2 課：《当面の对中政策》（1955 年 9 月 12 日），《日本·中共関係雑
件》第 2 卷（A' 1.2.1.8），外务省外交史料馆所藏，第 1106—1021 页。

② 2006 年 8 月 9 日，笔者在北京采访新华社第 1 期驻日记者吴学文时，吴学文证实，1952 年
中共中央领导人做出指示，要开展关于"①军国主义者和日本人民的区别；②日本政府的政策制定
者和一般公务员的区别；③重大犯罪和一般错误的区别"的"区别论"教育。

于"民间外交"政策，张香山认为："这是通过发展中日民间友好关系来孤立美国，依靠日本人民的力量来给日本政府的对华关系施加影响，并进而实现中日邦交正常化的方针"。[①] 而关于这一理论的根据，时任中国外交部亚洲司副司长、后在北京大学任教的杨公素指出："外交是以国与国之间的关系为对象的。建国之初存在着这样一种认识，即在社会主义国家中，国家、政府和人民是一致的，应该同等看待。而在资本主义国家中，政府和人民是不一致的，不能同等看待……中国对于资本主义国家，应该区别其政府和人民。对于政府，要以国与国之间的关系来应对，对于敌视中国的政府，中国也应该采取同样的态度。另一方面，对于这些国家的人民，则要采取争取……的方针。"[②]

　　1953 年 9 月 28 日，周恩来在会见日本拥护和平委员会会长大山郁夫时说，"中国希望与世界各国，特别是与日本恢复正常关系"，并提议发展中日贸易，打破美国对中国实施的禁运政策。1953 年 10 月 30 日，《人民日报》发表《论中日关系》的社论，向日本提出了中日邦交正常化的三大条件，社论说："①与台湾当局断绝关系；②摆脱美帝国主义的属国和追随者的地位；③成为和平独立的国家。实现这三点的话，中日邦交正常化的条件便得以成立，关系也会发展，同时也会考虑签订两国间的互不侵犯条约。"这篇社论不仅提出了中日邦交正常化所必不可少的三个条件，并进一步向日方表明了在建立两国正式外交关系之前要开展民间交流这一中国政府的政策意图和行动方针。

　　在斯大林去世后的 1954 年 10 月，赫鲁晓夫率苏联代表团访问中国时，中苏两国政府发表关于对日政策的共同声明，表明了与日本改善关系的愿望。声明指出，如果日本政府寻求发展与中苏两国政府间的政治经济关系的话，中苏两国应予以完全支持。并且，"希望有步骤地实现同日本的关系正常化"。[③] 1955 年 2 月 12 日，在《中苏友好同盟互助条约》签订五周年之际，毛泽东、刘少奇、周恩来联名向苏联发去贺电，再次表明了"中苏与日本建立正常关系"的愿望。这也意味着中苏同盟首次在公开场合表明日本已不再是"假想敌国"。因此，中国共产党的对日政策，

① 张香山：《日中の懸け橋を準備した人々》，《論座》1997 年 11 月号，第 184 页。
② 杨公素：《中华人民共和国外交理论与实践》，北京大学国际关系学院 1997 年，第 304 页。
③ 《人民日报》1955 年 2 月 26 日。

已逐渐从当初支持日本共产党取得政权转为为实现中日邦交正常化的
"民间先行、以民促官"的战略方针上。

五　新中国成立初期周恩来在对日外交上的作用

如前所述，对日关系一直以来都是新中国外交的重要课题之一。中国
虽然强烈反对《旧金山和约》及《日华和平条约》的签订，但却将日本
政府和日本人民区别看待，制定了实现中日邦交正常化这一长期目标，采
取灵活的对日政策。

为贯彻"民间先行、以民促官"的方针，中国从 1953 年开始积极接
待日本各阶层的访华代表团，周恩来决定亲自接见来华访问的日本人士，
对这一政策进行宣传和说明。由于最先接见什么人、会谈的内容是什么都
很重要，因此周恩来接受当时的副总理兼中国人民保卫世界和平委员会主
席郭沫若的建议，在战后没有外交关系的背景下，选择了原早稻田大学教
授、和平运动家大山郁夫作为最初的接见对象。

1953 年 9 月在接见大山郁夫时，周恩来说，"中国政府主张恢复同日
本的正常关系，但日本政府依然采取敌视中国的政策。在对日本代表团来
我国访问表示欢迎的同时，我国人民也希望能派遣代表团去日本访问"，
首次正式向日本提出了通过民间外交来建立中日邦交的愿望，这次会谈对
日本产生了很大影响。1953 年 10 月 30 日的《人民日报》评论说："今
天，在中日两国间建立正常的外交关系之前，我们想首先促进中日两国人
民间的经济交流和文化交流。"也就是说，周恩来向国内表明，即便没有
中日两国政府间的外交关系，只要两国人民不断努力，中日关系是可以改
善的。1956 年 6 月 28 日周恩来接见来访的日本代表团，他说，"在政府
间的直接交涉开始之前，两国人民的交流会对改善中日关系大为有利"，
指出国民的态度能够影响政府的政策。周恩来还曾经就中日邦交的问题谈
到："日本的团体来得多，我们的团体去得也多。这样做，最后就只剩下
两国的总理和外相签字、喝香槟酒了。"① 周恩来的目的，是基于"民间
先行、以民促官"的政策，采用传统的"统一战线"的方法，与日本人
民联手，在对抗美国的封锁政策的同时，促使日本政府转向中日邦交正常

---

①　中华人民共和国外交部、中共中央文献研究室编：《周恩来外交文选》，中央文献出版社
1990 年版，第 171 页。

化的方向。从这一系列的谈话及会见等活动可以看出，"民间先行、以民促官"这一方针的制定及实施都是在周恩来的主持下进行的。

　　1952 年 6 月 1 日《第一次中日民间贸易协定》的签订就是其中一例。当时，一些日本民间团体反对日本政府严厉的对华政策，积极开展促进对华贸易的活动。1949 年 5 月 4 日、5 月 24 日和 6 月 20 日相继成立了"中日贸易促进会"、"中日贸易促进议员联盟"和"中日贸易协会"。① 1952 年 5 月，参议院议员帆足计、高良富、宫腰喜助三人，克服日本政府不发放通往社会主义国家的签证等诸多困难，经由第三国来到莫斯科，并进而到访北京，与中国国际贸易委员会签订了《第一次中日民间贸易协定》。这份协定成立的背后，周恩来的作用是决定性的。最初，中国人民银行的南汉宸行长根据周恩来的指示，作为莫斯科国际经济会议的发起人之一，向日本经济界的村田省藏等 10 位知名人士发去了出席会议的邀请函。其后，周恩来又指示南汉宸，正式邀请帆足、高良、宫腰三人访问中国。5 月，帆足三人到访北京，虽然只是以民间人士的身份签订了《第一次中日民间贸易协定》，但周恩来却主持了所有的接待工作并亲自接见。这份协定使得战后的中日关系迈出了历史性的一步。《第一次中日民间贸易协定》是在《日华和平条约》之后仅仅一个多月时签订的，由此可见，周恩来当时就早已将"以民促官"战略付诸实施了。

　　1953 年 10 月，《第二次中日民间贸易协定》在北京签订，目标是年度进出口总额为第一次民间贸易协定时的两倍，达到 6000 万英镑。双方同意在对方国家设置贸易代表机构，这比上次的协定有了进步。其后，中日民间的经济文化交流逐步扩大，产生了签订新的贸易协定的要求，故1955 年 5 月在东京签订了《第三次中日民间贸易协定》。

　　《第三次中日民间贸易协定》不仅内容比上次更加充实，而且规定给予双方的贸易代表以外交待遇。针对该协定，鸠山一郎首相表明了"给予支持和协助"的态度。② 以周恩来为首的中国对日领导小组见此动向，认为中日间的第三次民间贸易协定在一定程度上可以视同为"政府间协定"，中日

---

　　① "中日贸易促进会"在 1952 年改名为"日中贸易促进会"，1966 年解散。"中日贸易促进议员联盟"及"中日贸易协会"也在 1952 年将"中日"改为了"日中"。

　　② 田桓主编：《战后中日关系文献集　1945—1970》，中国社会科学出版社 1996 年版，第 210 页。

间的交流已达到"半官半民"的水平。① 中日间《第三次民间贸易协定》
的成立，对中国而言具有两点政治含义：一是在对方国家互设享受外交待
遇的贸易代表处，通过贸易代表处，两国间"准外交关系渠道"得以建立。
二是使日本政府和民间贸易协定发生关联。这样，对日外交就超出了民间
交流的范畴而带有政治色彩。也就是说，中国政府发现，日本政府已经转
向了周恩来所倡导的"民间先行、以民促官"的对日外交政策的方向。

　　在此期间，为推进中日关系，周恩来也致力于解决其他方面的一些具
体问题。

　　第一是滞留中国的日本侨民的遣返问题。1952 年 12 月 1 日，中国通
过广播电台发布信息，表示中国已做好准备，将协助开展滞留中国的日侨
的遣返工作，并希望日方派遣合适的民间团体与中国红十字会就遣返的具
体手续进行交涉。② 其后，经中国政府和日本红十字会、日中友好协会及
日中和平联络委员会这三大团体的努力，从 1953 年 3 月到 1957 年 7 月，
共分 21 次，将大约 35000 名滞留中国的日本人送还日本。在这一问题的
处理上，周恩来作为总负责人主导了中方的全部应对策略及对外表态，这
一点可以从《周恩来年谱》等一系列的资料记录中得到证实。

　　第二是对日本战犯宽大处理的问题。中国在处理日本战犯的时候，没
有判处一例死刑或无期徒刑，这和其他国家的对日战犯处理相比是极为宽
大的。在处理日本战犯的问题上，周恩来亲自作出指示，不能判死刑和无
期徒刑，有期徒刑也要尽量少判。③ 据中国外交部公开的外交档案，周恩
来在外交部党组扩大会议上谈到公开释放战犯计划的时间时说，"在万隆
会议结束前释放战犯，从时机上来说是最好的"。④ 其后，从 1956 年 6 月
到 8 月，共分 3 次，1000 多名日本战犯被免于起诉，得到释放。

　　第三是《中日民间渔业协定》的签订问题。由于日本与台湾当局建立
了外交关系，因此中日间无法再签订渔业协定。但是在东海，两国渔民间
常常发生纠纷。周恩来对日本"日中渔业协议会"的探询作出回应，表明

---

　　① 罗平汉：《中国的对日政策与中日邦交正常化》，时事出版社 2000 年版，第 54—55 页。

　　② 毛传兵编：《钓鱼台档案 NO.3——中日之间重大事件的真相》（上），红旗出版社 1998
年，第 105 页。

　　③ 同上书，第 7 页。

　　④ 外交部第 2 亚洲司第 2 科：《关于战犯释放问题》1955 年 2 月 28 日，中国外交部档案馆
公开资料，号码 105—00519—03。

渔业问题的解决是可能的，并派遣水产部及日本问题负责人赵安博等人作为中方代表与日方谈判。中日间从 1955 年 1 月开始谈判，4 月签订了《中日民间渔业协定》。虽然由于 1958 年的"长崎国旗事件"中日断绝关系，该协定也遭到了废弃，但两国渔民间在此后依然遵守着该协定的规定。

这一时期，中日两国在经济、文化等领域进行了频繁交流。1955 年 10 月，中国商品展览会在日本东京和大阪举行，而日本商品展览会也分别于 1956 年 10 月和 12 月在北京和上海举行。中日贸易额在 1954 年为 3517 万美元，1955 年为 8321 万美元，1956 年达到了 12840 万美元。在此期间，日本的文化考察团、报刊与广播界考察团、经济与工商会考察团及贸易、红十字会等众多团体和个人来华访问。从 1952 年到 1956 年，包括在野党在内共计 167 名日本国会议员访问中国。[①] 另外，中国也派出了各种访日代表团。1954 年 10 月以李德全为团长的中国红十字会代表团、1955 年 3 月以雷任民为团长的中国贸易代表团、1955 年 12 月以郭沫若为团长的中国科学院代表团、1956 年 5 至 6 月以梅兰芳为团长的京剧代表团等相继访问日本。

这样，基于周恩来"民间先行、以民促官"的对日外交战略，中日民间交流取得了重大进展。日方热心于对华交流的原动力在于对中国的亲近感、对侵华战争的赎罪意识及反省等复杂情感，并且中国巨大的市场和丰富的原材料对日本的经济界、产业界而言是很有吸引力的。然而这些成果的背后，是周恩来所主导并担任总负责人的中国方面所采取的主动。

周恩来希望通过这样的"民间外交"使两国关系逐渐改善，并最终实现中日邦交正常化。在下文中，笔者将两国的这种交流方式称为"累积式"。通过这种方式，在接下来的鸠山内阁及其后的石桥内阁时期，中日关系取得了更大的进展。

第二节　对鸠山内阁的外交攻势

一　国际"融冰"背景下的中日关系

继 1953 年 7 月朝鲜战争停战和 1954 年 7 月印度支那战争停战之后，国际形势趋向缓和。中美两国于 1954 年 9 月在日内瓦举行了领事级会谈，

---

① 王偉彬：《中国と日本の外交政策》，ミネルヴァ書房 2004 年版，第 60 頁。

次年 8 月又进行了大使级会谈。这些会谈虽然没有取得实质性的进展，但有利于缓解国际上的紧张局势，特别是对于缓和远东局势起到了一定作用，营造了有利于中日两国政府改善关系的气氛。并且，中国在 1953 年制定和实施了《国民经济和社会发展第一个五年计划》，迎来了战后经济发展的第一个高潮。在这种背景下，中国积极展开了以中日邦交正常化为目标的呼吁和行动。

1954 年 10 月 12 日，在鸠山内阁成立两个月前，中苏两国发表了《中苏两国政府关于对日关系的共同宣言》。这份宣言正式呼吁要发展同日本的正常关系，以下是其要点：

> 两国政府表示愿意采取步骤，使他们自己同日本的关系正常化，并声明，日本在致力同中华人民共和国和苏联建立政治关系和经济关系方面，将会得到中苏方面完全的支持，同样地，日本方面为保障它的和平和独立发展的条件所采取的一切步骤也将会得到中苏方面完全的支持。①

虽然中苏两国发表这份《中苏两国政府关于对日关系的共同宣言》的过程尚不清楚，但有观点认为，《中苏两国政府关于对日关系的共同宣言》发表于以赫鲁晓夫为首的苏联政府访问北京期间，而对遭受美国封锁的中国而言，实现同日本邦交正常化的愿望比苏联更为强烈，由此可见中国在其中所起的作用是更为主要的。② 确实，此前中国政府已多次呼吁、政府要员已多次发言，表示要实现中日邦交正常化。例如，1953 年 9 月 28 日，周恩来在接见"日本拥护和平委员会"委员长大山郁夫时说："我们是主张恢复与世界各国的正常关系，特别是与日本的正常关系的。" 1 个月后的 10 月 29 日，中国副总理郭沫若在接见日本"国会议员日中贸易促进联盟"代表团时说，"如果日本成为和平、独立的国家，那么中国和日本的正常关系不但可以建立和发展，而且在中国和日本之间订立互不侵犯条约，也是可以考虑的"。③《人民日报》于 1954 年 10 月 30 日发表的题为《论中日关系》

---

① 田桓主编：《战后中日关系文献集　1945—1970》，中国社会科学出版社 1996 年版，第 168 页。

② 古川万太郎：《戦後日中関係史》，原書房 1988 年版，第 100—101 页。

③ 田桓主编：《战后中日关系文献集　1945—1970》，中国社会科学出版社 1996 年版，第 154 页。

的社论说:"我们相信,中日两国建立正常的外交关系,不仅有利于促进远东和平及中日两国的和平共存,而且能够促进两国间文化、经济、贸易的交流和发展。"

在同一时期,日本国内的政治形势也发生了变化。1954 年 12 月 7日,吉田内阁集体辞职,12 月 10 日,主张恢复对苏邦交、改善对华关系等"自主国民外交"方针的鸠山内阁成立。上任当天,鸠山首相在记者招待会上说,"与中共和苏联恢复邦交正常化是实现世界和平之途径。信奉共产主义的强大国家的存在是不可否认的事实。对于这些国家,我们要相互尊重对方的主权,不能将本国的思想作为向他国进行宣传的基础。要开辟实现正常的国家关系和经济交流的途径,从而获得利益。我们认为只能如此"。① 第二天即 12 月 11 日,新内阁的重光葵外相发表声明,"按照双方均能接受的条件,日本希望恢复同苏联及中国的正常关系。不论意识形态如何,我国希望与世界各国建立外交关系"。②

针对日本新政府外交政策的变化,中国政府做出了及时回应。1954年 12 月 21 日,周恩来在中国人民政治协商会议第二届第一次会议上谈到鸠山内阁积极的对华政策时说,"我国也希望与日本建立正常关系。如果日本政府也有同样的愿望并采取相应措施的话,中国政府将分阶段采取措施,实现同日本的关系正常化"。③

1954 年 12 月 30 日的《人民日报》发表《论中日恢复邦交》的社论,评价鸠山内阁改善对华关系的姿态为"日本新政府的这一声明是值得欢迎的",并且"苏日、中日关系正常化的时机已经成熟。我们欢迎日本采取同我国关系正常化有关的一切可能施行的措施。我们希望有步骤地恢复同日本的邦交正常化",显示出积极的应对姿态。

二　制定最初的对日方针政策

怀着对鸠山内阁新对华政策的期待,在周恩来总理的领导下,中国以分阶段实现中日邦交正常化为目标,开始制定初期的外交构想,并形成综合性对日外交政策的正式文件。

① 内阁资料保存会编:《歴代総理大臣と内閣》,1980 年 4 月,第 508 页。
② 《朝日新聞》1954 年 12 月 12 日。
③ 石川忠雄、中島嶺雄、石井優:《戦後資料　日中関係》,日本評論社 1970 年版,第 46页。

　　首先，周恩来领导下的"对日活动小组"在分析研究了日本国内的政治、经济形势及国际形势后认为，打破中日关系僵局的客观条件已经具备，有利时机已经到来。1954 年 12 月，中国领导层以改善中日关系为目标，计划加强对日工作，制定了四个阶段的中日邦交正常化的初期构想。其内容为：①在日本新内阁成立后，以中日间关于扩大中日经济贸易交流的协议为目标，在日本设立涵盖经济贸易和文化各方面的 30 人左右的常驻机构；②就日本的民间贸易企业及进出口商品的种类和方法展开具体磋商；③签订政府承认的民间通商协定；④签订互不侵犯友好协定。① 中方认为，在"民间先行，以民促官"的基本方针下，如果扩大中日贸易、推进正常的经济关系的话，那就必然会给两国的政治关系带来积极影响。

　　另外，中国在媒体上也开始了推进中日关系正常化的"舆论工作"。仅以《人民日报》为例，从 1954 年 12 月 30 日的社论《关于中日邦交的恢复》开始，到 1957 年 10 月 11 日的评论员文章《早日实现中日邦交恢复》为止，三年间共发表了 8 篇有关中日关系的社论和评论员文章。这些评论基本都是宣扬要改善与发展中日关系的必要性，同时强调"在中日邦交正常化问题上，起关键作用的是日本政府的态度"。这是因为，中方认识到随着中日民间经济贸易交流的不断推进，日本政府的限制性政策已经日益阻碍民间交流的发展，只有建立起政府层面的交往，才会有利于进一步发展和深化民间交流。

　　在这一过程中，中国政府所制定的综合性对日政策被首次以文件的形式出现。20 世纪 50 年代，中共中央设有国际活动指导委员会，其主任由中共中央联络部部长王稼祥兼任。王稼祥曾担任过新中国成立后第一任外交部副部长，在周恩来的指示下，王稼祥作为负责人开始制定综合说明今后对日政策的外交文件。王稼祥立即召集对日相关部门的负责人开始研究，用时 1 个月左右起草了这份文件。按照周恩来的指示，中共中央政治局对此进行了研究，于 1955 年 3 月 1 日予以通过。

　　这份文件的标题是《中共中央关于对日政策活动的方针和计划》。该文件肯定了此前对日政策的总方针，并表示应继续遵守这一总方针，特别

---

① 林晓光：《中国共産党の対日政策の変容》，王敏编著《〈意〉の文化と〈情〉の文化》，中央公論新社 2004 年版，第 326 页。

是针对以下五点内容进行了详细说明。①

第一，分析吉田内阁下台的原因。

第二，鸠山内阁和吉田内阁在对外政策上的相同点和不同点。

第三，中国对日政策的基本原则。

第四，今后对日政策和对日活动的方针计划。

第五，对今后形势的预测。

这份文件是中国共产党第一份综合说明对日政策的文献，不仅是对日外交问题，对其他问题也进行了研究。例如，该文件明确表述了中国对日政策的基本原则，共有以下五点。

第一，主张美军要从日本撤退，同时反对美国在日本建设军事基地。反对日本的再次军备和军国主义的复活。

第二，基于平等互惠原则来改善中日关系，分阶段实现外交关系正常化。

第三，关注日本国民，建立中日两国国民的友谊，同情日本国民的现状。

第四，给日本政府施压，孤立美国，要求日本政府改变对华政策。

第五，间接地对日本国民的反美斗争和争取日本独立、和平、民主的运动施加影响，并予以支持。

这份文件在新的形势下，提出了《当前对日活动七条》比较具体的计划，即：第一，中日贸易；第二，渔业问题；第三，文化友好往来；第四，中日两国议会间的往来；第五，滞留中国的日本人问题和日本战犯问题；第六，中日邦交正常化问题；第七，唤起舆论支持。关于其中第六条的两国关系正常化问题，由于赔偿问题和战争状态结束问题在此阶段还难以确定，因此文件规定这两大问题将等到两国关系实现正常化时再予以解决。

当时担任王稼祥政治秘书的张香山认为，1955 年制定的这份文件，是新中国成立以来对日政策方面最为综合性的，也是中共中央政治局研究并通过的最为完善的正式文件。②

---

① 张香山：《日中の懸け橋を準備した人々》，《論座》，岩波書店 1997 年 11 月号，第 186 頁。

② 同上。

三　外交途径的对日接触

万隆会议结束后不久的 1955 年 7 月 15 日，日本驻日内瓦总领事田付景一给中华人民共和国驻日内瓦总领事沈平递交了关于《送还日本国民的要求》的备忘录。7 月 16 日，日本外务省又发表了关于《滞留中国大陆日本人的撤回问题》的声明。对此，8 月 16 日，中国外交部发言人就滞留日侨问题、两国贸易问题及人员交流问题等发表声明，"如果日本政府确实有诚意来寻求中日两国关系正常化的途径，就应该从这些问题着手，中国政府是准备就这些问题同日本政府进行谈判的"。① 第二天，沈平给田付景一递交了一封信件，内容为"为促进中日两国关系正常化，继续缓和国际形势，中国政府认为两国政府有必要就两国贸易问题、双方侨民问题、两国人民相互往来问题及其他关系两国人民利益的重大问题进行对话。如果日本政府也有同样愿望的话，那中华人民共和国政府将欢迎同日本政府派遣的代表团在北京举行会谈"。② 信件最后补充说："中国政府等候日本政府的答复。"对于中国政府的呼吁，田付景一分别于 8 月 29 日和 10 月 20 日分两次给沈平送去信件，只提到滞留日侨的遣返问题，而没有提及两国邦交正常化问题。因此 11 月 4 日，沈平又给田付送去了如下信件：

> 我曾经在 8 月 17 日的函件中通知贵方，中国政府提议，中日两国政府为促进两国关系正常化就各项有关的重大问题进行商谈。贵方 8 月 29 日和 10 月 20 日的来函对此未作任何答复，不能不令人感到遗憾……中国政府认为，中日两国政府就促进两国关系正常化的问题进行商谈的时机已经成熟。并且相信，如果日本政府也具有同样的愿望，实现两国关系正常化的途径是可以找到的。为此，中国政府愿意进一步提出建议，欢迎同日本政府派遣的代表团在北京就促进中日两国关系正常化的问题进行商谈。③

---

① 《中华人民共和国外交部发言人关于日本政府提出所谓撤退留在我国大陆的日本人问题的声明》，田桓主编：《战后中日关系文献集　1945—1970》，中国社会科学出版社 1996 年版，第 214 页。

② 鹿岛平和研究所编：《日本外交主要文书·年表》第 1 卷，原书房 1983 年版，第 722 页。

③ 田桓主编：《战后中日关系文献集　1945—1970》，中国社会科学出版社 1996 年版，第 268—269 页。

如上所述，中国政府向日本传递信号，积极呼吁邦交正常化。然而，日本政府对中国的行动却没有做出回应。

当中国总领事和日本总领事在日内瓦信件来往一事被媒体报道后，1956 年 2 月 3 日，改进党的并木芳雄在日本国会上就中国政府的恢复邦交提案，向重光外相提出了如下质疑。

据媒体报道，最近中共政府此前已有过两次对日本政府的呼吁，然而日本政府却未做出任何回应。至今为止中共政府是否通过一些途径对我国政府作出过两次提议？如果对方真的有此愿望的话，在第三次提议（1956 年 1 月 30 日，周恩来在中国人民政治协商会议上对中国邦交正常化的呼吁——笔者注）的今天，作为外务大臣是否有计划推进此事？[①]

对此，重光外相作了如下回答：

最近周恩来总理在中共党代会上做了报告。在其报告中向日本提出了邦交正常化的呼吁，这已经是第三次了。这并非来自正常的外交途径，只是对方政府人士在公开场合对此事所做的表述或声明。但是如果我国政府对此迅速采取外交行动恐怕有些过火。我方也已多次表示，邦交正常化暂时还无法实现，因为世界局势在不断变化，若不暂缓一时则无法推进。这就是我的回答。[②]

对于重光外相的发言，关注日本政府动向的中国政府当即表示了反对。2 月 11 日，中国外交部发表了《建议中日两国政府就促进中日关系正常化问题进行谈判的公报》。公报当中首先强调了"根据日本共同社东京 2 月 3 日电，日本外务相重光葵竟然否认日本政府曾经接到中国政府的这样的建议，这是令人不能理解的。[③] 同时还公开了驻日内瓦日本总领事田付景一寄给中国总领事沈平的三次信函（1955 年 7 月 15 日、8 月 29

---

① 朝日新聞社编：《資料·日本と中国 45—71》，朝日新聞社 1967 年版，第 26 页。

② 同上，第 29 页。

③ 田桓主编：《战后中日关系文献集 1945—1970》，中国社会科学出版社 1996 年版，第264—269 页。

日、10 月 20 日）和沈平寄给田付景一的两次信函（1955 年 8 月 17 日、
11 月 4 日）。

对此，在 2 月 16 日的众议院外务员会议上，社会党的松本七郎提到
中国政府公开全部信函一事并提出质询，"在昨天的报纸上，（外务）大
臣声称自己全然不知此事。但果真不知道吗？"① 重光外相回应说："实际
上我有些记错了。中共领导层屡次发表声明表示想要实现邦交正常化。这
些声明我都常常放在心上。事后经过调查，确实收到了中共发表的那些文
件。是我的不对，我忘记了此事。"②

重光外相的发言仿佛是要说明外务省的官员并没有将来自中国政府的
文件上报给他，然而实际上，据外务省的《外交记录文书》的记载，
1955 年 10 月 7 日，重光外相向日本驻美国、英国、法国、印度、中国台
湾等地的大使发送了题为《关于与中共恢复邦交的相关新闻报道》的电
报，其内容如下：

> 参照 6 日一般情报，关于新闻报道所涉周恩来对野田议员提到
> "中共政府曾经通过田付总领事对我方提议召开关于恢复邦交的大使
> 级会谈"一事，最近并无此等事实。只是就滞留人员撤回问题，自
> 前几日始在日内瓦展开了中共与总领事间的交涉，其时对于我方的要
> 求，中共沈平总领事 8 月 17 日递交我方一份信函，其中附有 16 日中
> 共外交部发言人所做声明，内容详见另电第 282 号电文，想必报道所
> 指即此。对于中方要求我方未做直接回复，而是于 8 月 30 日由田付
> 总领事再次就滞留人员撤回问题提出妥善处理的要求。③

仅通过这份电报，便可知来自中国政府的信函已送到了重光外相处。
但为什么重光外相在国会答辩时声称忘记了来自中国的信函呢？

其根本原因还在于日本政府不想破坏依据旧金山体制而构建的日美安
保体制。鸠山内阁打着"自主外交"口号上台，其自主外交的最重要内
容便是日苏、日中邦交的恢复。另一方面，美国并不十分反对日本恢复同

---

① 朝日新闻社编：《資料・日本と中国 45—71》，朝日新闻社 1967 年版，第 26 页。
② 同上。
③ 外交记录文书，No. A—0133'，日本外务省外交史料馆藏，第 0242—0244 页。

苏联的关系，但对日本恢复同中国这一朝鲜战争中的敌国的关系，却持续施加了压力。

并且，鸠山内阁的对华政策也不是很明了，而是存在着矛盾。对于中日间最重要的"台湾问题"，鸠山首相主张"两个中国论"，即"台湾和中共一样是完全独立的国家。即便这两个独立国家之间关系不和，但作为日本都要将其视为邻国而发展友好关系"。[①] 重光外相反对首相的这番发言，在参议院外务委员会上发言称不承认中国为正统独立的国家，只有台湾才是"正统国家"。[②] 在这一背景下，尽管中国再三呼吁日本政府，有必要在中日邦交正常化前提下进行政府间的对话协商，但日方却不具备能给予回应的环境。因此鸠山内阁的对华政策便是将中日间基本的政治问题搁置一边，只是在贸易和文化等领域加强交流、改善关系。

四　毛泽东会见日本国会议员团

1955 年，中国对日本政界展开了更为积极的外交动员。这一年 10 月 1 日的国庆节，日本超党派国会议员团来华访问，不同于上一年国会议员来华访问时是由中国人民外交学会这一民间团体发出的邀请，这次是由相当于日本国会的中国全国人民代表大会常务委员会委员长刘少奇及秘书长彭真联名邀请。[③] 中方的邀请电报里说："日本国会议员团参加中国国庆节庆典，将有利于促进两国人民的友好关系及两国关系正常化。"这表明了中国对外政策的积极姿态和中方对鸠山内阁对华政策的期待，可以说是象征着中日关系形势发生变化的一件大事。

和上一年相比，对于这次日本国会议员团的来访，中方显得格外重视。在国庆节后的 10 月 15 日举行的会谈上，国家主席毛泽东亲自出席，刘少奇、周恩来、陈毅、彭真、宋庆龄、郭沫若、廖承志等高层领导和日本国会议员团进行了恳谈。在这次会谈中，双方在两国必须积极努力实现邦交正常化、两国努力进一步推进文化交流以促进和平友好等问题上达成了一致。并且，发展贸易也成为主要议题之一，但在这一问题上，由于巴黎统筹委员会的对华禁运政策成为了一大障碍，因此日方表示要朝着废除

---

① 《朝日新闻》1954 年 12 月 19 日。

② 同上。

③ 石川忠雄、中岛岭雄、石井优：《战后资料　日中关系》，日本评论社 1970 年版，第 56 页。

该政策的方向努力。基于这次国会议员团与毛泽东等中方首脑会谈的成果，上林山荣吉团长和彭真秘书长发表了共同声明，确认了实现中日邦交正常化所必须要达到的努力目标。①

对于这次会谈，《人民日报》在 1955 年 10 月 19 日发表了题为《努力促进中日邦交正常化》的社论，呼吁鸠山政权迅速实现中日邦交正常化。

如上所述，中国政府针对鸠山内阁调整对日政策，积极推进实现中日邦交正常化，其原因可以归结为以下六点：

第一，这是面向整个国际社会"和平攻势"的一部分。周恩来在会见日本人时多次提到，中日邦交正常化有利于两国人民，有利于远东及世界的和平。

第二，这是为了建立反对美帝国主义的统一战线。中方认为，妨碍中日关系发展的是美帝国主义以及追随美帝国主义的日本部分反动势力，除此以外的日本各阶层均是中国的朋友，可以与之发展友好关系。

第三，这是中国国内经济建设的需要。朝鲜战争后，中国开始了国家建设的第一个五年计划，在经济建设方面有必要开展同日本的贸易交流。

第四，中方认为中日邦交正常化的实现有一定的客观可能性。鸠山内阁积极推进自主外交，制定政策改善对华、对苏关系，增强了中国领导层推进中日邦交正常化的信念。

第五，为了同对苏外交调整保持步调一致。由于新中国成立初期，中国的对日外交政策与苏联基本保持一致，因此当 1956 年 12 月 12 日苏日关系正常化时，中方认为中日邦交正常化已成为当务之急。

第六，中日民间交流有其局限性。虽然由于中国采取了"民间先行，以民促官"政策，中日间的民间交流取得了重大进展，但民间团体不能解决所有问题，常常会遇到各种障碍。因此有必要推进两国政府间的外交关系。

中国政府调整以前的方针政策，将政策重点从打倒日美反动派转移到了中日邦交正常化上。但遗憾的是，中国实现中日邦交正常化的对日外交接触，却由于鸠山内阁的不予回应而无果而终。

---

① 石川忠雄、中島嶺雄、石井優：《戦後資料　日中関係》，日本評論社 1970 年版，第 56—57 页。

对于中方对日政策的转变，鸠山政权之所以采取了不予回应的态度，是因为战后日本将对美外交作为基础，其对外政策从属于美国。中日关系"不仅是日本和中国的关系，也关系到日本和美国关系的发展"。① 因中美对立，中日关系正常化也必然会受到美国对华政策的制约。中国政府也认识到中日邦交正常化的障碍"主要是来自外部，确切地说是来自美国的障碍"。②

五　周恩来在这一时期对日交流中的作用

为推进中日邦交正常化，周恩来亲自与日本各界人士举行会谈，宣传中国政府的对日政策。在中国的领导层中，周恩来是与日本人交流得最多的。例如，会见从日本共产党中独立出来的劳动党成员，会见自民党及在野党议员，与经济、文化、科学、体育界人士以及工人、妇女、青年、学者等进行广泛交流。

在鸠山内阁成立的 1955 年 1 月，日本国际贸易促进协会会长村田省藏访华，在 1 月 23 日与周恩来进行了长达 4 个小时的会谈。会谈中双方坦诚交换意见，村田就以下几点作了发言。

第一，关于中苏两国的共产党和日本共产党的关系；第二，《中苏互助友好条约》将日本视为假象敌国的原因；第三，日本经济重建和美国资金的关系；第四，关于日美关系和《日华和平条约》。

为了通过村田一行让更多的日本人了解中国，周恩来亲自说明了中国的对日基本政策，并郑重回答了村田的问题。村田对周恩来"坦率而明快的回答"感到"非常高兴"，表示回国后会将会谈的情况转达给那些对新中国持有偏见和疑虑、对新中国外交政策进行片面理解的人，并且也会报告给日本政府。③

村田向周恩来提出了推进中日民间贸易的方案。他对下列问题提出了建议：第一，在日本签订《第三次中日民间贸易协定》；第二，相互在对方国家举办展览会；第三，将来要设置常驻贸易机构和代表；第四，关于发展中日关系的构想等。周恩来很赞同村田的提议，评价说相互设置常驻贸易代表是"非常好的想法"，并对举办展览会的提议表示了赞赏。村田

---

① 日本《衆議院外務委員会記録》1956 年 2 月 3 日。
② 《人民日报》1957 年 4 月 3 日。
③ 外务省外交史料馆资料：《周恩来との会談》，外务省外交史料馆，A—0133 号。

回国后，不仅积极致力于中日经济贸易有关的活动，还亲自向鸠山首相报告了访华的相关事宜，并向首相说明了中国政府对日政策的原则立场。[①]就这样，周恩来一直努力加强中日两国间的沟通和理解，为中日关系的发展创造良好条件。

为推进早日实现中日邦交正常化，周恩来亲自会见日本各界人士，宣传中国政府的对日政策。1955 年 8 月，周恩来会见了日本的新闻界、广播界代表团，表示欢迎鸠山首相来华访问，如果首相本人不能来的话，也可以派遣代表，希望以此作为中日邦交正常化的契机。他说，如果遵循"和平共处五项原则"和亚非会议（以下称万隆会议）的"共同促进世界和平十项原则"，那么"中日两国是可以实现关系正常化的"。他进而说明，"这不是哪一方着急或不着急的问题，而是是否应该实现中日两国关系正常化的问题。中国政府之所以致力于改善两国关系，就是因为这样做对两国人民有利，对远东和世界的和平有利"。[②]

1955 年 9 月 26 日，周恩来请日本国会议员访苏团第一团团长北村德太郎向鸠山首相转达自己的口信，即：中美会谈已经开始，美国同中国建交迟早都是不可避免的。日本走在美国前面，只要好处，没有坏处。希望日本政府派代表到中国来谈如何恢复邦交的问题。

10 月 3 日，周恩来在接见日本国会议员代表团第二团团长长野沟胜等人时重申，中国政府希望在北京同日本政府就邦交正常化问题展开直接谈判。他还表示，中日两国有几千年的关系，到日内瓦或伦敦去谈是多余的。

周恩来不仅通过民间途径向鸠山政权传达实现中日邦交正常化的愿望，同时也寻求其他途径，利用各种方法，向日本政府表明中国政府的对日政策及立场。

1955 年 4 月召开的万隆会议，中国和日本均受到了邀请，中日两国政府首脑首次有机会同席而坐。这时，美国非常担心日本受主张"对美自主"的民族主义的左右而走向印度尼赫鲁式的"中立化"路线。日本外务省考虑到美国的这一担心，在收到与会邀请后便立即向美国表明，虽然在万隆会议上日中同时受到了邀请，但日本无意利用这一机会与中国接

---

①　伊藤武雄编：《村田省藏追想録》，大阪商船株式会社 1959 年版，第 320—324 页。

②　中共中央文献研究室编：《周恩来年谱》（上），中央文献出版社 1998 年版，第 498 页。

近。① 不久后，随着美国对万隆会议方针政策的转变②，鸠山政权终于正式决定日本将参加万隆会议。

在重光外相执掌的外务省，一方面，其主流观点是担心中国在会议上煽动亚洲的民族主义，将会议引向谴责欧美国家的议题上。另一方面，鸠山首相主张，"即使出于消除战争诱因方面的考虑，苏联、中国与日本维持自由贸易的状态"也很重要，同时也有对抗前任吉田茂的因素，因此将改善中苏关系作为其执政的口号。③

在万隆会议临近召开的 1955 年 4 月，鸠山首相在与日本政府代表团首席代表、经济审议厅长官高碕达之助商议与会方针时，确定了日本的基本方针是要尽量避免参与到"和平共处五项原则"的是非等政治问题中，而要把同亚洲各国的经济合作作为中心议题加以强调。④

鸠山首相和重光外相在关于出席万隆会议、对中国的认识及应对等问题上，观点对立，政府的方针没有得到统一。代表团既有与鸠山持共同观点的高碕（首席代表），也有重光的亲信——外务省顾问谷正之、外务省参事加濑俊一等人。

率领中国代表团的周恩来在万隆会议期间，通过各种形式向日本表示友好，向鸠山政权传递出改善关系的信号。

日本代表团在会议的和平促进委员会上，提议会议发表旨在实现国际和平的"和平宣言"，但由于共产主义阵营和自由主义阵营的激烈争论而未能达成一致，有观点认为提案将无法通过。周恩来见此情景，作出了让步的姿态，表示如果日本提出的这一"和平宣言"作为全会一致的提案提出的话，那么中国可以撤回自己的提案。由于周恩来的妥协方案，日本所主张的"和平宣言"在万隆会议上得到通过，最终成为会议的声明之一。周恩来曾评价日本的这一提案"确实了不起，一定要让它通过"。⑤

---

① 日本外务省 1989 年 10 月 15 日公开的外交文书《高碕·周会谈记录》（1955 年 4 月 22 日）中收录了对当时的政治形势进行说明的文书。外务省外交记录，Microfilm A' 0133。

② 美国原本打算阻止包括日本在内的同盟国参加会议，但随后发现会议的召开已是不可避免，于是改变方针，要求亚洲的同盟国积极参会并阻止"和平攻势"。

③ 鸠山一郎：《吉田君のやり方は間違っている》，《中央公論》1954 年 11 月号，第 173—174 頁。

④ 《産業経済新聞》1955 年 4 月 5 日夕刊。

⑤ 高碕達之助：《アジア·アフリカ会議での出会い》，《日本人の中の周恩来》，里文社 1991 年版，第 49—50 頁。

在万隆会议期间，周恩来通过各种形式向日本表示友好，向鸠山内阁呼吁改善两国关系，周恩来与高碕在万隆会议上的会谈便是其中之一。

周恩来与高碕的会谈，是由廖承志联系高碕的翻译、外务省的冈田晃之后得以实现的。据日本外务省公开的外交文件及冈田的回忆，会谈在万隆会议开幕式前举行过两次，分别是 1955 年 4 月 18 日的 30 分钟会谈和 4 月 22 日晚上（从 7 点 20 分开始长达 1 小时 25 分钟）的会谈。本来双方约定还将举行第 3 次会谈，但在日本代表团的外务省相关人员与美国驻印度尼西亚大使等人取得联系后，预定的第 3 次会谈被迫中止。①

关于第一次会谈，高碕在给重光外相报告的末尾补充道，"18 日早上开幕式之前，当各国首席代表为迎接主办国印度尼西亚总统苏加诺而在宾馆大厅等候的时候，我碰巧与周恩来总理坐在了一起并互致问候，这一幕被媒体抓住，有夸大报道之嫌。为慎重起见，我让外务省谷正之顾问向美国驻印度尼西亚大使通报了此事"。这一天的会谈，也是受到地点和时间等因素的限制，双方主要就两国所使用的汉字问题进行了交流。②

由于 18 日周恩来与高碕的接触只是在宾馆大厅的偶然相遇，双方一致同意下一次再就具体事项举行会谈，这便是 4 月 22 日的第二次会谈。为避人耳目，22 日早上 6 点，高碕等人首先乘坐廖承志的车向目的地的反方向驶去，之后又换乘另一辆车抵达会谈地点。③

在这一天的会谈当中，周恩来谈到了"历史问题"、中日邦交正常化的步骤、"台湾问题"等，同时也提到了中苏关系、日美关系、日本战犯归国问题、中日民间贸易问题等。周恩来开头先谈起了自己在日本留学时代的回忆，说一千多年来中日两国使用相同的文字，这是一件非常幸运的事情。④

会谈一开始，周恩来首先提起了"历史问题"，表示中日战争给中国人民带来了种种伤害，对日本人民也造成了伤害。周恩来说，从中日两国长达千年的友好交流的历史来看，这 50 年只是一段非常短暂的时期，我

---

① 冈田晃：《水鸟外交秘話—ある外交官の証言》，中央公論社 1983 年版，第 57—58 頁。

② 李广民：《周恩来与高碕达之助在万隆会议上的会谈》，《党的文献》2003 年第 1 期，第 66 頁。

③ 冈田晃：《水鸟外交秘話—ある外交官の証言》，中央公論社 1983 年版，第 48 頁。

④ 中共中央文献研究室编：《周恩来年谱》（上），中央文献出版社 1998 年版，第 468—468 頁。

们必须以长远的眼光，思考如何发展中日间的友好关系。①

接着，周恩来表明了中方对于中日邦交正常化的态度。周恩来表示，没有必要对实现中日邦交正常化操之过急，也没有必要抵触日美关系。他提议设立"半官方机构"来处理两国间日本战犯的归国问题、船舶的出入境问题等，机构的名称可以由日方决定。

然后，周恩来提出"台湾问题"，强调说这是中日邦交正常化谈判的核心问题。他说："日本人民选择吉田政权的话，我们就与吉田政权建立关系。日本人民选择鸠山政权的话，我们就与鸠山政权建立关系。然而，日本不是和得到广大中国人民支持的我方政府，而是和台湾蒋介石集团开展外交，对此所有中国人民均感到遗憾。"

会谈中，高碕谈到由于《日美安保条约》的方针，中日邦交正常化难以如愿取得进展。对此，周恩来回答："我们不反对日美友好关系，也不寻求中止这种关系"。周恩来温厚的态度和坦率的话语让担任翻译的冈田感到惊讶。冈田之后这样回忆道："在日本国内的左翼阵营反对《日美安保条约》呼声正高之时，周总理提出可以以当时的日美友好关系为前提，在此基础上再来构建中日友好关系，当时，我着实大吃了一惊。"

在万隆会议时，中国在国际社会上处于孤立境地，周恩来很清楚在中日关系的根本上存在日美关系、"台湾问题"等，为了不致令高碕为难而特别照顾到日方的立场。在会谈中，周恩来回忆起自己留学日本时候的事情，并提议说中日两国可以统一简体字，使之成为千百年后中日两民族的文化遗产。周恩来补充说，这一提议和美国没有任何关系，所以美国大概是不会过问的吧。

这一"周恩来、高碕会谈"是战后中日两国政府间的首次接触。日本外务省对此的评价是："对我国而言，参加会议的最大收获就是时任经济审议厅长官的日本代表高碕达之助和周恩来总理的会谈。会议于 4 月 18 日和 22 日分两次举行，在当时险恶的中日关系中使得贸易重启并走上了正轨。"② 高碕在此之后作为"LT 贸易"的日方负责人，为中日关系的发展竭尽了全力。

---

① 《高碕・周恩来会談記録》，外務省外交記録，Microfilm A'0133。

② 高碕達之助：《アジア・アフリカ会議での出会い》，《日本人の中の周恩来》，里文社 1991 年版，第 51 页。

　　通过这一节的论证可以看出，周恩来在鸠山内阁时期及其前后时期，在促进对日关系方面起到了如下作用：

　　第一，经过新中国成立初期的摸索，1955 年春中国政府首次制定出了对日政策的指导性文件，而这是在周恩来的直接领导和具体指示下完成的。

　　第二，1955 年前后，伴随着美苏间"融冰"的进展，中国在对日政策方面对新中国成立初期否定日本现政权、以开展民间外交为主的方针进行了修正，转而在推进"以民促官"的同时，也重视与日本政府建立直接的关系。其大背景无疑是以毛泽东主席为首的中共领导层所作出的对外政策的全面调整。但可以说，具体的对日政策方针的调整和实施全部是由周恩来所负责的。正如中方现有的所有资料所证明，毛泽东和中共中央政治局在当时的对日政策方面所起的作用，只是听取、批准和事后追认。事实上，包括在 1955 年 10 月 15 日所举行的中国领导人和日本国会议员团的会谈中，毛泽东虽然也曾出席，但主要是为了传递一个信息，即他作为中方最高领导人会见了日本的国会议员。而从日方与会者的证言也可以看出，在访问之际，周恩来被视作中方接待工作的负责人，也是对日政策的制定者和实施者。

　　第三，在此期间，周恩来不知疲倦地与日本各界访华团举行会见、会谈，亲自收集关于日本的信息，详细解释中国的对日方针。特别是在万隆会议上所实现的中日两国政府间的首次接触和会谈，全都是依赖周恩来的参与、做出妥协和让步的指示后才得以实现的。正是由于周恩来所参加的这一政府间会谈，其后中日间"半官半民"的关系才正式开始。

第三节　池田内阁时代的发展

一　"长崎国旗事件"与池田内阁的成立

　　1952 年 4 月日本与台湾当局签订的《日华和平条约》，导致战后的中日关系被限制在"民间交流"这一狭小范围内，成为实现中日邦交正常化的最大障碍。虽然中国政府对鸠山内阁进行了多方接触，但日本政府却基于《日华和平条约》，将同中国的关系限定在民间水平的贸易交流和人员交流上。在此期间，中日间继 20 世纪 50 年代《第一次民间贸易协定》

签定后，到1958年的《第四次民间贸易协定》为止，一定程度的民间交流得以维持。但是，由于1958年的"长崎国旗事件"，中日间的民间交流一时间全面停止。

国内外研究者一般认为，"长崎国旗事件"和其后中国政府的对日强硬政策均是由毛泽东所主导的。其背景有以下三点。

第一，始于1958年的"大跃进运动"，这种内政上的急进化给外交层面也带来了影响。

第二，正如对台湾当局控制下的金门岛突然进行大规模的炮击（1958年8月"金门炮击事件"）却并未在事前通知苏联那样，毛泽东在这一时期的外交上表现出对赫鲁晓夫的对美绥靖路线不满，为显示与苏联的不同，中国以金门炮击来显示"不畏惧"美国的军事力量，明确表示支持阿拉伯地区的反美斗争，对印度的外交姿态也转为强硬。于是，作为这一思想的一部分，对属于美国阵营的日本，中国也表现出同样强硬的姿态。

第三，上台不久的岸信介内阁一改此前鸠山、石桥内阁改善对华关系的政策，转而采取亲台路线。这一倾向令中国领导层内部对此前数年间促进对日交流的成果普遍感到失望，更加深了对岸信介内阁的不信任。

在这一过程中，周恩来显然并不是对日强硬政策的主导者。但可以认为，对于毛泽东所决定的对美、对苏、对日及对台湾当局的强硬姿态，周恩来也持赞成的态度。在此后的一个时期，周恩来在各类发言中对岸信介内阁展开了严厉批判，指出"长崎国旗事件"的责任全部在于日本方面。笔者对其背景可以作以下两点解释：

第一，中国内外政策的最终决定权在毛泽东。

第二，和"文化大革命"中周恩来的立场相似，他一直视毛泽东为绝对的领导者。即使毛泽东一时做出了违反周恩来意愿的决定，他也会服从，并在大的形势之中、在可允许的范围之内，尽最大可能采取现实的应对之策。实际上，在"长崎国旗事件"后中日贸易全面冻结的状况下，周恩来一直在寻找修复和促进中日关系的下一个补救的机会。

这一机会终于在2年后到来。1960年，岸信介内阁因《日美安保条约》的修订问题而下台，池田内阁登场，由此中日间修复关系和重启交流的趋势再次出现。

1960年7月19日成立的池田内阁，以"宽容和忍耐"、"低姿态"为口号，制定了经济高度增长政策，开始了迈向经济大国的步伐。在外交问题上，又开始注重对社会主义国家的外交，尤其是重启自 1958 年以来几乎全面中断的中日关系。通过围绕修订《日美安保条约》问题的国会内外的议论，日中问题已经成为无论是哪个政权都无法回避的现实的政治问题。

池田首相在当选后将中国问题作为日本外交的重要课题提出，其初期的对华政策虽与美国的对华政策表现出一定的不同，但并没有拿出具体的方案。在组阁当天的记者招待会上，池田表现出慎重的态度，他说道，"对中共的政策，也未必一定要和美国采取相同的态度。我在 6、7 年前就说过要和中共发展良好关系。但是，进展并不顺利。在外交上不仅要重视对中共的政策，提高自由主义国家阵营的信赖才是第一位的……在赢得自由主义国家阵营信赖的同时，不要被中共所愚弄和操纵，日本必须成为这样的国家……有人说对中共要冷静观察，但在经济、文化的交流方面当前就能够做到，所以我想予以积极推进"。①

毋庸置疑，在政权成立后不久就表现出和前任政权很大的不同、急速转变对华政策，首先就会受到日本国内形势的限制。特别是自民党内强烈反对对华接近的势力的存在，成为转变对华政策最大的牵制力量。

在 10 月的施政演说中，池田说，"在同中国大陆的关系方面，我希望能基于相互尊重立场和互不干涉内政的原则而逐渐予以改善。尤其是此前处于中断状态的日中贸易迎来了重启的契机，我自然是表示欢迎的"。他强调了想要重启中日贸易的愿望。②

从（与池田内阁成立几乎同一时期）20 世纪 60 年代初期开始，围绕中国的国际形势及国内的政治、经济状况发生了很大变化，中国领导层的对日外交姿态转向柔性。其转变的理由是因为有国际环境和国内状况两方面的需要。

第一，是基于政治和安全保障方面的考虑。一方面，朝鲜战争以来中美两国依然处于严重的对立状态之中。另一方面，从 20 世纪 50 年代后半期开始，中国同曾经的盟国苏联之间也产生了新的裂痕。1960 年的中国

---

① 石川忠雄、中島嶺雄、石井優：《戦後資料 日中関係》，日本評論社 1970 年版，第 183 頁。

② 《朝日新聞》1960 年 10 月 19 日、22 日。

外交，尽管在对亚非诸国的关系上取得了进展，但对大国关系却出现了不和谐。因此，对日外交的柔性转变，有着改善同重要邻国日本的关系、影响美国的亚洲政策，特别是冲破其对华封锁的目的。

第二，从国内经济状况来看，1960 年对中国而言是 1949 年以来"最困难的一年"。引起这一困难的主要原因，既有 1958 年以来急进路线遇到了问题，又有持续 3 年的自然灾害所带来的经济建设的停滞。为打破这一国内经济的困难局面，加上想通过与外国的贸易大幅进口农业机械、化学肥料、钢铁等。因此使得中国政府对日政策的调整得以迅速实现。

第三，关于对岸信介内阁的强硬方针有一定的反省。"长崎国旗事件"的发生，很大原因是由于当时岸信介内阁的对华姿态，但全面断绝关系则是毛泽东主席的决定。在此之后，中方感受到了中日民间外交的挫折，继而认识到构筑同自民党实权派的关系是实现中日邦交正常化的现实道路。

但是，尽管池田内阁表示出建立中日外交关系的意愿，但在对华政策上，比起相隔台湾海峡的中国大陆和台湾当局两方面的政权，他更在意美国的动向。这是因为，对华政策不仅仅是中日之间的问题，对日美关系而言也是非常重要的一个方面。有研究者指出："在美中两国相隔台湾海峡尖锐对立的情况下，并不具备日本能够改善对华关系的气氛"[①]，这一论述如实展现了 20 世纪 60 年代初期日美关系和日中关系的现实。

在池田内阁成立后不久，周恩来对其作出评价，"虽然和岸政府没有质的差别，但有量的差别"。在这一形势下，中国对日本的外交接触坚持的是"贸易三原则"。8 月 27 日，在接见来华访问的日中贸易促进委员会专务理事铃木一雄时，周恩来具体解释了以往对日的"政治三原则"[②] 的含义，在此基础上又提出了新的对日"贸易三原则"作为重启中日贸易的条件。即中日贸易应按照以下三原则实施：第一是政府间协定，第二是民间契约，第三为个别处理。这一"贸易三原则"一方面主张贸易相关各协定原则上应以政府间协定为依据，另一方面也考虑到由于政府的立场不可能实现上述条件的情况，为在一定条件下重开民间贸易打开了通道。

---

① 古川万太郎：《戦後日中関係史》，原書房 1988 年版，第 188 頁。
② 对日"政治三原则"是中方重启岸信介政权时期断绝了的中日关系的条件，由周恩来于 1958 年 6 月 11 日提出。其内容是日本政府不敌视中国，不制造"两个中国"，不妨碍同中国关系的正常化。

"贸易三原则"的提出向成立不久的池田内阁表明了中方呼吁重启自1958 年 5 月以来几乎全面断绝的中日贸易的积极姿态。并且，池田内阁对华政策尚处于未定状况，中方考虑到这一情况，给予了日方三种选择，显示出其临机应变的姿态。尤其是第二项的"民间契约"，后来成为"LT贸易"的基础，因其打破了以往的僵局而备受关注。日本外务省经济相关部门对此给予了肯定的评价："本次声明表现出……即便没有政府间协定也能实现民间贸易的态度，这是一个很大的进步。"①

二　"友好贸易"和"LT 贸易"

周恩来所倡导的这一"贸易三原则"对于期待贸易重启的日本造成了很大影响，日本企业方面期待是否能据此立即重启日中贸易。但是周恩来的这一发言附带有一个明确的条件——相互表示友好。关于这一点周恩来更具体地说道："希望贵方日中贸易促进会，能基于以上中日贸易三原则，给我们介绍那些在你们看来是友好的、对双方均是有利的且是可能开展的贸易。"总之，中国自己虽然希望和日本扩大贸易，但也不可能和那些对华不友好的企业无原则地重启贸易。其对象仅限于那些承认"政治三原则"和对华友好交往的企业。

这样，带有浓厚政治色彩的特殊贸易方式——"友好贸易"出现了。具体而言就是，由日本的"友好团体"——日中贸易促进会、国际贸易促进协会及其关西本部、日中友好协会等贸易、友好团体，向中国国际贸易促进委员会推荐"友好商社"或企业，经中方筛选后，中方再与选定的商社及企业开展民间贸易的一种结构。这些友好商社主要是中小企业，大型综合商社及大企业由于政治立场问题尚未和中国直接开展贸易。② 明确支持中国的"政治三原则"、"政经不可分原则"以及"贸易三原则"，促进实现中日邦交正常化，是中方在选择日本"友好商社"时的主要标准。

始于 1960 年末的"友好贸易"，虽然是一种带有浓厚政治色彩的特殊贸易方式，但在池田内阁初期谨慎的对华政策下，对恢复处于断绝状态的中日关系发挥了一定的作用。但是，仅仅依靠"友好贸易"的话，贸易的质与量均会受到限制，并且日本经济界对由中小企业主导中日贸易产生了不满。因

---

① 《朝日新闻》1960 年 8 月 30 日夕刊。
② 李恩民：《中日民间经济外交 1945—1972》，人民出版社 1997 年版，第 397 页。

此，中日双方都开始寻求更为有利的方法，于是便出现了"LT 贸易"。

将经济高度增长政策和经济大国路线作为政策基调的池田内阁，越发认识到拥有广袤国土和庞大人口的中国这一出口市场的魅力，其对华政策在后期也开始从初期的静观态度转向积极的姿态。

1962 年 5 月，日本政府主导的最高出口会议召开，化学产品、重型机械等业界代表提出，"为扩大同共产圈的贸易，需要推进民间贸易协定的签订工作，将出口延期付款的条件一般化"。① 另外，在日本政府内部，以通产省、大藏省、外务省为中心，也探讨了以出口延期付款的是非为核心的应对之策，得出的结论是在对华贸易上至少应该认可等同欧洲的出口延期付款。② 在此之前，中日贸易的主要形式是"友好贸易"，但如果仅以这种方式推进中日贸易的话，贸易的发展会受到限制，并且"友好商社"的指定也是由中国单方面完成，因而缺乏贸易最根本的平等互惠性。池田内阁决心找到更好的解决方案，并通过通产省、大藏省和外务省立即对此展开研究。

同时，在 1961 年第 16 届联合国大会关于中国代表权问题的讨论中，日本政府和美国一起成为"重要问题"程序议案的共同提案国③，从而招致中国的不满。1961 年 12 月 8 日新华社发表社论，对池田内阁进行了严厉批判。"池田政府积极追随美国阻碍中国恢复在联合国的合法议席、妄图制造'两个中国'的阴谋，是日本军国主义势力意欲再次侵略和占领中国领土台湾的一连串阴谋的一部分"，"我们决不允许日本军国主义再次插手台湾问题"。④

中方虽然批判池田内阁，但并未采取停止交往的僵化做法，仍然继续对扩大双方贸易表现出热情。日本前参议员议员西园寺公一为了在日方和中方之间发挥沟通桥梁的作用而来到中国，在他的协调下，1962 年 9 月 5 日，中方以周恩来名义发出的邀请函送到了自民党资深议员松村谦三手上。出发前池田拜托松村说："在立场上，我必须要朝向美国。松村先

---

① 《朝日新聞》1962 年 5 月 11 日。

② 古川万太郎：《戦後日中関係史》，原书房 1988 年版，第 202 页。

③ 自 1961 年第 16 届联合国大会起，日美等国为了阻止中国重返联合国，每年都提出"中国的联合国代表权问题是非常重要的问题，中国的加入必须要有三分之二赞成"的所谓"重要问题"决议案。该提案被称为"重要问题"的程序议案，或简称"重要问题案"。

④ 石川忠雄、中岛嶺雄、石井優：《戦後資料　日中関係》，日本評論社 1970 年版，第 213 页。

生，能否请您代表我来面对中国呢？关于中国的事情就全拜托您了。"①

　　松村一行②于 1962 年 9 月 12 日经由香港来到中国大陆。虽然这是松村第二次访华，但访问团成员感到欢迎的气氛和 3 年前完全不一样。上次所到之处中方相关人员都会严厉批判日本政府，而这次中方的接待完全不带有政治色彩。据同行的田川诚一回忆，团员向中方接待人员谈起资本主义和社会主义体制的话题，而中方人员则避开相关讨论说"不谈政治话题吧！"并且，周恩来亲自主持了欢迎松村一行的宴会，于 16 日、17 日和 19 日分 3 次和松村举行了会谈。③ 在周恩来、松村会谈中，中方强调"政治三原则"和"政经不可分"原则，并努力使日方也赞同这些原则。然而，日方对承认"政治三原则"表示了为难，双方关于共同声明也未能达成一致。其后，中方向日方提交了将要登报发表的会议备忘录，松村请求"尽可能将其内容限定在抽象的表达上"。之后双方虽有所交涉，但备忘录最终还是大体归结到日方所希望的内容上。其内容是"中方反复表明要坚持政治三原则、贸易三原则和政经不可分原则，并表示这些原则持续有效……双方一致认为要采取渐进和累积的方式，实现包含政治关系和经济关系的两国关系的正常化"，显示只有中方强调"政治三原则"等，而日方则避开了对此的回应。在贸易方面双方大体没有异议而达成一致，日本的多数提案都被采纳。

　　这一周恩来、松村会谈使得处于全面断绝状态的中日关系再次回到正常轨道，无论从水平上还是数量上都为扩大中日贸易准备了政治条件。虽然中方表现出坚持原则的姿态，但实际上在共同备忘录问题上未能得到日方的赞成，周恩来还在"政治三原则"问题上作出了让步，并同意设立联络机构与重启贸易。在中方采取这些灵活应对策略的背景当中，既有对松村背后的池田首相的期待，又有通过发展两国民间贸易来打开中国国内经济困境、进而促进中日邦交正常化的愿望。

　　基于松村访华和周恩来、松村协议，1962 年 10 月，以高碕达之助和冈崎嘉平太为正副团长的总人数达 42 人的大型代表团出访中国。在到达

---

　　①　古川万太郎：《戦後日中関係史》，原書房 1988 年版，第 204 页。
　　②　松村访华团的成员有松村谦三、古井喜实、小川平二、藤井胜志、田川诚一、田林政吉和大久保任晴。池田让池田派议员、自己的亲信小川平二和智囊团成员、长期信用银行专务董事田林政吉与松村同行，对访华活动给予支持。
　　③　田川诚一：《日中交渉秘録》，每日新聞社 1973 年版，第 35—36 页。

北京后的第二天，周恩来接见代表团，向高碕明确表示"我将直接参与这一协定的谈判"，并指定廖承志为自己的代理人进行实际事务的交涉。经多次协商，双方于 11 月 9 日签订了《关于中日综合贸易的备忘录》，其具体内容由 11 项构成。因这一备忘录是由中方代表廖承志（Liao Chengzhi）和日方代表高碕（Takasaki）所签署，所以采用二人姓氏的第一个字母而称之为"LT 贸易"备忘录。

松村—高碕所开创的"LT 贸易"，修正了以往"友好贸易"的缺陷，形成了中日间新的平等贸易模式。其后的中日贸易，在合同期限的长期化、贸易品种的多样化等方面均得到改善，并且由贸易的实际负责人直接签订合同也成为可能。

"LT 贸易"虽然是在中日没有邦交关系的情况下所签订的民间协定，但中方的大多数研究资料都对其进行了高度评价，强调其为"准政府水平"和"半官半民"的协定。① 中国外交部部长陈毅在"LT 贸易"备忘录签订当天也说："这次的协定既可以说是民间协定，也可以说是政府间协定。为什么呢？因为中方的当事人是政府人员，日方也是自民党的负责人，业界代表也是与日本政府有密切联系的人员"。②

在日方看来，"LT 贸易"并非是政府行为，而只是一项民间协定。日方并未给予中方所强烈要求的外交官待遇，也不允许在相关事务所悬挂国旗。在"LT 贸易"成立后不久，因"吉田书信"③ 和进出口银行融资问题等，日本政府的系列举动和声明完全否定了中日关系的"半官方性"，向日本国内外表明中日关系始终只是维持在民间层面而已。

将"LT 贸易"提升至"半官半民"水平加以评价，是源于中方对"自民党的负责人即等于政府人员"的误解，有其"一厢情愿"的一面。但是不能否认，"LT 贸易"缓和了一度恶化的中日关系，形成了中日间最为重要的沟通渠道。虽然它基本上还是一种民间形式，但至少日本政府让执政党议员参与其中，无疑在那个中美对立的时代，创造了另一种形式

---

①　罗平汉：《中国的对日政策与中日邦交正常化》，时事出版社 2000 年版，第 131 页。

②　《日本記者団への陳毅副首相談話》，石川忠雄、中島嶺雄、石井優：《戰後資料　日中関係》，日本評論社 1970 年版，第 271 页。

③　1964 年 4 月和 5 月，吉田茂给台湾当局的"总统府秘书长"张群送去两封信件。4 月 4 日的信中关于中日贸易这样写道："日本和中国大陆的贸易，仅限于民间贸易，日本政府会慎重对待中日贸易给对华经济援助提供的支持"。古屋圭二：《蒋介石秘録》第 15 卷，サンケイ新聞社 1977 年版，第 165 页。

的交流关系。

三　对日交流的扩大

作为中国对日柔性外交的一部分，双方人员交流也得以重启。中方一直考虑重启自"长崎国旗事件"以来几乎全面断绝的中日关系，因此把握住池田内阁上台这一日本国内的政治形势，在新内阁成立后不久的7月29日就派遣以中华全国总工会主席刘宁一为团长的代表团赴日。为参加日本工会总评议会成立纪念仪式和禁止使用核武器大会而赴日的这一中国代表团，是自1958年5月"长崎国旗事件"以来时隔2年零3个月后中国的首支访日代表团。

代表团不仅和社会党委员长浅沼稻次郎、总评议长太田薰等革新阵营的领导人进行了会谈，还会见了自民党的松村谦三、石桥湛山、高碕达之助等人，为这些保守阵营的实力人物来华访问做好了准备。代表团充分利用有限的两周时间积极开展活动，仿佛要填补那两年的空白似的。

"LT贸易"成立后，中日经济交流日益频繁。其中最引人注目的是1963年在北京和上海举办的日本商品展览会和1964年在东京及大阪举办的中国经济贸易展览会。1963年的这次展览会和1958年相比规模更大，内容更为充实。日本政府提供了大量的政府补助金，并将前首相石桥派往中国担任展览会总裁。同时，中国政府设置了"展销会合作事务所"，始终表现出合作的姿态。第二年4月，在东京和大阪举办了中国经济贸易展览会，两会场共计入场人数233万人，销售金额达2亿7千万日元。①

随着1964年1月法国政府发表声明称承认中华人民共和国并派遣大使，日本国内承认中国的议论变得活跃起来。在这一背景下，中国开始更加积极地推进对日外交。

同年2月，中日友好协会会长廖承志通过访华的自民党议员田川诚一等人向日方提议，应具体研究此前中日间的四大悬案，即互派记者；扩大贸易；相互设置"LT贸易"联络事务所；飞机的通航。对于这些提案，日本政府方面池田首相和大平外相表示了理解，但由于外务省和法务省的反对，相互常驻问题遇到了困难。最终由于大平的斡旋，日本法务省和中

---

① 民主主義研究会编：《日本·中国交流年誌》，1963年号，第3页。

方均接受了妥协方案，常驻代表问题大体得到了解决。[①]

4 月 20 日，松村、古井和冈崎等人应廖承志的邀请而再次访华。松村一行访华的目的是就廖承志的四项提案与中方首脑进行具体协商，双方讨论了互派新闻记者、相互派驻贸易联络员、扩大对华出口等问题。于是，4 月 19 日除了《关于备忘录贸易的会谈纪要》之外，双方还交换了《关于相互派遣廖、高碕两事务所代表，相互设置联络事务所的会谈备忘录》及《中日关于互派记者的会谈备忘录》。至此，始于岸信介内阁时代的两大悬案——相互设置贸易联络事务所和中日互派记者的问题得以解决。

并且，正在对锡兰（现斯里兰卡）进行访问的周恩来在科伦坡会见日本记者时表示"积累方式有助于改善两国关系"，同时强调"为了早日实现（中日邦交正常化这一）两国人民的殷切期盼，我们希望日本政府能采取果敢的做法来改善中日关系的现状"。其后，中国高层领导人也不断就改善中日关系做出积极的发言，并且两国间的人员交流也更加频繁。

中国政府对池田内阁的目标很明确，即通过民间贸易打开中日关系、并将贸易从民间层面提升至"半官半民"水平、通过"累积式"来实现中日邦交正常化。在池田首相 4 年多的任期内，两国切实推进双方关系的改善，实现了开设"LT 贸易"、相互派驻贸易联络员和互派记者等成果，成功修复了岸信介内阁时代破损的中日关系，切实将"累积式"进步引入正轨，取得了划时代的成果。

尽管池田首相自身表现出了对改善中日关系的意愿，但对于以日美关系为中心的日本政府而言，即便在对华政策上可能做一定的修正，但要超出美国对华政策的框架并先行打破两国的政治僵局是不可能的。尽管中国政府进行了明确的对日接触，但两国交往始终停留在贸易和人员交流等实际层面，并没有达到中日邦交正常化的程度。

四　这一时期周恩来所起的作用

在岸信介内阁以后的对日关系中，周恩来总理所亲自参与的事项可以归纳为以下几点：

第一，石桥访华（1959 年 9 月）。

在看到 1959 年 6 月日本参议院选举和地方选举中社会党等革新阵营

---

① 《朝日新聞》1964 年 10 月 31 日。

的惨败之后，中国感到通过左派阵营向日本人民宣传"中日统一战线"的做法有其局限性，于是又开始了对日本政府及执政党的外交工作。

在这一背景下，中国以周恩来的名义分别于 1959 年 8 月 20 日向前首相石桥湛山、于 8 月 28 日向松村谦三送交了来华访问的邀请信。信中写明邀请的目的是"说明我们的对日政策及针对岸政权态度的政策"。① 石桥是一位持自由主义思想的人士，曾经于 1956 年 12 月继鸠山内阁之后组阁，后因病仅在任 4 个月便辞去首相之位，但"谋求对华合作，以此为杠杆来实现世界和平"是其组阁之际的一大心愿。② 石桥在下台后也未曾放弃这一愿望，1959 年 3 月在看到中国政府严厉的"政治三原则"的内容之后，为摸索打开中日关系的方法，石桥给周恩来送去私信，提出所谓"石桥三原则"，并希望对此展开协商。③ 在收到周恩来表示同意的回复后，9 月 9 日石桥来到北京。

在欢迎石桥时，中方考虑到其不同于日本社会党和日本共产党，而是身为保守政党的实力派和前首相的身份，因此采取了十分灵活的应对之策。周恩来与石桥举行了两次会谈，在 16 日的会谈中周恩来表示，"中日两国人民应该携手为远东及世界的和平做出贡献"，并且针对日本国内部分人指责中国是在利用、影响和收买石桥这一说法，周恩来指出，"我们对所有的日本朋友都是平等相待，中日两国人民找出共同点，发表一个公报，这是友好合作。关于影响问题，既然来往，必然互相影响。至于利用，如是互利，很好"。④ 在 17 日的会谈中周恩来说："中国人民对日本人民独立、自由、民主、和平及中立的愿望发自内心地表示同情"，强调日本应该获得独立及和平，走向中立的道路。20 日，双方发表了《周恩来总理和石桥湛山会谈声明》。中方考虑到石桥的立场，在这份声明中没有对岸信介内阁进行指名批评，也没有使用"美帝国主义"等攻击性词

---

① 田桓主编：《战后中日关系文献集　1945—1970》，中国社会科学出版社 1996 年版，第 451 页。

② 鹿岛平和研究所编：《日本外交史　第 28 卷〈講和後の外交Ⅰ〉对列国关系》（上），鹿岛研究所出版会 1973 年版，第 299 頁。

③ 石橋湛山：《石橋湛山全集》第 14 卷，東洋经济新闻社 1970 年版，第 424—428 頁。石桥向周恩来提出以下 3 点内容：①日中两国要像一国一样团结一致，争取东洋和平，促进世界和平；②日中两国在政治、经济和文化上，尽可能消除国境的阻隔而自由交流；③相互尊重两国既往的对外关系。为实现以上目的进行坦诚协商。

④ 中共中央文献研究室编：《周恩来年谱》（中），中央文献出版社 1998 年版，第 254 页。

语，并且也没有直接提及《日美安保条约》修订问题。

石桥在回国后开始热心宣扬岸信介首相等人的"政经不可分原则"是绝对不能接受的，为改善日中关系有必要修正日美关系等主张。并且，石桥要求与岸信介首相会面，向其进言打开中日关系的具体做法。因为遭到了岸信介"不打算改变静观之态"的严词拒绝，石桥认为，"为打开中日关系，岸首相应该早日退位"，公开表达了要求他退位的态度。

池田就任首相后，石桥很快就中国问题向其进言。池田担任过石桥内阁的大藏大臣（财政大臣），和石桥是"心意相通的关系"。[1] 在"LT 贸易"成立前的 1962 年 4 月，石桥和池田在帝国饭店举行会谈，劝说在中国问题上"尚处于迷惘状态"的池田，必须要尽快重启中日关系。第二年的 8 月 6 日，石桥再次和池田会面，向其提出了清晰的"日中贸易前进论"。[2]

第二，松村谦三的访华（1959 年 10 月）。

池田内阁成立后，中国期待池田首相改善对华政策，希望实现中日邦交正常化。1961 年 6 月 25 日，周恩来在接见访华的自民党议员宇都宫德马时这样说，"希望池田首相朝着中日友好的方向走。我们对于凡是有共同主张的朋友们都愿意接待。共产主义者同自由主义者的立场不同，一定会有很多的不同点。但我们要寻求共同点，把这些共同点加以发展。强调共同点，缩小差别，要把过去的不愉快用中日友好来代替"。

为了促使日本政府转变对华政策，在池田内阁时代，中国每年都邀请很多日本人来华，周恩来亲自接见各团体，通过他们向日本国内说明中国的对日政策，努力使其理解中国政府的立场。

1959 年 10 月，自民党的实力派人士松村谦三应周恩来的邀请而首次来华访问。继石桥前首相之后访华的松村，将重点放在考察中国的实际情况上，从 10 月 19 日至 12 月 2 日的 40 多天里，行程 1 万 5 千公里，考察了中国近三分之二的地区。

中方郑重接待了和石桥一样在日本政界占有重要地位的松村及其一行，孙平化、王晓云、金苏城、吴学文等对日工作负责人全程陪同和接待了松村一行。

---

① 塩口喜一：《聞書　池田勇人》，朝日新聞社 1975 年版，第 7 頁。

② 増田弘：《侮らず、干渉せず、平伏さず—石橋湛山の対中国外交論》，草思社 1993 年版，第 214 頁。

松村一行和周恩来、朱德、陈毅、郭沫若、廖承志等中方领导人进行了会谈，互相加深了理解，播下了友好和信赖的种子。特别是同周恩来的四次会谈，具有十分重要的意义。周恩来说，"松村先生是日本保守党的领袖，我是中国共产党的干部，因此在思想和信念上不可能完全一致"，在承认双方意识形态和观点见解不同的基础上，相互建立了作为政治家的信赖关系。松村通过这次访华构建了松村—周恩来这一交流渠道，为实现"LT贸易"及互派新闻记者这些在中日关系发展上具有划时代意义的事件打下了基础。

虽然松村和中方之间并未以共同声明之类的形式发表访华成果，但周恩来却通过与松村的会谈，高度评价了松村想要改善中日关系的真切愿望，《人民日报》在松村一行离开北京之际发表了社论，社论说，"像松村先生这样的政治家来访我国，与我国的领导人及各方人士进行坦诚和亲切的对话，这与之前石桥前首相来访一样，将会促进两国人民的友好往来，有利于中日两国改善关系"。

松村回国后与石桥举行会谈，双方在交流访华的感想后商定，今后两人将为改善中日关系共同努力。不久，以两人为中心的小组发表了要求岸信介首相下台的声明。通过此类行动，两人站在自民党内批判岸信介势力的最前端展开了活动。

第三，高碕达之助的访华（1960年10月）。

1960年10月，高碕受周恩来的邀请访问北京。关于与高碕时隔5年的再次见面，周恩来在欢迎宴会上表达了自己的心情，"今天在北京，与万隆会议时的同事及友人高碕达之助先生久别重逢，与大家汇聚一堂，我感到非常高兴"。

周恩来与高碕举行了两次会谈，但二人之间在对池田内阁外交姿态的认识上存在着巨大分歧。高碕提议为打破中日关系的现状，邀请吉田前首相来华访问，对此，周恩来断然拒绝。周恩来解释其原因是"吉田对《日美安保条约》有着错误的解释，对中日关系的认识也是错误的。我们不能邀请这样的人来中国，因为我们所邀请的人至少是愿意同中国友好的"。① 另外，高碕认为中国所考虑的通过民间契约来重启贸易的"友好

---

① 中共中央文献研究室编：《周恩来年谱》（中），中央文献出版社1998年版，第357、361页。

贸易"有其局限性，建议有必要研究同大企业开展贸易的方案，并提议由廖承志率贸易代表团访问日本。对此周恩来反应消极，强调高碕的提案内容只有在政府间协定的基础上才能运作。[①]

但是，中日双方对于中日邦交正常化在以下五点上达成了一致。第一，双方将朝着实现中日邦交正常化的方向努力；第二，中日邦交正常化不能急于求成而应一步一步推进；第三，双方相互尊重对方国家的社会制度和政治制度；第四，促进民间交流和相互理解；第五，努力早日实现中日邦交正常化。

高碕在回国后的记者招待会上说："中方对于《日美安保条约》非常敏感，认为小坂外相访问韩国及池田首相的施政方针演说是非友好的，持强烈批判的态度。但中方对于改善中日两国的关系也展现了极大的热情。"[②]

可以说，高碕的这次访华，虽然在政治和经济两方面没有取得具体成果，但为两年后和松村一起实现"LT 贸易"奠定了重要基础。

周恩来在池田内阁成立后不久，就邀请日本政界、经济界重量级人物相继访华，努力打开中日关系，促进贸易。与此同时，还派遣中国对日工作的领军人物访日，寻求和日本要员的会面，当面说明中国的对日政策。

第四，中国各代表团的访日。

在池田内阁成立后的 1961 年 7 月 29 日，为参加日本工会总评议会成立 10 周年纪念大会和世界和平会议，以刘宁一为团长的中国代表团来到日本。中国代表团在两周的时间内展开了积极的活动。中国代表团与日本社会党委员长浅沼、总评议长太田等革新阵营的领导人举行会谈，交换了对日本国内形势的看法。还会见了自民党的石桥湛山、松村谦三、高碕达之助等人，为这些保守阵营的实力人物来华访问做好了准备。中方资料显示，对这次访问的方针和具体的操作方法做出指示的正是周恩来。

在 1962 年 7 月中国围棋代表团访问日本时，周恩来命孙平化为副团长随行。代表团出发前，周恩来和陈毅接见孙平化，指示其创造机会与松村谦三和高碕达之助等要员会面，传达自己的口信。周恩来口信的内容是想邀请松村及高碕等访问中国，就改善中日关系和发展中日贸易交换意

---

① 古川万太郎：《戦後日中関係史》，原書房 1988 年版，第 198 页。

② 《朝日新聞》1960 年 10 月 14 日。

见。① 到达日本后，孙平化立即和松村及高碕会面，转达了周恩来的口信。松村事后委托孙平化转交一封信给周恩来，表示自己很高兴受到邀请，正计划访华。接下来便如前所述，松村应周恩来的邀请实现了第二次访华，他在 40 多天里考察了中国各地，并与周恩来举行了 3 次会谈，最终构建了"LT 贸易"的基础。

由以上论述可知，"长崎国旗事件"后中日关系断绝，周恩来在修复两国关系的整个过程中主导了中方的政策制定和具体的对日接触工作。从岸信介内阁时期两国冰冻的关系，到池田内阁前半期的"融冰"，进而到池田内阁后期"LT 贸易"备忘录和互派记者协定的签订，不论在哪个具体的事件中，周恩来的身影都或隐或现。尤其是始自 1962 年 10 月关于"LT 贸易"的谈判，周恩来对日方明确表示"我将直接参与这项协定的谈判"。的确，正是有了周恩来总理的直接领导和参与，日本才在中美对立的大背景下，对美国敷衍搪塞，完成了在中方看来是"半官半民"性质的"LT 贸易"备忘录这一世界外交史上的杰作。同时这对于 10 年后1972 年的中日邦交正常化也起到了很大的示范作用、双方签订的协定使得日本能够在中美之间左右逢源。部分条款以一种含糊不清的形式使双方都能向国内做出对自己有利的解释，为今后两国进一步发展关系提供了极大的可能性。

---

① 孙平化：《中日友好随想录》，世界知识出版社 1987 年版，第 58 页。

第三章

实现中日邦交正常化所做的前期努力

如上所述，如果没有美国的同意，日本的对华邦交正常化是很难实现的。同样，如果中国不能处理好《日美安保条约》的话，想要实现对日邦交正常化也是不可能的。1971 年 7 月基辛格秘密访华与 1972 年 2 月尼克松访华——即被世界称为"尼克松冲击"——这一美国对华政策的戏剧性变化，使得这些条件的改变在实质上成为可能。1971 年 10 月中国恢复了在联合国的合法席位，一下子提升了日本国内各界支持对华邦交正常化的气势。总是敏锐把握日本对华姿态变化的周恩来迅速调整中国的对日方针，对日本的经济界、在野党和执政的自民党展开了"人民战争"式的、广泛的外交接触，成功构建了促使田中首相做出尽快访华决定的"包围圈"。

1971 年 9 月的"林彪事件"后，毛泽东及其他中国主要领导人在一段时间内忙于处理国内政治问题。林彪被奉为"毛泽东的亲密战友"，在1969 年中国共产党第九次全国代表大会上通过的党章里被明确指定为毛泽东的接班人，最终却因叛逃苏联坠机而亡。由于这一事件的发生，以毛泽东为首的各主要领导人不得不把大量的精力和注意力投入到怎样向中国人民说明这件事、又怎样处理"林彪事件"的相关人物这些问题上来。毛泽东本人也难以掩饰这一事件对他的打击，1972 年 2 月 12 日，突然心脏病发作并失去意识，在一段时间之内已无法处理大部分的日常工作。在尼克松总统访华之际，据说急救医疗队就在旁边的房间内随时待命。得益于尼克松访华，中美间基本关系的框架已经建立，其后约一年左右的时间，毛泽东在外交层面一直没有体力和精力做出具体的领导和指示。

此时，历史给予了周恩来发挥其外交才能的绝好舞台（当然，周恩来在国内政治上也承担着重任，因此也付出了很大精力）。而从周恩来的性格与擅长来看，对于外交工作，他独具有天赋。实际上，即便是在尼克松访华问题上，当时病体虚弱的毛泽东只是参与了大政方针的制定，而周恩来则扮演了台前主角和幕后总管的双重角色。在这一背景下，周恩来把握住实现中日邦交正常化千载难逢的好机会，付出了比对美外交时更大的精力，在对日外交方面成功扮演了导演和主角的双重角色。

周恩来首先在实务层面着手进行对日外交方针的调整。第一，就在"林彪事件"几天前的1971年9月8日，《人民日报》发表社论说，"对日本军国主义进行批判的中国人民的同盟，除了日本人民之外，也包括日本财界及社会各界的有识之士"，首次指出"统一战线阵营"已经扩大。其后，周恩来致力于促进对日本经济界、政界及社会各界的联络。第二，1971年9月16日（"林彪事件"三天后），周恩来对自民党新议员访华团的川崎秀二等人说，如果经大家的努力，日本能够产生一个承认日中"复交三原则"的新内阁的话，对于这位新首相，我们随时开放北京机场恭候光临。[①]　其后，周恩来在各方面，开始着手实现后佐藤政权的中日邦交正常化。第三，在与加拿大、意大利等国实现邦交正常化之后，周恩来对中日关系的发展表现出更为积极的态度。以日本为下一目标，通过对美、对西德关系的改善来构筑对日本的"国际包围圈"。

第一节　面向日本经济界的工作

在20世纪50年代以后的很长一段时期内，在没有恢复邦交的情况下，连结中日两国关系的是民间交流，主要表现为经济贸易活动。其中，始于20世纪60年代的以备忘录贸易为代表的"累积式"外交方式曾经是中方计划实现中日邦交正常化的重要途径，而整个日本经济界开始朝着中日邦交正常化的方向展开积极的活动，则是20世纪70年代初提出"周四条件"以后的事了。[②]

按照绪方贞子的定义，所谓日本经济界指的是由财界、业界、企业这三个层次所构成的与企业相关的人员集团。即最上层是被称为"财界"的经济团体的领导人，第二层是由不同行业所构成的"业界"领导人，

---

① 《朝日新闻》1971年9月17日。

② Haruhiro Fukui, Tanaka Goes to Peking: A Case Study in Foreign Policymaking, *Policymaking in Contemporary Japan*, Cornell University Press, 1977, pp. 60–61.

底层则是各家企业的经营者。[①]

在"尼克松冲击"以后，大量的日本企业、商社和经济团体认为"不要错过了去中国大市场的班车"，相继接受中方提出的"复交三原则"，迅速提升了日本国内对华倾斜的氛围。关于其背景，首先可以看到，在中美开始接近的时候，周恩来把握住实现中日邦交正常化的时机，提出"周四条件"，对日本经济界展开了工作。周恩来在这一时期要求日本的商社及企业做出这一承诺的目的是要为中日邦交正常化整备环境。本节内容将论证以日本企业、业界及财界对华姿态的转变为开端，周恩来促使日本经济界领导人转变对华方针的全过程。

一　"周四条件"的提出

日本经济界在 1972 年中日邦交正常化过程中发挥了重要作用，这本身也可以说是源自 1970 年春开始的周恩来对日本经济界所展开的积极外交工作。从《第一次中日民间贸易协定》签订时开始，中国政府始终期待通过"累积式"的贸易外交方式来实现中日邦交正常化，但日方却一直以"政经分离"政策回应，近 20 年的民间贸易没能从根本上改善中日间的政治关系。在此之前，日本的企业及业界并未对中日两国的政治关系表示很大的关心，只是根据各自利益的判断而参与中日贸易。到了 60 年代末，伴随着 1967 年以来中日贸易总额的顺利增长，日本经济界对中国市场的期待也日益高涨。虽然中日贸易的主要途径有"友好贸易"和"LT 贸易"，但这一时期，贸易的增长在很大程度上得益于"友好贸易"的发展。[②] 如前文所述，"友好贸易"是以日本的中小企业为中心的贸易，大型综合商社和大企业由于政治立场问题没有和中国直接开展贸易。另外，"LT 贸易"是以松村谦三、高碕达之助等人为中心长期开展的综合贸易。贸易内容涉及化学肥料、纤维、钢铁、机械等，从 1962 到 1967 年实行的是五年贸易计划，从 1968 年开始其有效期限被缩短为一年。

1970 年 4 月 19 日，作为当时中国对外贸易主要窗口之一的广州交易

---

① 細谷千博、綿貫譲治編：《対外政策決定の日米比較》，東京大学出版社 1977 年版，第 214—218 页。

② 李恩民：《中日民间经济外交 1945—1972》，人民出版社 1997 年版，第 391 页。

会召开期间，周恩来和来华访问的松村谦三举行了会谈，提出今后在发展中日民间贸易时，将排除以下情况的生产商、商社及企业，即所谓"周四条件"，而其核心显然就是"台湾问题"。

第一，为蒋介石集团反攻大陆提供援助、为朴正熙集团侵犯朝鲜民主主义共和国提供援助的生产商及商社。

第二，对台湾当局及南韩进行大额资本投资的生产商及商社。

第三，为美帝国主义侵略越南、老挝及柬埔寨提供武器弹药的企业。

第四，日本的美日合资企业及美国的子公司。①

"周四条件"是 1970 年 5 月 2 日，由中国出口商品交易会的吴曙东副秘书长向参加广州交易会的日本商社及企业进行传达和说明的。为了对此进行详细说明，吴曙东还具体列举了已经违反"周四条件"的企业名单。其中包括参加"日华合作委员会"（同台湾当局进行经济合作的组织，以下直接使用该名称）的住友化学和三菱重工、对台湾地区进行大量投资的帝人以及日美合资企业旭道等。

"周四条件"出台的背景之一，是 1969 年 11 月佐藤首相访美时发表的《日美共同声明》，其中认定，台湾地区和韩国是日本的生命线，并宣称对印度支那地区也将"发挥有效作用"。此外，在台北成立的"日华合作委员会"给台湾地区提供了第二次政府贷款，宣称将"为瓦解中国大陆的共产党政权而努力"，这对中方的态度也产生了不少影响。② 因"日华合作委员会"的成员中也包括参与中日贸易的大企业，因此在"周四条件"提出后中方要求这些大企业退出该委员会。

"周四条件"是中国领导人为取得日本经济界的支持、开拓中日邦交正常化道路而制定的方案。日本方面也有评论认为："周恩来在这一时期对日本提出将台湾（地区）和韩国同等看待的条件，要求日本的企业和商社做出这一承诺，含有推动国际形势变化的策略"③，"其目的，可以认为是为中日邦交正常化创造良好环境"④，"周恩来提出'周四条件'的

①　日中国交回復促進議員連盟編：《日中国交回復関係資料集》，日中国交資料委員会出版 1974 年版，第 570—571 頁。

②　《佐藤・ニクソン共同声明》，斉藤真、永井陽之助、山本満《戦後資料日米関係》，日本評論社 1970 年版，第 456—462 頁。

③　緒方貞子：《戦後日中・米中関係》，東京大学出版社 1992 年版，第 24 頁。

④　添谷芳秀：《日本外交と中国　1945—1972》，慶応通信 1995 年版，第 221 頁。

根本原因，是因为对日中贸易所带来的政治效果存有不满"① 等。中方的这一新原则质问着日本企业的对华姿态，要求其做出"北京还是台湾"的选择，给日本经济界带来了巨大冲击。

当时，中国和加拿大正在进行建立邦交的谈判，和意大利、西德也开始了邦交正常化的工作。美国在 1969 年年底也采取了部分缓和对华贸易限制的措施，中美重启华沙会谈。正如这些动向所表明，在国际环境中支持中国的潮流渐渐高涨，日本经济界逐渐形成了中日邦交正常化早晚会实现的认同。周恩来正是在这一国际背景下，进一步以中国这一巨大的未开发的市场及潜在经济利益为杠杆，向日本经济界提出"周四条件"，意图以此最终促使日本政府在"台湾问题"上做出根本性的政策转变。

二　与"周四条件"相关的企业、业界的反应

对于"周四条件"的提出，最早做出反应的是企业及业界。20 世纪70 年代，钢铁是对华出口的最大项目，占对华出口总额的 41.8%。接下来依次是化学肥料的 20.8%、机械的 12.4% 和纺织业的 4.5%。和这些产业有关的、已经和中国进行相当规模贸易的企业最先做出了反应。

对钢铁行业而言，中国已成为仅次于美国的巨大市场，出口量增长的前景也很明朗。其市场占有率的 90% 分属于住友金属、川崎制铁、日本钢管、神户制钢和新日本制铁这五家大企业。对于"周四条件"，住友金属于 1970 年 5 月 9 日、川崎制铁于 5 月 11 日、日本钢管于 5 月 12 日、神户制钢于 5 月 13 日、和台湾当局关系密切的新日本制铁于 5 月 14 日表示，接受这一条件。②

化学肥料行业也对中国市场有很大的依存度，其最大生产商之一的住友化学将全年产量的一半以上出口至中国。但是，由于住友化学被批评为"支持台湾（地区）和韩国的企业"，北京终止了与其开展的贸易。住友化学立即表示接受"周四条件"，终于修复了同中国的贸易关系。三井东压、三菱化成、宇部兴产也效仿住友化学的做法，于 5 月 11 日一起表示接受"周四条件"。

---

① 細谷千博・綿貫讓治編：《对外政策決定の日米比較》，東京大学出版社 1977 年版，第229 頁。

② 《朝日新聞》1970 年 5 月 12 日、13 日、14 日、15 日。

　　受其影响，日商岩井、住友商务、安宅产业、日绵实业、蝶理、野村贸易、日野汽车、五十铃汽车、小松制造厂等一些从 60 年代开始从事中日贸易的商社及生产企业都于 1970 年 5 月份表示接受"周四条件"。①

　　与台湾关系密切的大型综合商社对于"周四条件"深感为难。据友好贸易日方联络人、国际贸易促进协会关西本部专职理事木村一三证实，当时三井物产、三菱商务、伊藤忠、丸红饭田四大商社由于和台湾地区的贸易量很大，没有迅速采取转变方向的行动，因此他们清楚意识到四大商社的"影子公司"必将被排除出中日贸易。② 实际上，不久后中方就以这四大商社是"日华合作委员会"的成员为由，宣布中止与其"影子公司"的贸易。

　　周恩来准确把握了日本国内形势的变化，在时隔两年之后又重新接见了日本的访华代表团。特别是在佐藤内阁末期，周恩来在对日本政府进行激烈批判的同时，又精力充沛地会见日本各阶层的民间代表团，从各方面展开了促进中日邦交正常化的工作。1971 年全年，周恩来共有 32 次接见了 35 支日本代表团，创造了战后年度会见日本人次数的最高纪录。③ 访华的各日本团体之后几乎都成为了日本国内对华邦交正常化的促进力量，同时也成为了田中内阁访华的牵引力。

　　1971 年年初，木村一三在访华之际与周恩来举行会谈，双方在促进日本财界领导人访问中国一事上达成一致。当时，伊藤忠通过木村一三，向周恩来传达了要与中国开展贸易的想法。④ 其后，关西财界和关东财界相继访问中国。其中，1971 年 12 月 14 日伊藤忠发表声明表示接受"周四条件"，并通过日本的国际贸易促进协会关西本部向中方传达了访华意向。随后，伊藤忠的企业被中方指定为友好商社，这在四大商社中是最早的。

　　当时，伊藤忠与台湾地区及韩国也维持着贸易关系，因此中国政府对待伊藤忠的灵活政策，给相关商社带来了冲击。之后，其他商社也开始效仿伊藤忠表示接受"周四条件"。丸红饭田于 4 月 5 日表明态度，6 月实现访华，由此获得了对华贸易的许可。三菱商社和三井物产在 10 月份联

---

　　① 《朝日新聞》1970 年 5 月 17 日。

　　② 木村一三：《周恩来総理四条件を提示、日中貿易は再び重大局面へ》，1970 年 5 月 21 日帰国報告会発言要旨，《木村一三随想録》、日中経済貿易センター，2003 年，第 173 頁。

　　③ 笔者调查了《周恩来外交活动大事记》、《周恩来年谱》而得出这些统计结果。

　　④ 2005 年 7 月 24 日，笔者于东京新桥木村一三事务所采访木村一三先生。

合国大会之前一直采取静观之态，但在中国恢复联合国合法席位的消息发布后，它们一起发表谈话，表明了要同中国开展贸易的意向。1972 年 6 月 14 日，两商社共同表示接受"周四条件"，中方则分别于 1972 年 8 月 18 日和 10 月 10 日指定三菱商社和三井物产为友好商社。

如上所述，在中国市场已经获得利益的企业，都主动接受了"周四条件"。这些企业有以下 3 个特征：对中国市场依存度最高的化学肥料行业数量最多；积极表示接受"周四条件"的企业很多都是来自关西地区；与台湾地区和南韩维持贸易关系的大企业及大商社最初都采取慎重的态度，但在中方采取灵活的做法之后不久都接受了"周四条件"。

本来，这是企业方面为追求利益而导致的结果，但日本媒体将其作为热点话题几乎每天都进行报道，因此在为中日邦交正常化营造社会氛围方面也起到了很大作用。这样，业界及企业为追求经济利益而采取的行动也产生了巨大的政治影响，而这恰恰是周恩来所谋划的波及效应。

三 "周四条件"和财界的对华倾斜

"财界"这一概念涉及多方面，广义的"财界"指的是生产集团的代言人和"从总资本的立场出发引领经济、政治和社会的权力精英"，有时也混同于经济界。狭义的"财界"指的是以经济团体联合会（经团联）、日本商工会议所（日商）、日本经营者团体联盟（日经联）、经济同友会这四家团体为中心，尤其是在经团联领导下的各经营团体的领导人。[1]

1970 年下半年开始，中国所处的国际环境发生了很大变化。同年 10 月、11 月分别和加拿大、意大利实现了邦交正常化，到年底，承认中国的国家达到了 57 个。特别是在这一年 10 月召开的联合国大会上，主张邀请中华人民共和国参会的阿尔巴尼亚提案首次获得了半数以上的支持（但美日等国主张"中国的联合国代表权问题是非常重要的问题"，提出了所谓"重要问题"程序议案[2]，即中国的参会必须要获得三分之二的赞

---

① 細谷千博、綿貫讓治編：《对外政策决定の日米比較》，東京大学出版社 1977 年版，第 182 页。

② 从 1961 年起，日美等国每年提出旨在阻挠中国恢复联合国合法席位的所谓"重要问题"决议案，在 1971 年 9 月末召开的第 26 次联合国全体会议上，由于中国恢复联合国合法席位已经成为了不可阻挡的形势，日美等 22 个成员国再次以"从联合国中驱逐台湾是极为重要的问题"为由，提出了主张"任何试图剥夺中华民国代表权的提案都是涉及联合国宪章 18 条的重大问题，因此需要三分之二的会员国赞成方可通过"的决议案。

成。由于该议案也获得了通过，致使虽过了半数但未获得三分之二多数的阿尔巴尼亚提案最终遭到否决）。

在这一状况下，自1971年以后，日本经济界最上层的财界也开始接受"周四条件"。最初采取行动的是四大财界组织之一的经济同友会。1月14日，经济同友会代表干事木川田一隆在年度大会上说，"今年的主要任务是改善日中关系。我们准备研究向中国派遣访问团等具体的政策"。

中方也希望对日本政府和自民党拥有影响力的财界接受"周四条件"，因此也渐渐将对日本财界施加影响的工作立为中心课题。中方所采取的最初举措便是，由周恩来开始为关西财界及关东财界领导人来华访问铺平道路。

关西地区的企业及业界非常关注中国，在接受"周四条件"的问题上也表现积极，并且相比关东财界，与佐藤政权的政治瓜葛也较少。因此周恩来以关西财界为突破口，开始了说服工作。1971年2月，日本国际贸易促进协会关西本部的专职理事木村一三来华访问，周恩来在与其进行会谈后表明态度，"我们不与那些支持佐藤政权的对华政策，和台湾当局有关联的企业开展贸易。我们会严格区分朋友和敌人，在和平共处五项原则下来发展两国关系、贸易关系"。① 回日本后，关西本部明确表示，1971年度的中心工作是"实现关西代表团访问中国"。并且，该本部的会长松原兴三松在关西财界领导人和中方之间发挥了桥梁作用。对日本国内的具体工作由专职理事木村一三负责。

1971年3月15日，美国国务院宣布完全解除美国人去中国旅行的限制。4月份，为参加世界乒乓球锦标赛，中国乒乓球代表团到访日本名古屋。在这一背景下，周恩来领导下的全面负责对日政策的"对日活动小组"的领导人、中日友好协会副会长王晓云接受周恩来的直接指示，以中国乒乓球代表团副团长身份来到日本，积极向日本政界及财界领导人宣传中国的政策。4月9日，王晓云考察了丰田汽车，与副社长加藤诚一会谈，表明了想要采购汽车的愿望。以此为契机，两周后，丰田汽车通过日本国际贸易促进协会关西本部向中国传递信息，表示今后虽不能停止对台湾地区及南韩的投资和贸易，但也不会再扩大。中方对此表示接受，并邀

---

① 日中友好協会中央本部編：《日中友好運動史》，青年出版社1975年版，第154页。

请丰田汽车参加1971年的广州交易会。其后的9月份，中方又接待了以加藤诚一为团长的丰田汽车访华团。

1971年4月13日，经日本国际贸易促进协会关西本部的努力，关西财界领导人与王晓云的会谈得以实现。上午，王晓云会见了住友集团的日向方齐（住友金属社长）、长谷川周重（住友化学社长）、山本弘（住友信托银行行长）和津田久（住友商务会长）。当天下午，王晓云与松原兴三松、木村一三等日本国际贸易促进协会关西本部的干部及中日贸易的"老朋友"们举行了会谈。会谈中王晓云向关西财界领导人表示"欢迎随时访华"。在与王晓云举行会谈后，4月19日关西经济同友会内部成立了"中国问题恳谈会"，开始进行派遣访华团的准备工作。[①]

经过王晓云的一系列努力，5月6日，关西经济团体的领导人会聚日本国际贸易促进协会关西本部，一致同意尽快派遣关西财界访华团。9月，关西经济界将一个大规模代表团派往北京。团长是大阪商工会议所会长佐伯勇（近畿铁道社长），而团员则包括了关西地区经济界几乎所有的领导人。参加代表团的有中司清（关西经济联合会副会长、钟渊化学社长）、日向方齐、永田敬生（关西经营者协会会长、日立造船社长）、山本弘、佐治敬三（关西经济同友会代表干事、三得利社长）、室屋国威（大阪工业会会长）、木村一三等。

这一访华团在与周恩来会见时，双方在促进东京财界访华、在民间基础上促进复交、中日贸易前景等三大事项上达成了一致。佐伯明确传达了代表团对中国的友好态度及"一个中国"的立场。周恩来对关西财界领导人表示赞赏，并对佐藤内阁进行了严厉批评，表示中日邦交正常化只有在"佐藤任期结束后"才可能实现。另外，周恩来也表示，虽然中国经济建设的方针是以自力更生为中心，但也很重视贸易，为实现贸易和资源开发的真正扩大则必须要恢复中日邦交。由此，关西财界也认识到经济界的作用就是要说服政府。其实，代表团在离开大阪前就发表了支持"政治三原则"的谈话，回日本后又发表声明称"日本各界都应为实现日中邦交正常化而努力"。[②] 这些行为本身只是表明了他们的对华姿态，但却

---

① 《朝日新聞》1971年4月18日、20日。

② 吉村敏夫：《関西財界訪中ミッション同行記》，《財界》1971年11月1日号，第119—121页。

给东京的财界人士带来了巨大冲击，成为全体财界首脑访华及促进中日邦交正常化的声明蜂拥出现的契机。

四　王国权访日及东京财界访华

1971 年 11 月 12 日，东京财界以"东京经济人访华团"的名义来到北京，与周恩来举行会谈。团长是经济同友会的前代表干事东海林武雄（前日本飞机制造社长），团员包括木川田一隆（东京电力会长）、永野重雄（日本商工会议所会长、新日铁会长）、岩佐凯实（经团联副会长）、今里广记（日经联会长）、中岛正树（经济同友会副代表干事、三菱炼铁社长）、河合良一（经济同友会副代表干事、小松制作所社长）等日本经济界高层 9 人。

东京财界代表的访华计划始于 1971 年 1 月，最初发起人是经济同友会的木川田。但是，由于东京财界人士难以达成一致，这一计划真正获得进展，是在与中国的王国权举行会谈之后。

据木村一三证实，为摸索与东京财界的接触之路，当时以中国乒乓球代表团副团长身份访日的王晓云经木村的介绍在名古屋与今里广记举行了秘密会谈。再经今里的介绍，1971 年 4 月 24 日王晓云在东京实现了与东京财界领导人的会面。之后访问中国的木川田、今里、岩佐、河合等都参加了这次会谈。而且，王晓云还与很多政治家举行了会谈。这样，东京财界和中方进行了直接对话，在日本经济界产生了很大影响。[①]

8 月 25 日，中日友好协会副会长王国权以周恩来总理特使的身份，为参加松村谦三（1971 年 8 月 21 日去世）的葬礼而来到日本。赴日前，周恩来向王国权交待了具体任务及注意事项。[②] 王国权在抵日后一周的逗留时间内，一方面避免和佐藤内阁的相关人员接触，另一方面又努力接触各方面人士。在政界，会见了日本自民党的藤山爱一郎、古井喜实、川崎秀二、田川诚一、三木武夫，以及在野党社会党委员长成田知巳、公明党委员长竹入义胜、民社党委员长春日一幸等人。在经济界，与"老朋友"冈崎嘉平太及河合良一等人举行了会谈，8 月 30 日又与木川田、岩佐、

---

① 《王旋風に巻き込まれた財界—日中友好の促進に道開く》，《エコノミスト》第 49 卷第 19 号，1971 年 5 月 11 日号，第 10—11 页。

② 中共中央文献研究室编：《周恩来年谱》（下），中央文献出版社 1998 年版，第 476—477 页。

山下清一（经济同友会专职理事）等（4 月份曾与王晓云举行过会谈的）东京财界人士以及永野重雄举行了会谈。特别是王国权与永野的会谈具有重大意义。永野是日本商工会议所会长，由于他的出席，致使日本经济四大团体所有的代表都参加了与中方要员的会谈，努力实现中日邦交正常化的潮流开始形成。另外，被视为台湾派的永野参加了"日华合作委员会"，导致新日铁这一企业被排除出中日贸易。但是，7 月 16 日新日铁宣布将不参加 7 月底在东京召开的"日华合作委员会"第一次常务委员会，今后也不会考虑对台湾投资。这给亲台派及与台湾当局开展贸易的企业造成了很大冲击。在与王国权会谈的当天，永野担任会长的新日铁表示接受"周四条件"，并宣布将参加 9 月 2 日的访华团，且永野本人也接受"周四条件"。这不仅是新日铁方针的转变，也是身为日本商工会议所会长这样和政府关系密切的财界领导人姿态的转变。据说这对日本经济界甚至对佐藤首相都产生了巨大影响。①

基于这些会谈，日方开始计划在 10 月中旬派遣大型经济使团去中国访问。并且，王国权赞同在木川田所主张的在和平五原则的基础上，加深民间人士、新闻记者等的人员交流，通过新的累积方式来改善中日关系。

11 月 18 日，东京财界访华团在与周恩来长达两个小时的会谈中，讨论了日本、中国、美国之间的经济关系。这一访华团的成果，确保了日本经济界的对华倾斜。中方在 11 月 22 日的回国报告记者招待会上，团长东海林表示应该尽早为中日邦交正常化准备条件。其后，众多日本大企业相继访问中国。在中国恢复联合国席位后，经团联也表明了希望尽早实现中日邦交正常化的立场，日本财界内部在这一问题上取得了一致的意见。

在打开中日关系方面，日本经济界抢先一步，都直接或间接地对自民党领导人和政府官员产生了影响。例如，在美国宣布尼克松访华后，经济同友会副代表干事河合良一就向佐藤首相坦率进言：日本应该效仿尼克松，向中国打开大门。日本外务省也对经济界领导人所提出的政治要求感到了巨大压力。

1971 年 12 月 16 日，佐藤首相作为来宾出席了经团联顾问委员会第 25 次大会。佐藤的私人朋友、一直主张要和台湾当局保持良好关系的植村甲午郎在会上向首相进言：由于中国已经被联合国承认，所以日本应该

---

① 《朝日新闻》1971 年 7 月 17 日、9 月 13 日。

尽快实现与中国的邦交正常化。①

　　财界领导人对佐藤首相在转换对华政策方面的迟缓越来越感到厌烦。1972 年 1 月 1 日，财界首脑在中日邦交正常化问题上达成一致，决定成立统一的财界的"日中恳谈会"，促进中日间的人员交流等。从 1 月份开始进行协商准备，3 月 25 日在大阪举行了首次正式的恳谈会。东京财界由东海林和今里参会，与会人员就中国问题交换了意见。在此基础上，在 5 月 23 日的经团联总会上，植村甲午郎会长做了积极发言，"我们期待通过不断进行人员交流来促进日中邦交正常化"。②

　　1972 年春，在田中内阁成立之前，永野等财界领导人组成了以田中角荣为中心的"星期一会"，对意在竞选下任首相的田中给予支持。田中每月都和这一团体的领导人们聚餐，就各种问题进行商议。自民党总裁选举结束后，田中内阁于 7 月 7 日成立。在前一天，今里广记、木川田、永野等 6 人拜访田中，将包含 5 项内容的对新内阁的请愿书亲手交给了田中。③ 很明显，日本财界期待田中角荣成为开启对华交流大门的下任首相，将赌注都押在了田中内阁身上。

　　田中首相就任后，财界的"中国热"达到了最高潮。以三菱商务、三菱重工和三菱银行为中心的三菱集团，通过木村一三的介绍，收到了中方的访华邀请，并于 8 月 17 日至 29 日对北京进行了访问。在他们访华前拜访田中首相时，田中对该代表团的访华感到很高兴，表示"拥有政治影响力的三菱集团都采取行动的话，对我们这些政治家而言，事情就更简单了"。④ 8 月 23 日，在与周恩来举行会谈后，三菱商务和三菱重工被中方指定为友好商社，恢复了同中国的贸易。

　　在田中首相访华前的 8 月下旬，新日铁会长稻山嘉宽所率领的"第二次财界访华团"访问北京。稻山是 1958 年与中国签订钢铁长期易货协定的人物。该代表团由 13 位财界领导人构成，主要成员有富士银行行长岩佐凯实、三井物产顾问水上达三、日立制造厂社长驹井健一郎、出光兴

---

① 《経団連月報》1972 年 1 月号、5 頁。
② 《朝日新聞》1972 年 3 月 26 日、5 月 24 日。
③ 佐治俊彦：《財界はどう評価するか　インタビュー構成》，《中央公論》1972 年 9 月号，第 126—127 頁。
④ 山村喜晴、山本剛士：《三菱グループの華麗なる転進》，《中央公論》1972 年 10 月号，第 222—231 頁。

产社长出光计助等。关于访华的目的，稻山在出发前的记者招待会上说，"邦交正常化的轨道铺好的话，经济的列车就该发动了，我们只要像调度员一样去安排时刻表就行了"。8 月 30 日，该代表团和周恩来举行了会谈，之后与中国国际贸易促进委员会签订了贸易协定。协定的内容共有42 项，包括：签订长期合同，日本向中国提供钢铁及化学产品；中国将出口日本的天然纤维、矿产、水产品纳入其国民经济中；将石油产品定为中国向日本支付的易货贸易商品；中日贸易应该长期保持平衡，等等。这一协定象征着中日间经济关系正常化先于政治关系正常化而实现。进而，该代表团还向日本政府提出：为了扩大中日贸易，希望 5 年间开展 50 亿美元的延期付款出口贸易。①

五　周恩来与日本财界转变姿态的关系

在 1970 年以前的很长一段时期内，日本经济界领导人顾虑日本政府的立场，对于佐藤政权的"观望政治"，没有像在野党、亲中派议员联盟、民间团体那样公开表示反对。但是此后，经济界派遣访华团及支持中日邦交正常化的活动变得活跃起来。关于这一变化可以从以下三个角度进行分析。

第一，"周四条件"的提出，一下子促进了众多日本企业、商社的对华倾斜，在对"周四条件"相继表示支持的过程中，支持中日邦交正常化的明确姿态成为日本经济界的一致想法。

第二，日本经济界的这一姿态并非自始至终一直如此，而是随着四大商社及三菱集团的转变、关西财界及东京经济人士实现访华等活动开始的，经济界的主流也接受了"周四条件"并注意对华倾斜的。带来这些变化的一大原因是，周恩来总理在每一个阶段都做出相应安排，派遣王晓云、王国权等特使去日本开展工作，并亲自会见各个日本访华代表团，促进了日本国内财界意见的统一。

第三，日本财界领导人对华姿态的变化对日本政府的对华政策产生了影响，也促进了佐藤政权对华政策的变化。并且，这一变化也直接或间接地成为影响新内阁对华方针的巨大社会力量，这股力量在田中内阁刚一成立时，便构成了推动其对华方针走向积极方向的社会压力，最终促成了田

---

① 《朝日新闻》1972 年 8 月 25 日。

中首相在新内阁诞生仅三个月后就实现了访华。

　　总之，因"周四条件"的提出而对华倾斜的日本经济界所采取的行动对日本政府转变对华政策产生了巨大影响，成为实现中日邦交正常化的重要动力。

第二节　对日本社会各界的声援

　　在中日两国政府没有直接接触的时代，为给实现中日邦交正常化铺平道路，除了经济界之外，中方也对日本的在野党、自民党的亲中派议员集团以及日本各界的民间团体展开了积极工作。在这一过程中所形成的中国政府和日本民间的沟通渠道，对战后中日间的交流发挥了重大作用，同时也在帮助中国政府了解日本国内信息、向日本国内传递中国政府的想法方面发挥了重要的桥梁作用。1970年上半年，周恩来向日本的企业及商社提出了"周四条件"，促进了日本经济界的对华倾斜。从1970年下半年开始，周恩来开始了促使日本的在野党和社会各界认同"复交三原则"的工作。本节主要论述周恩来是怎样促使日本的在野党和社会各界认同"复交三原则"、又是怎样在日本社会掀起"中国热"的。

一　与在野党的交流

　　当时的日本主要有四个在野党，即社会党、公明党、民社党和共产党。在对华关系方面，在野党长期保持着积极态度。

　　表3-1是笔者基于《日中恢复邦交相关资料集》①　中收录的"国会议员访华名册"等资料而制作的，从中可知日本各政党与中国关系的变迁。

表3-1　　　　**日本国会议员访华人数（1949—1972年9月）**　　　单位：人

年份	自民党	社会党	共产党	公明党	民社党	其他※
1949—1952年						
1952年						2
1953年	4（自由党）	7	1			8

———————
　　①　日本促进恢复日中邦交议员联盟编：《日中恢复邦交相关资料集》，1974年版，第587—596页。

续表

年份	自民党	社会党	共产党	公明党	民社党	其他※
1954 年	10（自由党）	15	2			16
1955 年	29	39	2			8
1956 年	7	1	1			3
1957 年	7	1	1			2
1958 年	2	1	1			1
1959 年	8	2	2			1
1960 年	1					
1961 年	4	5	5			1
1962 年	10	18				
1963 年	6	13	1	1	1	
1964 年	11	32				
1965 年	6	1				
1966 年	19	12				
1967 年	1	3				
1968 年	3	2				
1969 年	3	2				
1970 年	7	13				
1971 年	23	11		9	3	
1972 年	45	28		13	7	
合计	206	269	16	23	11	42

出处：笔者制作。※是指绿风会、改新党等。

由表 3 - 1 可以发现以下四点内容：

第一，1952 年 5 月，如前所述，高良富、宫腰喜助、帆足计三人经由莫斯科来到北京，完成了日本政治家的首次对华访问。

第二，"55 年体制"形成后，虽然日本自民党在国会中所占席数的比例较高，但从 1955 年到 1972 年 9 月中日实现邦交正常化为止，日本自民党访华的议员数还不及日本社会党。社会党访华议员人数最多，占访华议员总数的一半（尤其是 1971—1972 年急剧增长）。

第三，到 20 世纪 60 年代前半期为止，日本共产党一直和中方保持交流，但其后与中国共产党在意识形态方面产生了分歧，之前的亲密关系急剧变化，议员访华终止。因此，日本共产党被排除在了中日邦交正常化的舞台之外。

第四，公明党国会议员访华团和民社党国会议员访华团始于 1971 年，这一年，公明党议员总数的约 20% 访问过中国。相应地，1971 年，自民党议员的 6%、社会党议员的 12% 来华访问。并且，社会党在发展对华关系方面一直持积极态度，从 50 年代开始与中国政府的联系也最为密切。由此可知，在 1971 年以后，中日邦交正常化进程迎来最后阶段的时期，不仅是社会党，公明党也对中日关系起了很大的正面作用。

1. 与社会党的交流

作为第一大在野党的社会党，早在 1957 年 4 月就已经由浅沼稻次郎总书记率代表团对北京进行了首次正式访问。该代表团访华的目的是促进中日邦交正常化，毛泽东、周恩来亲自接见代表团并给予准国宾待遇。4 月 15 日，周恩来在接见代表团时谈到中日邦交正常化的步骤，"我们的想法是，先从中日两国人民进行民间外交，再从民间外交发展到半官方外交。要使日本人民了解台湾是中国的一部分，希望社会党做出努力"。① 会谈后，浅沼对记者说，"周恩来赞同我们的对华政策，我党今后将持续开展民间运动，为日中恢复邦交而努力"。4 月 22 日，浅沼总书记与中国人民外交学会会长张奚若的共同声明发表。声明中明确表示，日本政府应该尽可能恢复与中国政府"正式且完全"的外交关系；"台湾问题"是中国的内政问题，不应该采取任何形式的"两个中国"的政策；应该尽快恢复中国在联合国的合法席位。这是中国和日本间首次发表这样的声明。

1959 年 3 月，社会党派出了以浅沼总书记为团长的第二次访华团。3 月 12 日，在北京中国人民外交学会主办的大会上，浅沼作了关于中日关系的讲演，对岸信介内阁的外交政策进行了批判。讲演中浅沼提及"台湾问题"和冲绳问题，并表示，"美帝国主义是日中两国人民的共同敌人"。第二天，浅沼在北京广播电台再次做了题为"美国是日中两国人民的共同敌人"的讲演。这一发言也传到了日本，在日本国内引起了支持和反对的两种议论。笔者看了当时的报纸，感觉批评的意见居多。

3 月 15 日，周恩来接见了社会党代表团及同行的日本新闻记者团，

---

① 中华人民共和国外交部、中共中央文献研究室编：《周恩来外交文选》，中央文献出版社 1990 年版，第 227—229 页。

高度评价浅沼的讲演并表示感谢，同时对岸内阁"政经分离"的对华政策进行了严厉批判。在会谈中，浅沼表示，"我们正在推动的通过民间外交（国民外交）来打开中日关系的政策，希望能得到贵方的支持"。对此周恩来回应道，"中国在这5、6年间一直努力改善中日关系，但这种累积式的努力也被岸（信介）内阁敌视中国的政策所破坏，因此社会党所主张的通过民间外交来打开两国关系的做法已经不可能实现，现在除了通过政府间的对话来寻求政治性的解决之外已别无他法"，断然否定了通过民间外交来实现中日邦交正常化的可能性。周恩来进一步说："中国从这件事［岸（信介）首相的反华姿态］上学到了很多，知道了通过日本国民和中国人民的友好往来来推动政府的做法是行不通的。至少在岸信介首相的政策下这是不可能的。通过民间贸易来恢复两国关系、建立政府人员的联系也是无法实现的。应该在两国的国家之间、政府之间处理的事情还是必须在政府之间解决。两国政府应通过直接接触来解决问题。"

周恩来的这一发言，指出了通过民间外交来实现中日邦交正常化的局限性，明确表示政府间的直接交涉是恢复邦交的唯一道路。第二天，《朝日新闻》的头版以"民间外交是行不通的"为题对这次会谈的内容进行了详细报道，在日本国内引起了巨大反响。

基于周恩来和浅沼的会谈内容，3月17日，日本社会党和中方再次发表共同声明。声明中指出："美帝国主义是日本人民和中国人民的共同敌人"、"美军应该立即从日本撤退"。这一激进的共同声明，遭到了包括社会党右派在内的日本政界及右翼政治势力的反对。由于种种原因，右翼团体的一名成员在1960年10月刺杀了正在讲演中的浅沼。

浅沼遇刺事件，虽然没有对社会党和中国继续发展友好关系产生直接影响，但1962年的第三次访华代表团以及1964年的第四次访华代表团在和中方的共同声明中都极力避免引用浅沼关于"共同敌人"的表述，而只是停留在继承"浅沼精神"的表达上。[1]

其后，中国开始了"文化大革命"，中日关系也陷入停滞，与日本社会党的交流中断。社会党派遣第五次访华团是在1970年10月。在这之前的1969年，中国共产党第九次全国代表大会召开。在国内政治方面，大会旨在收拾混乱的局面，而在外交上则是与苏联激烈对立，反之与美国则

---

[1] 古川万太郎：《戦後日中関係史》，原书房1988年版，第172页。

暗中开始了相互接近的尝试。值此之际，打开对日关系也被中国领导人提上了日程。另外一个背景是，1970 年以后，中国开始对佐藤政权"军国主义复活"的可能性进行激烈批判，想让日本社会党等也加入批判佐藤的统一战线。因此 1970 年 8 月，继社会党前委员长佐佐木更三访华之后，现任委员长成田知已率社会党访华团时隔 6 年再次访问中国。虽然在军国主义复活的可能性上双方还存在认识上的分歧，但在与周恩来会谈后，社会党访华团与中日友好协会发表共同声明，社会党关于实现中日邦交正常化的基本方针——"四原则"被写进了共同声明。①

1972 年，中国所处的国际环境发生了很大变化，把握这样一个时期，在在野党中最先参与推动中日邦交正常化运动、通过活动迫使政府和自民党转变政策的便是社会党。特别是佐佐木前委员长于 7 月 14 日至 20 日对中国进行的访问，是中日邦交正常化过程中社会党所做出的最大、最直接的贡献。在佐佐木临近访华前，田中内阁成立。出发前，佐佐木会见了田中首相及大平外相，询问他们的想法。田中表明态度："关于台湾问题的处理我有绝对的把握。我承认'复交三原则'。"

佐佐木和周恩来的会谈在 7 月 16 日和 19 日举行过两次。佐佐木在介绍了日本政界的情况之后转达了田中内阁的对华政策："我是在会见田中首相之后来这里的。首相的决心坚定，决意排除国内的反对派，全力实现日中邦交正常化。"周恩来立即表示："欢迎田中首相和大平外相访问中国。"在会谈中，对于如下问题，周恩来进一步显示出积极的姿态。即：欢迎田中首相和大平外相访问北京；即便在中日邦交正常化后，和以前的老朋友及友好商社之间仍将进一步深化友好关系；在恢复邦交的交涉中，不使用经由第三国的外交路径；在恢复邦交的谈判开始之际，首先由两国总理直接会面进行坦率的意见交流；为田中首相的专机能够直达北京做好安排；接待标准比照接待尼克松时的标准，等等。② 佐佐木回国后，立即将这些信息转达给了田中及大平。

---

① "四原则"内容如下：①反对美帝国主义及日本军国主义的复活，为废除《日美安保条约》，要团结亚洲各国人民的反帝力量；②同一切敌视中国的政策做斗争，在一个中国的立场上要求废除《日华和平条约》，基于和平共处五项原则和"复交三原则"，为实现中日恢复邦交而努力；③基于中日真正友好和政经不可分的立场，扩大贸易、文化、友好等各领域的两国人民的交流；④广泛聚集日本国内希望日中真正友好和支持日中恢复邦交的力量，组成联合战线。

② 王泰平：《田中総理訪中前の周総理の対日アプローチ》，石井など：《記録と考証日中国交正常化・日中平和友好条約締結交渉》，岩波書店 2003 年版，第 271 頁。

周恩来对田中的邀请虽然是口头上的，但实际上也表达了中国政府的正式邀请，由此田中首相访华开始了首次正式探寻。

2. 与公明党的交流

在中日邦交正常化趋势高涨的这一时期，公明党正处于第二大在野党的地位。公明党在 1969 年 1 月第七次党大会上发表了《日中邦交正常化的途径》一文，并将其正式确定为"公明党的外交、安全保障政策"。其中提出了承认中国，建立正常邦交；积极推进中国加入联合国；北京和台湾的问题是中国的内政，不予干涉；废除"吉田书信"；促进政府间的贸易；促进与中国的文化交流等 6 项主张，并且表示"为实现这些政策，我们倡议举行日中首脑会谈和签订日中基本条约"。公明党的这些对华政策受到周恩来的高度评价，经自民党古井喜实的斡旋，1971 年 3 月，竹入义胜与访日的王晓云在福冈的西铁宾馆举行了秘密会谈。6 月 8 日，竹入发表谈话首次将废除《日华和平条约》作为公明党的政策。[1] 第二天，中方发来了欢迎访问的电报，以竹入义胜委员长为团长的公明党代表团在 6 月实现了首次访华。

6 月 17 日到达北京的公明党访华团，从第二天开始，就与中日友好协会副会长王国权等人进行了多次会谈。会谈中，在关于日本军国主义的复活问题及美帝国主义的侵略政策问题上，双方的意见针锋相对，虽然会谈持续了近 10 天但仍未能达成一致。在这一情况下，访华团决定放弃签订共同声明准备回国，就在此时，6 月 28 日突然实现了同周恩来总理的会谈。周恩来说，"我们是中国共产党，诸位是公明党，双方不可能在所有问题上取得一致"，最终将公明党关于中日恢复邦交的几项主张归纳为"五项原则"，中方对此表示赞同，以此为基础双方签署了共同声明。[2]

"五项原则"的内容如下：

第一，只有一个中国，中华人民共和国是代表中国人民的唯一合法政府。坚决反对制造"两个中国"和"一中一台"的阴谋。

第二，台湾是中国的一个省，是中国领土不可分割的一部分。"台湾问题"是中国的内政问题。坚决反对"台湾归属未定"论。

---

① 胡鸣：《关于中日邦交正常化过程中竹入义胜身份的考证》，《中共党史研究》2008 年第 5 期，第 51—58 页。

② 《读卖新闻》1971 年 6 月 30 日。

　　第三，《日华和平条约》是不合法的，必须废除。

　　第四，美国占领中国台湾及台湾海峡地区是一种侵略行为，美国必须从台湾及台湾海峡地区撤走其所有武装力量。

　　第五，恢复中华人民共和国在联合国所有机构及作为安全保障理事会常任理事国的合法权利，必须将蒋介石集团的代表从联合国中驱逐出来。坚决反对妨碍中国恢复以上合法权利的一切阴谋。

　　周恩来亲自出面，实现了公明党和中方共同声明的签署，这具有划时代的意义。共同声明的五项内容后来被提升为"复交三原则"，作为中国首次提出的中日邦交正常化的基本条件，成为之后中日间交涉的基本原则。① 可以认为，此前20多年中日两国通过多种途径和交涉而积累起来的关于中日邦交正常化的协议事项，在国际形势发生戏剧性的变化面前，被总括为以废除《日华和平条约》为中心的形式并取得成果。并且，周恩来与竹入通过这次会谈，相互之间建立了信赖关系。这一信赖关系促使一年后竹入在中日邦交正常化谈判过程中发挥了极其重要的作用。

　　1972年5月，以副委员长二宫文造为团长的公明党第二次访华团来访。15日晚，周恩来与代表团进行了长时间会谈，详细询问了后佐藤时代的"角福战争"。访华团向他确认了田中角荣成为下任首相的可能性很大，于是周恩来拜托二宫在绝密情况下将如下内容转达给当时的通产大臣田中，即：中日复交是很复杂的问题，必须通过政府间的会谈来解决；如果田中在就任首相后来华访问，我们表示欢迎。我将尽地主之谊，决不会让对方感到为难或羞辱。

　　在日本政局尚不明朗的时期，周恩来针对下届政权展开了中日邦交正常化的接触，在没有附加任何条件的情况下发出了邀请新首相访华的信息。这其中包含了周恩来统观日本政局、对所有可能性都能做出应对的深谋远虑。当中包含了周恩来两方面的愿望：一是如果田中当选首相，就会促使其尽早访问中国；二是如果福田当选首相，也希望公明党在日本国内持续开展全民性的中日邦交正常化运动。

　　二宫在回国后的第二天，就和竹入一起会见了田中，向其传达了周恩来邀请其访华的信息。2个月后，竹入应周恩来的邀请实现了第二次访

_____

　　① "五项原则"中的第四项和第五项经尼克松访华和中国恢复联合国合法席位而得到解决，其余3项则构成了"复交三原则"。

华，公明党领导人再次承担了周恩来的"信使"角色（关于竹入成为周恩来"使者"一事将在下面做详细论述）。但毫无疑问，在中日邦交正常化过程中，公明党一直发挥着重要的桥梁作用，对中日邦交正常化的迅速实现做出了巨大贡献。

3. 与民社党的交流

在对华关系方面，日本在野党中，除了日本共产党之外行动最为迟缓的就是民社党，其于 1972 年 3 月派出了首个访华团。1971 年 8 月，为参加松村谦三的葬礼而到访日本的王国权曾在短暂的日程安排中，与民社党委员长春日一幸举行了会谈，双方一致同意"今后要友好往来"，由此开始了正式交流。

与社会党和公明党相比，民社党在"台湾问题"上始终态度含糊。在 1970 年 2 月民社党代表大会上，一方面通过了新的对华政策，主张"日本和中华人民共和国之间应该迅速开始正式的大使级会谈"，提出要"促进中华人民共和国加入联合国"，另一方面又呼吁"在尊重台湾人民意见的基础上来解决台湾的地位问题"——即坚持所谓"一中一台"，或"两个中国"的立场。但是，由于"尼克松冲击"和日本国内形势的变化，民社党不得不调整其对华政策。在 1971 年 8 月的"王、春日"会谈后，民社党完全转向了"一个中国"的立场。在 9 月 8 日举行的佐藤首相和在野党党首的会谈中，春日明确表示了民社党新的对华政策，即只有一个中国；北京政府是代表中国的唯一正统政府；台湾是中国的领土；"台湾问题"是中国的内政问题，应由北京政府负责和平解决。① 另外，春日建议佐藤，要在尼克松访华前对中国进行访问。一个月后，周恩来决定邀请春日所率领的民社党代表团来华访问。

1972 年 3 月，在民社党大会结束后，以春日为团长的民社党第一次访华团访问北京。根据周恩来的安排，王国权参加了会谈。由于在中日邦交正常化问题上中国坚持"复交三原则"的态度强硬，最终会议达成了中方所希望的结果。民社党方面不仅承认了此前从未主张过的"复交三原则"，而且同意将"双方认为上述原则是中日恢复邦交的前提，必须坚决贯彻执行"的观点也写进与中日友好协会发表的共同声明中。至此，中方与社会党及公明党在共同声明中所确认的复交原则也为民社党所接

---

① 《朝日新聞》1972 年 9 月 9 日。

受，并明确规定其为中日邦交正常化实现的前提条件。不过，民社党与中日友好协会的共同声明同此前的在野党外交相比并没有获得新的进展。春日在回国后的记者招待会上说：（"复交三原则"）对中国而言是不会动摇的原则问题，中国在这一原则问题上不会退让也不会有所松动。因此，如果日本政府不能承认该原则，就不能与中国实现邦交正常化。在承认"复交三原则"之前，希望通过某些形式进行政府层面的交涉和接触是不太现实的。"① 春日的发言不仅说出了访华的感想，也向田中政权传达了周恩来的信息，即"复交三原则"是中国政府在实现中日邦交正常化问题上不可动摇的条件，中方不可能在"台湾问题"上做出模棱两可的妥协或让步。

4. 与日本共产党的关系

1965 年，日本共产党与中国共产党在意识形态上的对立趋于表面化，1966 年 3 月宫本显治总书记所率领的访华团与中方首脑在共同声明方面发生决裂。以这次访问为分歧点，此前双方的亲密关系突然转变，两党断绝交流。

关于这一事情的原委，中方至今都还没有正式公布其过程，而日本共产党对这一决裂真相的说明则是："因为日本共产党拒绝了会谈中中方所提出的三点要求：要求日共对苏联采取等同美国的敌意；要求日共全面接受毛泽东思想；毛泽东要求宫本准备武装起义"。②

此后，两党间开始了带有敌意的论战，中国共产党将日本共产党视为日本人民和中国人民的"四大共同敌人"之一，与美帝国主义、苏联修正主义和"反动的佐藤政权"一起进行批判。日本共产党陷入了进退两难的境地，一方面反对以毛泽东为代表的中国共产党，另一方面还在支持中国恢复联合国合法席位以及废除《日华和平条约》等。

在中国对日本共产党失去信心之后，只要是亲中国反日共的势力，不论是日本国内的何党何派，从最左翼的激进派到自民党议员，中国都一概欢迎。例如，邀请反日共阵营的西泽隆二、岩村三千夫、古谷庄一郎等人来中国，并出现了西泽在天安门上和毛泽东握手的一幕。③

---

① 《朝日新聞》1972 年 4 月 15 日。
② 池井優、須藤真志：《中国共産党の日共批判》，《季刊　现代中国》1972 年 1 号，第86—87 页。
③ 同上书，第 87 页。

另外，中国在为实现中日邦交正常化而进行积极的对日接触过程中也展开了邀请外交，社会党委员长成田知巳和前委员长佐佐木更三、自民党议员藤山爱一郎、公明党委员长竹入义胜、民社党委员长春日一幸，以及反日共阵营的日中友好协会正统劳动者学习代表团、日本军事基地斗争妇女代表团、日本促进国际贸易访华团等，无关意识形态的各方人士均受邀访问中国，每次周恩来都举办友好的欢迎宴会来热情接待。周恩来对日本所做的大量积极工作在日本国内引发了一股"中国热"，所剩下的就只有日本共产党和佐藤政权了。

关于当时中国共产党和日本共产党的关系，中共中央联络部副部长张香山在 1997 年于东京召开的纪念中日邦交正常化 25 周年演讲中说道，"战后，两党的关系非常好，但之后在意识形态和政策层面逐渐有了分歧。中苏两国共产党开始了论争，在越南问题上立场的不同也导致了论争。进而，（1966 年）围绕中日共产党的共同声明，在是否指名反对苏共的修正主义问题上也产生了分歧。毛主席反对（日本共产党的观点），中方对日本共产党施加了压力。我承认当时我们犯了很多错误"。[①]

虽然日本共产党一贯采取赞成实现中日邦交正常化的立场，但由于两党关系恶化，日本共产党未能登上中日邦交正常化的舞台。

二 在日本社会掀起"中国热"

1. 上海舞剧团的日本公演

在田中内阁成立 3 天后，1972 年 7 月 10 日，中国按照预定计划，将"文化大革命"开始后的首支大型文化使团——上海舞剧团派往日本公演。其目的是在自民党新内阁成立之际，通过艺术活动一举促成中日友好的氛围。在"文化大革命"期间，许多艺术家遭到批判，离开工作岗位被下放到农村。为了组建大型文化使团，中国政府从上海舞蹈学校选拔人员，将 200 多人的代表团派往日本。一位代表团成员回忆道："访问前我们受到教育，去日本的目的是进行政治斗争。到日本后，不能随便离开宾馆，不能看电视，为防止在房间说话时遭到窃听，要打开淋浴喷头让水流出来。"[②] 担任上海舞剧团团长的是中国对日工作中访日次数最多的中日

---

① 《朝日新闻》1997 年 9 月 25 日。

② 钱世锦：《20 年前的芭蕾外交》，《文汇报》1992 年 11 月 13 日。

友好协会副秘书长孙平化。孙平化也是中日"备忘录贸易"驻东京办事处前首席代表，在日本各界有很多朋友。

在派孙平化赴日前，为了应对后佐藤政权的成立，周恩来派遣肖向前赴任中日"备忘录贸易"办事处驻东京联络处首席代表（这一职位已空缺了 5 年）。关于周恩来做出这一决定的背景，肖向前在回忆录中这样说道，"周总理虽然预计田中比福田更有可能当选首相，但为了安全起见，还是为可能出现的不利结果做好了准备，采取万全之策以争取获得好的结果。也就是说，周总理已经做好心理准备，假如福田当选首相，中日不能立即复交，那么也将会为此做出长期的努力。因此，在日本下任首相还未确定的时候，尽快将首席代表派往日本。因为如果出现了某些状况（比如说关系恶化），那时就将无法赴任。我没有带很多的随行人员，也没有做充分的准备，只和妻子以及接发电报的工作人员一行 3 人匆匆忙忙离开了北京。在选举结果出来之前的 7 月 1 日到达香港，7 月 3 日抵达东京"。①

孙平化后来证实，这时的访日任务是实现田中访华，为实现中日邦交正常化打好基础。上海舞剧团在到达东京后的第二天（即 11 日下午），在东京赤坂宾馆举行了记者招待会，孙平化表示："寻求中日两国关系正常化，已经成为不可阻挡的历史潮流，中国方面没有任何障碍"，并且"我本人也想见一见日本的老朋友、新朋友和各方面的人士"。②

上海舞剧团在日本的首次公演于 1972 年 7 月 14 日在东京日比谷的日生剧场举行。在实现中日邦交正常化形势高涨之时，可容纳 1200 多人的会场座无虚席，有来自政财界的人士、文化界人士以及中日友好商社、在日华侨等各界相关人员。三木国务大臣、中曾根通产相、促进恢复日中邦交议员联盟会长藤山爱一郎、社会党委员长成田、公明党委员长竹入等都出席了开幕式。除了财界人士新日铁会长永野之外，中岛健藏等众多文化界人士也都出席了活动。孙平化、肖向前两人利用幕间休息时间，与三木和中曾根这两位现任内阁成员展开了"大厅外交"，双方交谈了很久。表演结束后，"中日两国人民友好万岁"的横幅挂上了整个舞台，两位内阁

---

① 肖向前：《口述历史：破冰之旅中日建交珍闻》，《纵横》2007 年第 6 期，第 49 页。
② 《日中国交回復の扉はこうして開けられた——孫平化（中日友好協会会長）独占インタビュー》，《中央公論》1992 年 8 月号，第 154 页。

成员也和观众一起送上了热烈的掌声。

1972 年 7 月 20 日，藤山主持了欢迎孙平化和肖向前的宴会，上述二人和大平外相、桥本登美三郎干事长等自民党的 3 位负责人，社会党、公明党、民主党等在野党党首，以及新日铁社长、三菱商务社长等财界要人都出席了宴会。席间，经藤山介绍，孙平化和大平外相初次相识。大平离开时，孙平化来到大平身边，表情认真地再次表达了希望和田中及大平举行会谈的愿望，大平点头表示同意。当时，双方首先将大平和孙平化的会谈定在了 22 日。

孙平化在努力寻求与田中首相、大平外相进行接触的同时，也积极与日本的政界、财界、民间要人进行接触。19 日，自民党的中村梶吉议员到访首相官邸，向二阶堂官房长官报告了 18 日与孙平化就实现中日邦交正常化进行会谈的情况。中村说，孙平化对实现中日邦交正常化态度非常积极，强调实现正常化的"捷径"有很多，明显暗示了孙平化本人及中日"备忘录贸易"办事处驻东京联络处扮演中日邦交正常化的重要桥梁角色的可能性。孙平化还敦促道："在中日邦交正常化问题上，虽然自民党内的意见统一也很重要，但我认为重要的是不要错失时机。"[1]

孙平化、肖向前二人也和之前访问日本的王晓云、王国权一样，积极与日本经济界的领导人举行了会谈。19 日下午，日本国际贸易促进协会举办了庆祝肖向前就任首席代表的聚会，冈崎嘉平太、藤山爱一郎、新日铁会长稻山等财界和政界的 700 多人参加。肖向前做了一番积极的发言："我们期待两国的贸易往来能够更进一步，同时也将努力促进中日邦交正常化早日实现。"20 日，孙平化和肖向前应三菱银行等的邀请，与该集团各公司的首脑一起聚餐。这是中方首次接受某一特定集团的邀请。经过这次会谈，7 月 31 日，中方发出了对三菱集团的访华邀请，8 月 14 日，三菱集团的领导班子出发前往中国。这是日本企业集团的首次访华，周恩来亲自接见了代表团，"显示了对单个企业集团的最高级别的款待"。在战后日本经济界拥有巨大影响力的三菱集团的华丽转身，进一步促进了日本经济界的对华倾斜。财界的视线已经转向了实现中日邦交正常化后与中国的长期经济合作上，通过与孙平化和肖向前的会谈，东京和关西财界都开始积极推进派遣代表团访华的工作。

---

[1] 《朝日新闻》1972 年 7 月 15 日、7 月 20 日夕刊。

7月26日，在日本经济界扩大对华贸易之际，中曾根通产相批准了总额相当于1亿美元的对华（基于进出口银行资金的延期付款）出口计划。

2. 实现最初的飞机直航

7月21日，中日双方同意，在上海舞剧团回国时，由日航、全日空的专机直飞上海，将上海舞剧团一行208人送回。关于这一问题，藤山在当天的记者招待会上说，"17日，我向孙平化、肖向前二位探询其回国时是否可以直飞上海，二人便立即与本国政府商讨。中国同意了此事，确实让我们感觉到了其积极的对日姿态。我想今后如果中方提出直飞东京的希望，田中首相是不会拒绝的。我感觉这实质上就已经是相互直航的开始了"。①

在此之前，往来于中国大陆和日本之间的航线需要经过香港，上海舞剧团在来日本的时候也是从香港转机至东京。在收到藤山的提议后，孙平化立即向中国政府报告，并提出个人意见，"由于舞剧团全体成员的回国机票等均已准备完毕，因此没有必要乘坐直达班机"。然而，周恩来做出的指示是"不对，很有必要，这是政治！"周恩来在听取了孙平化的报告后便立即向上海市政府做出指示："为此做好准备，对孙率舞剧团回国做盛大欢迎。对日方机组的接待不能次于对美机组"。②

上海舞剧团在日期间，在东京、大阪、京都、神户和名古屋5座城市上演了13场以中国的农村革命为题材、象征着文革中革命艺术的现代芭蕾舞剧"白毛女"和"红色娘子军"，同时还与日本各地的劳动者举行联欢会，在日本民间提升了中日友好的气氛。日本的报纸盛赞上海舞剧团的外交成果："这一超过200人的首支大型文化使团所进行的'芭蕾外交'，在继去年的乒乓外交打破'美中壁垒'之后，在38天的访日期间，急速推进了日中两国的邦交正常化。"

上海舞剧团回国时，参议院议长河野谦三，自民党日中邦交正常化协议会会长小坂善太郎等政界、财界及华侨等各界代表与民众约一千人参加了羽田机场的欢送会。

回国的上海舞剧团自己也没有想到，会有3000多人聚集在上海机

---

① 《朝日新闻》1972年7月22日。

② 孙平化：《我的履历书》，世界知识出版社1998年版，第91页。

场，欢迎上海舞剧团一行及同行的日中文化交流协会理事长中岛健藏等日本友人。孙平化在回忆录中披露了回国时所受到的最高级别的待遇："飞机在上海机场着陆后，两三千人敲锣打鼓地列队欢迎我们。我们在自己的国家受到国宾的待遇，颇感意外，有点不知如何是好。当时的中央领导王洪文前来迎接，他率代表团绕场一周，向欢迎群众致意。他请我走在前面，我坚持一直走在他后面，以免事后他们找我的麻烦"。①

这次的盛况欢迎全部出自周恩来总理的安排。中国外交部的退休官员证实这些都是来自于周恩来的指示，并对此做了如下说明：周恩来指示，要用接待外国贵宾的待遇来迎接上海舞剧团，其真正目的，其一是为了向日方传达对这次上海芭蕾舞团访日（包括孙、肖二人同日本政府首脑的会谈在内的）所获成果的肯定，其二是要向日方传递一个信号，将来田中首相访华时，中方会接受其飞机的直航，并且通过这次直航，为在上海迎接田中一行做好准备。② 实际上，将当时正处于上升期的王洪文派往机场迎接，只可能是周恩来或者毛泽东。但是毛泽东对如此细小之事做出指示，在当时的情况下基本是不太可能的。

孙平化刚到上海就有来自北京的电话催促其速回北京向周恩来报告。次日晚上，"对日活动组"成员王晓云前来北京机场迎接孙平化。王晓云对孙平化说："行李赶紧交给家人，你和我一起去人民大会堂吧。周总理正在那里等着呢。"孙平化这样描述同周恩来见面的情形："我们匆忙赶往人民大会堂。一进人民大会堂，就发现偌大的大厅里周恩来总理一个人坐在那里等着。离上次见总理已经有 5 年了。"文化大革命"时既没有机会、也没有资格见总理。看到总理于深夜时分，一个人坐在人民大会堂的大厅里等候的情形，我非常感动。周总理很高兴地听取了我的报告。"③

在上海舞剧团回国后的 8 月 16 日，中国具有代表性的报刊《光明日报》在第一版大幅报道了其回国的情况。这篇报道以"日本人民对中国人民的深厚友情"为题记录了上海舞剧团成员访问日本的感想，表达了日本人民对中国的深厚感情以及对实现中日邦交正常化的强烈愿望。"芭蕾外交"不仅在日本社会掀起了一股"中国热"，在中国国内也提升了

---

① 孙平化：《我的履历书》，世界知识出版社 1998 年版，第 90 页。

② 中国外交部新闻司前副司长、中日邦交正常化谈判中担任大平外相和姬鹏飞外交部长会谈翻译的周斌于 2008 年 1 月 24 日在上海接受笔者采访时如是说。

③ NHK 取材班：《周恩来の决断》，日本放送出版协会 1993 年版，第 123—124 页。

"中日友好"的氛围。实际上，之后在中国国内举办的有关"中日邦交正常化的必要性"的劝导、教育集会上，上海舞剧团成员讲述亲身体历，发挥了很大作用。

由以上论述可知，将孙平化率领的上海舞剧团前往日本、孙平化与日本各界尤其是与政府首脑举行的会谈和交涉都是在周恩来的指挥下进行的。另外，当日方提出派飞机直航上海送上海舞剧团回国时，周恩来敏锐地捕捉到了来自日本政府的信息，在孙平化向国内报告机票已准备好（对中国而言，当时购买飞机票需要使用很宝贵的外汇，因此这是一件很重大的事情），故无需直航飞机这一个人意见时，周恩来指示，"不对，很有必要，这是政治！"中方抓住了向日本政府做出回应的良机。"于细小问题上发现重大意义，并加以灵活运用"，这一周恩来外交的智慧在此处也得到了体现，周恩来在孙平化等当事人还都没有意识到的情况下，就直接向田中内阁发出信号：在其访华之际可以直航。

第三节 对执政党及田中内阁的态度

一 "不与佐藤政权交往"

日本对华邦交正常化，在时间上跨越了两位领导人的政治时期，即佐藤荣作时代和田中角荣时代。佐藤从 1964 年 11 月至 1972 年 7 月任内阁总理大臣，而田中的任期是 1972 年 7 月至 1974 年 12 月。

佐藤首相在 7 年半任期内的对华政策是追随美国、对华封锁的政策，压制国内要求恢复中日邦交的政治诉求。但是，如果认为佐藤就是反中国、反中日邦交正常化，又是过于简单的判断。佐藤内阁最大的外交课题是实现冲绳归还，由于战后日本的历届政府都将日美关系作为基础，因此在对华关系上，日本也不能无视美国的意向，而是要以不影响日美关系为前提。1965 年以后越南战争的爆发，中美关系陷入更加对立的局面，而中国又开始了"文化大革命"，中日间通过"累积式"外交来发展关系的做法实际上已经变得不可能。其中，佐藤政权既有不得不追随美国对华战略的无奈，又有在面对拥有核武器、在"文化大革命"中打出激进口号的中国，其与美国共同应对中国"威胁"并对中国进行封锁的意图。

从日本外务省于 2008 年 12 月公开的日本政府的内部文件，可以看出，日方对于 1964 年 10 月中国核实验取得成功时内心是多么的恐惧。

根据这些文件可知，在中国核实验成功 3 个月后的 1965 年 1 月，佐藤首相首次访美。在日美首脑会谈中，佐藤向约翰逊总统强烈要求美国运用"核保护伞"，在日本受到核攻击时运用美国的核武器进行报复，约翰逊回答"我保证"。特别是在与麦克纳马拉国防部长的会谈中，佐藤首相作了发言，这一发言出自一位后来以"无核三原则"闻名世界的诺贝尔和平奖获得者之口，让人难以想象。[①]

"日本坚决反对拥有或使用核武器。虽然日本在技术上并非造不出原子弹，但我不认同法国总统戴高乐的想法（独自开发核武器）。我希望对将核武器带入陆地上一事要谨慎发言。当然，如果爆发战争的话则另当别论，我们期待美国（在核战争爆发时）立即进行核报复。那时，在陆地上建造核武器所需设施也许并不简单，但若是在海洋上则可以立即启动。"

自此以后，佐藤内阁依赖美国的军事力量，对拥有核武器并在越南战争中与美国对抗的中国持续采取封锁政策。同时佐藤首相在 1969 年访美时公然宣称"台湾是日本的生命线"，更加激起了中国的愤怒，成为 1970 年 4 月以后中国兴起的批判"日本军国主义复活"运动的导火线。在这种持续的敌对状态下，佐藤政权和中国之间形成了无法修复的隔阂。

1971 年 7 月 15 日公布的尼克松总统的访华决定，引起了全世界的反响，特别是给日本造成了巨大冲击。佐藤得到美方关于发表尼克松访华决定的通知，仅在尼克松总统向美国国民发表电视演说几分钟之前，这使得佐藤首相陷入混乱状态。他在 7 月 16 日的日记中无法掩饰内心的震惊，"今天的重大新闻，不管怎么说都要算是华盛顿和北京同时发表的、美国尼克松总统将于明年 5 月之前访问北京一事。牛场大使在消息发表前仅 2 个小时才接到美国国务卿罗杰斯的通报，在正式发表前保密工作做得滴水不漏"，他描述自己的心情，"尽管如此，北京不附加任何条件就同意尼克松访华令人意外"，他感到"被美国和中国打败了"。[②] 事实上，其他西方各国的情况也是一样，在消息宣布前才得到通报，并非只有日本被"越顶"了。但和其他西方国家不一样的是，日本可以说是战后长期承担美国对华封锁政策的实际执行者，在仅仅不到 1 年前的 1970 年 10 月的日

① 《朝日新闻》2008 年 12 月 22 日。
② 佐藤荣作：《佐藤荣作日记》第 4 卷，朝日新闻社 1999 年版，第 377 页。

美首脑会谈中，尼克松总统还明确承诺在中国问题上与日本政府继续紧密合作。另外，日本外务省亚洲局局长也于 1971 年春在华盛顿与美国达成一致，日美在（对华）邦交正常化问题上将保持共同步调而不应抢先行动。因此，直面美国新对华政策的佐藤政权，相比其他西方国家而言"遭到背叛"的感觉更加强烈。在世界上大多数国家看来，日本实际是美国外交、安全保障战略中可使用的一枚棋子，并非像英国那样是与之协商再做决定的对等的同盟者。

"尼克松冲击"给佐藤政权造成的冲击不可估量，进而成为了日本政府从根本上转变对华政策的决定性因素。日本外务省亚洲局的工作人员这样描述当时日本政府的反应："政府对美国先于日本同中国开始接触感到愤慨。如果在邦交正常化问题上也被美国抢先，日本国民恐怕是很难接受的"。①

同时，佐藤政权在国内也感到了在野党和经济团体所要求的对华邦交正常化的巨大压力。因此，佐藤政权终于行动起来，开始尝试与中国进行接触。其主要是通过三种途径向中方传达改善关系的意向。

第一是通过国会答辩以及与中国领导人的接触等公开途径。在尼克松访华决定发表后的 7 月份，佐藤在众议院预算委员会上说，"只要条件具备，我打算亲自访华，寻求包括承认中国在内的日中关系的正常化"，首次表明了访华意向。在 11 月的众议院预算委员会上，佐藤表示已做好与中国实现邦交正常化的准备，并明确表示《日华和平条约》"将在与'中华人民共和国'谋求邦交正常化的政府谈判过程中进行处理"。在这一年年底的记者招待会上，佐藤说，"日本充分反省此前所采取的态度，在此基础上寻求与中国的接触"，"我想 1972 年必须要与中国建交"，"越早越好"。但是，对于非常关键的"台湾问题"，佐藤的观点依然是即便与中华人民共和国实现了邦交正常化，也不能无视《日华和平条约》，"不能无视中华民国的政权"。②

中方也在"中美接近"的基础上乘势而上，积极促进与日本的邦交正常化。在尼克松访华决定公布一个月后的 8 月份，周恩来派遣曾参与中美谈判的经验丰富的外交官、中日友好协会副会长王国权前往日本。他们

---

① 添谷芳秀：《日本外交と中国　1945—1972》，庆应通信 1995 年版，第 200 页。

② 出自以下报道：《朝日新闻》1971 年 7 月 21 日、11 月 2 日、1972 年 1 月 1 日。

去日本的正式目的是参加为中日交流做出多年努力的自民党亲华议员松村谦三的葬礼，但也有中国政府"借此机会与日本的各方人士会面，在没有邦交的情况下开展吊唁外交"的用意。① 王国权在这次访日过程中，与自民党干事长三木武夫等众多政治家和财界人士进行了接触，这些人之后都陆续被邀请到了北京。佐藤首相也通过各种方式尝试与王国权进行接触。派竹下官房长官前往羽田机场迎接中国代表团。在自民党为松村举办的葬礼上，佐藤于葬礼开始和结束时两次走向王国权的座席与其握手，托其转达给周恩来总理的口信。

从后来公布的中方内部资料来看，这一时期佐藤政权和中国之间谈判的可能性虽然很小，但还是存在机会的。然而，在1971年10月第26届联合国大会上，即便中国恢复联合国合法席位已经成为不可阻挡的潮流，但佐藤政权依然决定成为美国所呼吁的"重要问题"程序议案的共同提案国。中国政府由此认为，"佐藤政权是美帝国主义的共犯"，拒绝了佐藤提出的的会谈要求。② 关于日本，中方认为佐藤政权一贯采取"反华"的姿态，此时依然策划"两个中国"或"一中一台"的阴谋，因而北京对其完全失去了信心。实际上，王国权证实，拒绝与佐藤会谈的原因是由于收到了周恩来做出的具体指示，"佐藤首相支持台湾，我接到指示，不要与其接触"。③

佐藤首相在通过公开途径向中国传递信号的同时，也利用其他各种方式，摸索暗中进行交涉的可能性。佐藤内阁所尝试的第二、第三种对华接触是被日本媒体称为"鸭子外交"的两种途径。一是通过日本驻香港总领事冈田晃，另一个是通过东京都知事美浓部亮吉向中国传达信息。

1971年9月11日佐藤叫来日本驻香港总领事冈田晃进行协商。席间，佐藤阐述了一贯的立场，"台湾的联合国席位虽然是过渡性的，但从日本人的道义上来讲难以赞成今年立即驱逐蒋介石政权"，并表示为了准备日中邦交正常化，已准备好派遣外相或者干事长访华，同时要求冈田向中方传达日本政府的这一意向。回到香港的冈田通过各种人脉关系打探中国政府的态度，但中方于1971年10月8日和11月8日两次做出表态，

① NHK取材班：《周恩来の决断》，日本放送出版协会1993年版，第18页。
② 《人民日报》1971年8月5日、9月9日、9月26日。
③ NHK取材班：《周恩来の决断》，日本放送出版协会1993年版，第23页。

表示不能与佐藤内阁进行接触。

即便如此，佐藤政权依然不放弃，使出了最后的王牌——托付给东京都知事美浓部亮吉的"保利书信"。[①] 书信于 11 月 4 日，在美浓部知事到达北京时交到了中方手中。这封书信呼吁应尽快实现日中邦交正常化，并表明态度，"只有一个中国，中华人民共和国是代表中国的政府，台湾是中国国民的领土"。11 月 10 日，在详细研究了书信的内容之后，周恩来对美浓部知事表达了中方的观点，"这封书信虽然承认中华人民共和国是中国的正统政府，但没有明确表示'唯一'；'台湾是中国国民的领土'的认识，是和'两个中国'论相联系的"。周恩来严词回应"'保利书信'就是欺骗"，再次表明了不接受与佐藤内阁谈判的态度。[②]

佐藤内阁的对华接近最终以失败告终。失败的原因包括佐藤政权的对华姿态和对华政策两方面。首先，对于中方最为重视的"复交三原则"，佐藤内阁的态度含糊不清。佐藤的发言以及"保利书信"就是例证。其次，对于在"中国问题"上已经发生了变化的国际环境，佐藤政权没有迅速采取与之相应的新的具体对策。关于恢复中国在联合国的合法席位问题上的应对，可以说是佐藤政权在中日邦交正常化问题上展示其调整政策的最后机会，结果却形同自动放弃。

除了日方的客观原因之外，最终决定佐藤内阁对华接近遭到失败的，恐怕是周恩来的战略。

在佐藤政权末期的 1972 年 5 月，自民党议员古井喜实与周恩来就中日邦交正常化交换意见时得出的印象是"中方正急于实现两国邦交"。[③] 但中方为什么拒绝了佐藤政权的外交接触呢？其理由有以下三点：首先，美国和中国关系改善以及中国恢复联合国合法席位，中国的外交立场得到前所未有的强化，在对日交涉方面也转向了有利形势。对于"复交三原则"等谈判条件，中方没有做出任何让步。第二，中方认为佐藤政权的对华政策虽然有了变化，但在"台湾问题"上并没有实质性的改变。在1970 年的联合国大会上，关于中国代表权问题的表决仅以 4 票之差而使得中国没能取得成功。由于日本是"重要问题"程序议案的提案国，又

---

① 执政的日本自民党干事长保利茂委托访华的美浓部知事，将已经得到佐藤首相和福田外相认可的"保利书信"亲手交给周恩来总理。

② 保利茂：《戦後政治の覚書》，每日新聞社 1975 年版，第 129 页—131 页。

③ 時事通信社政治部：《ドキュメント・日中復交》，時事通信社 1972 年版，第 61 页。

积极动员其他国家也加入进来，这些都成为从根本上恶化中国政府对佐藤政权态度的关键因素，促使中国政府做出了不与佐藤交往的决定。第三，中国对日本的国内形势有着敏锐的预测。根据中国驻日记者提供的情况和从访华的日本在野党及自民党亲华议员处获得的准确信息，中方预计在中国问题上失策的佐藤政权不会长久，不如等待新内阁的诞生更为明智。周恩来通过对佐藤政权的严厉姿态，向执政的自民党发出信号——"关于台湾问题是没有退路的"，同时也给下任首相施加了压力，通过鲜明的奖惩措施将在"台湾问题"上"只能如此解决"的途径早早摆在了后佐藤内阁面前。

二 向即将登场的田中内阁发出的信号

日本民众对佐藤内阁"观望政治"的不信任感逐渐加深，佐藤荣作首相终于被迫下台。1972 年 6 月 17 日，佐藤在成功实现冲绳归还之后，在两院议员大会上表明了辞职意向。在后佐藤时代的自民党总裁选举中，"实现日中邦交正常化"这一外交课题无疑成了"决定性因素"。

当时日本国内要求实现中日邦交正常化的声音，不仅存在于在野党和民间经济团体内，在自民党内部也很强烈。佐藤的继任者共有四位候选人：福田赳夫、田中角荣、三木武夫和大平正芳，四人都主张要发展中日关系。期待获得佐藤"禅让"政权的福田外相，也是佐藤内阁的外交负责人，在中方看来与"敌视中国政府"的佐藤乃是一丘之貉，被中方所戒备。在其他候选人中，在中日邦交正常化问题上最为积极的是三木。他与"乒乓外交"访日的王晓云副团长举行过会谈，也与为参加松村谦三的葬礼而访日的王国权团长举行过会谈，从很早开始就承认"复交三原则"。被北京方面视为"友人"的三木在开始也曾考虑过同福田进行合作，但在北京时听到王国权在其欢送宴会上对福田的指名批判之后，三木感到中方并不打算和福田实现中日邦交正常化，因此便倾向于同其余二人的合作了。[①] 宏池会会长大平，对佐藤内阁在联合国代表权问题上成为美国的共同提案国进行了严厉批判，强调"政府和执政党主动负责处理日中关系的时候已经到来"，承认中华人民共和国为正统政府，与来日的中国领导人也举行过秘密会谈。田中是日本政府的通产相，在实现中日邦交

---

① 《朝日新闻》1972 年 4 月 21 日。

正常化问题上，和福田相比其立场更接近于三木和大平。但为了避免在即将到来的大选中产生不利影响，田中在公开场合对于中日邦交正常化基本保持沉默。

田中为了在自民党总裁选举中击败最有力的竞争对手福田，积极争取大平派系和三木派系的支持。作为三派联合的条件，三木强烈要求做出中日关系正常化的约定。1972 年 7 月 2 日，田中、大平、三木三派举行首脑会谈，在 1 个小时的会谈中，就用了 30 多分钟来讨论中日邦交正常化的问题。在会谈后的记者招待会上，三木作了说明，"中华人民共和国是代表中国的唯一正统政府，基于这一认识，我们决定以同该政府签订和平条约为目标展开谈判"，田中承认"关于以上基本想法已达成一致"，这就是所谓的"三派联盟"。①

值得注意的是，田中的对华政策与其说是源自田中本人的政治理念，倒还不如说是由"选举政治"所决定。三木和大平的促进中日邦交正常化的举动虽然也有政治战略上的考虑，但基本是基于他们的信念。与此不同，田中为了获得更多的票数，将重点放在了组成"三派联盟"上。后来三木说过，"田中内阁的日中邦交正常化，是我让他做的"②，其根据也在于田中首相为了取得选举胜利而采取的"政策协定"。这样，田中获得了中日邦交正常化正面舞台上的主角地位。

周恩来为了推进中日邦交正常化，从 20 世纪 50 年代开始，基于"民间先行，以民促官"的对日外交战略，对日本的在野党、经济界及自民党政治家展开了积极的工作。其结果是在野党、民间团体及自民党亲华议员们承认中国的"复交三原则"，而且日本各界普遍认为佐藤政权的做法无法打开日中关系，"错过了班车"的氛围占据了主流。于是，周恩来采用"趁热打铁"的外交战术，对后佐藤时期的新内阁展开了新一轮攻势。

"尼克松冲击"之后，周恩来对来访的促进中日邦交正常化议员联盟代表团说，"在中日邦交问题上原则很重要，只要坚守原则就一定会实现正常化。如果下届内阁不行的话，下下届内阁也可以"。这不仅表明了不与敌视中国的佐藤内阁相交往，也包含有拒绝"佐藤亚流政权"（具体而言，就是暗指被视为佐藤继任者的福田）的意思。

---

① 《朝日新闻》1972 年 7 月 3 日。
② 中野士郎：《田中政权・八八六日》，行政問題研究所 1982 年版，第 72 頁。

　　佐藤内阁后期，中国对日本的政局非常关心。民社党委员长春日一幸证实，中国的对日工作者会阅读日本所有的报纸和周刊杂志，并从相关人员那里获得信息，拥有准确的信息。① 周恩来认为佐藤的继任者将会是田中，早在5月份就委托公明党访华团的二宫团长向田中转达"口信"。

　　正如周恩来所预测的那样，在1972年7月5日召开的自民党大会上，田中被选为总裁。田中总裁在当天的记者招待会上说："我认为（中日邦交）正常化的时机已经成熟"，接着，在7月7日召开的国会上发表了"要加紧实现同中华人民共和国的邦交正常化"的首相施政演说。

　　田中所做的施政演说，随即被新华社驻东京记者以电报形式发往中国。当天，周恩来立即召集外交部和外事宣传部门的负责人分析田中的就职演讲，商讨今后的对日战略。② 田中当选后，新华社按照周恩来的指示，准备好了介绍田中内阁成立、新内阁对华政策等方面的报道并呈报周恩来。据撰写这篇报道的新华社第一期驻日记者吴学文证实，他于7月6日所写的第一篇报道只介绍了田中内阁成立的事实并列举了部分内阁成员的姓名，全文不足100字。7月7日，周恩来亲自审查了吴学文所写的新闻稿，严厉批评"这位记者不懂政治形势"并退回了原稿。按照周恩来的指示重新撰写的新闻报道详细介绍了田中施政演说的内容，特别是大幅加入了关于田中"加紧实现中日邦交正常化"这一积极对华姿态的内容。周恩来再次审查了修改后的稿件，并批示：由于日本的在野党长期以来在实现中日邦交正常化过程中发挥了重要作用，因此在野党的反应也要写进去。这样，在周恩来的指导下，原稿经过多次修改，终于在1972年7月9日的《人民日报》上发表。③ 周恩来亲自审查关于田中内阁成立的报道，不仅是出于对报道内容的严格要求，还有向田中政权传递中方重视其动向的用意。

　　《周恩来年谱》也介绍了周恩来批评新华社的谈话。周恩来说："新华社昨天送来的关于日本新内阁组成的稿子，写得太简单，既不写新内阁是怎么产生的，也没摘录他的外交政策方面的言论。我们对日本，过去只搞人民外交，不同官方往来。今后当然主要是搞人民外交，但同官方也要

---

① 時事通信社政治部：《ドキュメント・日中復交》，時事通信社1972年版，第329頁。
② 中共中央文献研究室编：《周恩来年谱》（下），中央文献出版社1998年版，第534頁。
③ 2006年8月7日，笔者在北京采访了新华社第一期驻日记者吴学文。

往来。形势变了，日本政府的政策也不能不变。情况变了，我们要积极工作，在报道上就要反映出这一精神"。①

7月9日，周恩来公开表示，"欢迎田中内阁争取早日实现中日邦交正常化"。这一信息是周恩来在欢迎也门共和国首脑访华的宴会上发表演讲时提及的。在第二天的《人民日报》上虽然登出的是欢迎也门首脑访华的新闻报道，但在标题下方却用非常醒目的黑体字介绍了周恩来总理表示"欢迎田中内阁争取早日实现中日邦交正常化"的内容。中方首脑迅速而又积极的反应在日本引起了很大反响。②周恩来这一敏捷的回应，正是向田中内阁发出的最初的直接声援。自此以后，周恩来寻求与田中政权进行直接接触，中日两国政府转向了迅速实现中日邦交正常化的方向。

三　派使者孙平化去日本

田中内阁成立前夕，中国将上海舞剧团派往日本公演。这是孙平化时隔5年后的再次访日。任命他为上海舞剧团团长还有一个小插曲。周恩来为了促使田中首相早日访华、探索与日本政府接触的途径，于1972年6月份把访日次数最多、正在"五·七干校"下放劳动的孙平化召回，让其在北京待命。当时上海舞剧团正在北朝鲜访问，并计划回国后全体成员将于7月去日本访问。但在北朝鲜访问之际，中方与朝方之间发生了一点小纠纷，周恩来以此为由替换了团长，立刻任命连上海舞剧团的演出都从未看过的孙平化为团长。这一任命让事情的相关人员及孙本人都感到意外。③出发前，由于田中内阁的对华姿态尚不明朗，因此孙平化并没有直接接到周恩来的命令。

周恩来在7月10日让外交部日本处处长陈抗给孙平化带口信，主旨内容是"要抓住时机，争取向田中首相当面转达周恩来总理的邀请，'只要田中首相能到北京当面谈，一切问题都好商量'"。陈抗对孙平化说："和上海舞剧团的表演相比，这才是最重要的任务。不能完成实现田中访华的任务的话，你就不能再回北京了。"

孙平化按照指示，为实现同田中的会谈，积极与日方的相关人员进行

① 中共中央文献研究室编：《周恩来年谱》（下），中央文献出版社1998年版，第534页。
② 《人民日报》1972年7月10日。
③ 孙平化：《我的履历书》，世界知识出版社1998年版，第88页。

接触，每天向北京报告其活动内容。孙平化证实："北京方面非常关心我在日本期间的活动，要求我随时报告，并每天分配给我一个任务。一天的活动结束后便要立即向北京报告。北京方面负责接电话的是国务院的外事办公室。当时外事办公室的实际负责人是廖承志，负责日本事务的王晓云每天晚上都守在电话机前。我要逐一报告譬如今天见了什么人这样的事情，北京方面会对电话进行录音。将磁带内容整理好之后便立即送到周恩来总理手中。"①

访日期间，孙平化极力寻求与田中首相及大平外相的接触，与大平会见了四次。7月20日，大平也出席了藤山所举办的欢迎孙平化的宴会，席上与孙平化、肖向前二人有了初次接触。孙平化向大平再次表明了举行会谈的愿望，并且也表达了希望与田中首相会谈的意向，双方当场约定两天后举行大平、孙会谈。7月22日，日中政府间的首次正式会面，即孙平化、肖向前二人与大平的第一次会谈在大仓饭店得以实现。席间，孙平化代表周恩来邀请田中首相访问北京。

当时在场的外务省中国课课长桥本恕对会谈内容做了如下证实："我们安排上海舞剧团团长孙平化在东京都内的宾馆与大平外相举行秘密会谈。在会谈中，孙平化转达了周恩来总理非常诚恳的邀请。虽然只是口头信息，但中方确实表达了'请务必尽早来中国。这样，我们可以谈谈中日邦交正常化的问题'的愿望。于是，我一边与可以信赖的中方有关当局进行接触，一边开始商议田中首相何时访华等细节性问题。"②

从1972年7月下旬开始，孙平化率领上海舞剧团在大阪、名古屋等6座城市举行公演，8月上旬回到东京。8月11日，大平与孙平化的第二次会谈举行，大平对于中方邀请首相访华一事，转达了田中首相的答复，首相表示希望择期访华，但并未确定具体日期。另外，对于孙提出的"田中与孙平化会谈"的要求，大平的回答是，"我们已经做好安排，8月15日上午以孙平化向田中首相做礼节性拜访的形式实现双方会谈"。③

会谈后，孙平化立即向北京报告了会谈的详细内容。第二天，周恩来授权外交部部长姬鹏飞发表了一份政府声明，"周恩来总理欢迎并邀请田

① NHK取材班：《周恩来の決断》，日本放送出版協会1993年版，第98—100頁。
② 同上书，第100—101頁。
③ 《朝日新聞》1972年8月11日夕刊。

中首相访华，就中日邦交正常化问题进行谈判"。

在上海舞剧团回国的前一天，即 1972 年 8 月 15 日，孙平化终于实现了一直期盼的与田中首相的会谈。现任日本首相正式接见中国的访日团长，这在战后还是第一次。会谈中，孙平化正式转达了周恩来的邀请，对此田中表示已经决定要访问中国，并希望与周恩来的会谈能取得丰硕成果。孙平化的访日任务圆满完成，中国的"芭蕾外交"进一步提升了日本国内关于中日邦交正常化的气氛，将"田中访华"的约定带回了中国。

四　接待小坂访华团

在尼克松总统访问北京之后，日本国内认为应该实现中日邦交正常化，但对"后佐藤"时代的田中内阁而言，在中日邦交正常化问题上还有四大课题有待解决：取得自民党党内的意见一致；取得美国政府的谅解；向台湾蒋介石政权传达日本政府的意图；事前与中国政府做好基本协商。

田中内阁成立 1 周之后，自民党的"中国问题小委员会"更名为"日中邦交正常化协议会"，并重新开展活动。"中国问题小委员会"以前是附属于自民党政调会的一个政策会议，是作为就中日邦交正常化问题进行党内讨论而特别设置的一个组织。新的"日中邦交正常化协议会"，越过了自民党内的政调会和总务会，成为由党总裁田中直接负责的正式的政策决定机构，对党的政策制定拥有决定性的影响力。在小坂善太郎任会长的所谓鸽派——促进邦交恢复派占优势的该协议会内，当时众参两院议员 431 人中有 249 人参加其中。亲台湾派和亲北京派的大多数人都加入进来并展开讨论。当时，自民党鹰派——即本心反对的一派，也呈现出无法反对政府"努力实现正常化"姿态的心态。

其后，"日中邦交正常化协议会"内部也相继出现反对和批判的意见。岸信介、贺屋兴宣、中川一郎等亲台湾派的观点是：不反对与中国的邦交正常化；即便与中国建立了邦交，也应该继续与台湾的邦交；应顾虑到《日美安保条约》和台湾。① 对于这些观点，大平回答说，"如果能够与北京和台湾双方都实现正常化，这是我们所希望的，但也是绝对不可能的。双方都不会答应"。确实，该会台湾派所主张的应该与北京和台湾

---

① 《朝日新闻》1972 年 7 月 25 日。

"两个中国"对于双方都维持外交关系的观点是办不到的。当时，北京和台湾都坚持"一个中国"的观点，"两个中国"对于双方都是不能被接受的。亲北京派和亲台湾派的争论持续不断，9 月 8 日以"日中邦交正常化的谈判，应在充分考虑与台湾的中华民国继续发展历来关系的基础上进行"为前提的中日邦交正常化基本方针得到通过，并被确定为自民党的决议。①

关于这一"历来关系"，亲台湾派要求确认"是否包括外交关系"，但小坂会长决定避免做正面回答，就以这样的表述付诸表决并定为基本方针。结果，是否包括"与台湾的外交关系"这一点变得很含糊，亲台湾派和亲北京派都可以进行对各自有利的解释，自民党以自己所擅长的"含糊不清"的形式姑且取得了一致。

"日中邦交正常化协议会"中的亲台湾派提出强烈要求："要重视老朋友"、"不能忘记国际信义"。于是田中在（宣布接受周恩来的访华邀请之前）8 月 12 日，与外相协商后决定派遣自民党副总裁椎名悦三郎为特使前往台湾，就日本与台湾当局断交一事向蒋介石政权说明日本的立场和日本政府的想法，寻求对今后日本政府行动的理解。1972 年 9 月 17 日，由自民党亲台湾派议员组成的椎名特使一行 17 人访问台湾。椎名携带田中的亲笔信要求与蒋介石会谈，却遭到蒋介石的拒绝。这封亲笔信是由安冈正笃所起草的，对蒋介石自日本战败以来对日本的深刻理解和关照表示了感谢，同时信中表明，由于国民政府和北京政府都坚持"一个中国"的立场，如果日中复交的话，那么很遗憾，日本与台湾当局间的外交关系将无法维持，希望台湾当局予以理解。只要中华民国方面没有特别的异议，日本政府希望尽可能与台湾维持民间层面的贸易经济等实务关系。②由于没有能见到蒋介石，这封亲笔信被交到了副总统严家淦手中。

蒋介石收到田中断交的书信后立即写了回信，严厉批判了日本政府的做法，认为日本不应该以"以怨报德"来回报"以德报怨"，称中日邦交正常化是"引狼入室，礼遇盗贼"的行为。③

虽然椎名访问台湾的使命没有取得成功，但作为中日邦交正常化的必要过程还是发挥了一定的作用。

---

① 《朝日新闻》1972 年 9 月 9 日。

② 林金茎：《梅と桜—戦後の日華関係》，サンケイ出版 1984 年版，第 295 页。

③ 同上，第 296 页。

　　为了向中国传达"日中邦交正常化协议会"取得意见一致的过程，并就自民党在"台湾问题"上陷入内部分裂、现内阁遭遇困难一事寻求中国政府的理解，田中首相决定派遣以小坂会长为团长的包括鹰派在内的自民党代表团进行首次访华。田中的这一决定遭到了担任周恩来信使的竹入义胜和佐佐木更三两人的强烈批判。两人反对说："派遣此前一直反对日中复交、都不知道此行是要去铺路的还是去搞破坏的一伙人前去访问，不就是为了面向选举区的宣传吗？对于政府间的交涉而言，这根本没有正面作用，完全是负面的。"

　　但是，田中和大平的想法已经传到了中国方面，自民党的首支代表团在北京受到了高级别的接待。1972 年 9 月 14 日，在小坂代表团一行 23 人到达北京的当天，中日友好协会名誉会长郭沫若举行盛大的招待宴会欢迎代表团。并且，外交部韩念龙副部长和廖承志等人与日本代表团举行了会谈。会谈中，小坂等人介绍了"日中邦交正常化协议会"整合党的决议的详细过程。为了强调他们的良苦用心，还提到了台湾派的"蒋介石总统的恩情论"、"与中华民国维持关系论"等观点。廖承志当场严厉批判了小坂等人的发言，他说，"大家的发言只是介绍了自民党内一部分台湾派的意见，这与实现两国邦交正常化是不相容的，甚至会起阻碍作用"。①会谈内容被详细报告给周恩来，周恩来在代表团回国的前一天（9 月 18 日）下午与他们举行了 40 分钟的会谈。其间，周恩来表达了热烈欢迎之意：诸位是自民党的首次访华代表团，也是一支正式的代表团。而且，你们是田中首相派来的代表，是为田中首相访华做准备而来，因此，我们要特别欢迎。周总理在简单地回顾了"九·一八事变"以后的中日关系以后，说"真正迈出第一步的还是田中首相，所以说揭开了中日关系的新篇章。'复交三原则'是实现中日邦交正常化的基础，田中首相下决心到中国来访问，我们相信，成果会是丰硕的"。

　　当晚，周恩来为代表团举行了盛大的招待宴会，其后又与小坂等 5 人举行了单独会谈。周恩来没有提及任何批判的意见，而是做了积极的发言，"要依靠中日双方的共同努力，克服一切困难，实现中日邦交正常化。和平共处五项原则下的中日友好关系能够持续到两个伟大民族的子孙后代。"周恩来最后说："只要田中首相和大平外相能来中国，我们一定

---

　　①　吴学文、王俊彦：《廖承志与日本》，中共党史出版社 2007 年版，第 388 页。

会考虑到日本的困难。"这表现出了灵活的态度。①

同一天，正在台湾访问的椎名特使在与"国民大会代表"进行恳谈中，提到自民党的"日中邦交正常化协议会"所制定的基本方针时说，与台湾的"历来关系"也包含外交关系。这一发言立即被日本和台湾的报纸大肆报道。

周恩来得知这一消息后，虽然已经是深夜，还是将已经回到宾馆做回国准备的小坂等人再次叫回到人民大会堂，质问椎名的发言"是否代表日本政府的意思？"、"田中首相是否改变了方针？"等。小坂等人极力解释道，"田中首相已经做了决断"、"椎名的发言并不是'日中邦交正常化协议会'的正式意见，与田中及大平的意见也是相悖的"。小坂还表示一定会将周恩来的意见转达给田中首相。周恩来强调说："大家这样说我就放心了。中日邦交正常化之后，日本必须断绝与台湾的外交关系，这是我们的基本立场。"② 周恩来再三向日方强调"日台断交"对中国政府而言是多么重要。

在对华邦交问题上，田中政权还必须取得美国的理解。1972 年 7 月24 日，例行的日美首脑会谈被定于 8 月 31 日到 9 月 1 日在夏威夷召开。没等会议召开，正在中国访问的美国国务卿罗杰斯就在 8 月 11 日的记者招待会上表明观点，"完全没有理由认为日本与中华人民共和国改善关系的愿望和我们迄今为止所追求的政策会产生摩擦。我不认为日美间在政策上会产生分歧"。③ 在之后的日美首脑会谈中，尼克松总统在坚持《美日安保条约》的前提下也对日本给予了理解，"日本和美国在对华关系上可以各行其道"。

这样，在田中内阁对华邦交正常化的四大课题中，三个都暂且得到了顺利解决，剩下的就只是与中国政府进行事前协商了。周恩来虽然派孙平化为使者前往日本开展"芭蕾外交"，并达成了田中尽早访华的约定，但并没有给予孙平化进行具体交涉的权限。当时，周恩来已经决定在北京亲自与日方进行具体交涉，并在寻找能与田中内阁进行事前协商的秘密途径。

---

① 王俊彦：《廖承志传》，人民出版社版 2006 年版，第 387—398 页。

② 参见以下资料：《朝日新聞》1972 年 9 月 20 日；张香山《張香山回想録》（中），《論座》，岩波書店 1997 年 12 月号，第 213 頁。

③ 《朝日新聞》1972 年 8 月 12 日。

第四节　将中国政府草案委托给竹入"密使"

在周密的筹备下，1972 年 2 月，尼克松总统访华，但中美建立邦交却是在 1979 年 1 月 1 日，一共花费了 7 年时间。与此不同，1972 年 7 月成立的田中内阁在两个月后的 9 月份即实现了战后现任首相对北京的访问，从开始访问到建立邦交只用了非常短暂的时间。田中访华能迅速实现，其背景是 7 月份来华访问的公明党委员长竹入在回国后交给田中首相的一份中国政府关于中日邦交正常化的草案——即所谓"竹入笔记"——发挥了很大作用。

关于"竹入笔记"诞生的背景和它的作用，竹入本人是这样评价的，"在和周恩来总理的关于恢复中日邦交的会谈中，诱导出了中国政府的方案并把它记录了下来，写成了所谓的'竹入笔记'。与周总理的会谈结束后，又和中国方面的翻译王效贤做了非常认真细致的校对。这是一份促成（在中日邦交正常化问题上）犹豫不决的田中首相决定迅速访华的历史性文书"。① 当时的日本外务省官员也证实说，"那时表明中国方面想法的只有一份'竹入笔记'"。肯定了"竹入笔记"在田中访华问题上所起的决定性作用。②

此前，大部分中方研究者都认识到，1972 年 7 月竹入是作为田中首相的特使，即"日本的基辛格"来访华的，并参与了关于共同声明草案的政府间谈判。罗平汉认为："为了详细了解中方在中日建交上的条件，田中将自己访华的想法以及日本政府关于中日邦交正常化的 20 条内容委托给了同自己、同中国关系都很好的公明党委员长竹入，让其作为自己的密使去中国访问。"③ 江明武说："田中请他出访北京，他当然衔命前往。竹入访华前，曾与田中、大平先后四次磋商，就结束战争状态、具体实施'复交三原则'，尤其是'台湾问题'、《日美安保条约》问题以及条约形式等涉及

① 竹入義勝：《歷史の歯車が回った　流れ決めた周首相の判断》，石井明、朱建荣、添谷芳秀、林晓光主编：《記録と考証　日中国交正常化・日中平和友好条約締結交渉》，岩波書店 2003 年版，第 197 頁。
② 《朝日新闻》1997 年 8 月 27 日。
③ 罗平汉：《中国对日政策与中日邦交正常化　1949—1972 年》，时事出版社版 2000 年版，第 229 页。

首脑会谈的重要议题，逐条加以确认，将其归纳为 20 条意见。"① 另外，中国外交部顾问、参与中日邦交正常化谈判的张香山也认为，"他（田中）请求好朋友、公明党委员长竹入义胜先于自己去中国访问"。②

部分日方研究者也叙述了这一事情的经过。古川万太郎说："为将日方的想法传达给中方，并探听中方的反应，竹入作为田中的'密使'对中国进行了访问。"③ 殷燕军认为："访华的公明党委员长竹入义胜，虽不是代表日本政府的，却受田中首相的委托与周恩来举行了会谈。"④

但是，根据 1998 年 8 月 26 日至 9 月 18 日《朝日新闻》连载的竹入回忆录《秘史：55 年体制的缝隙中》（简称为"竹入回忆录"）及 2003 年发表的竹入的证言《历史的齿轮转动了》（简称为"竹入证言"）中记载，竹入虽然在 7 月 25 日访华前与田中及大平分别举行了几次会谈，但"如果说与周总理的会谈是按照田中首相的意思而进行的，事实完全不是这样的"，从而否定了学术界的研究成果和政界的传言。另外，从日本外务省公开的机密外交文件《竹入义胜、周恩来会谈记录》中也能考证到竹入所说的事实。

本节在已知史料和新证言的基础上，再次整理 1972 年 7 月竹入访华的经过并对下列问题做出重新论证：周恩来是怎样通过竹入向日本政府挑明与中方谈判的"最终期限"并促使田中首相最终做出访华和恢复中日邦交的决定的？事前没有任何事务性交涉就突然进入政府首脑会谈，并最终达成协议而实现中日邦交正常化，这恐怕是在任何两个国家间都不曾有过的特例，那么它的特殊过程是怎样的？通过这部分的论证，笔者想提出一个个人观点，即竹入不是日本政府的"密使"，说他是周恩来的"密使"反而更合适。

一　竹入并非田中的特使

田中内阁成立后不久，社会党前委员长佐佐木来华访问。继 1972 年

① 江明武主编：《周恩来生平全记录》，中央文献出版社 2004 年版，第 774 页。另外，黄大慧也持这种观点。黄大慧：《日本对华政策与国内政治——中日复交政治过程分析》，当代世界出版社 2006 年版，第 201 页。

② 張香山：《日中の懸け橋を準備した人々》，《論座》，岩波書店 1997 年 11 月号，第 24 页。

③ 古川万太郎：《戦後日中関係史》，原書房 1988 年版，第 371 页。

④ 殷燕军：《日中講和の研究—戦後日中関係の原点》，柏書房 2007 年版，第 244 页。

7月20日回国的佐佐木之后，1972年7月23日，中方的邀请电报通过中日"备忘录贸易"办事处驻东京联络处送到了公明党委员长竹入手中。当时，日本的团体如果想访问中国、同中国政府进行接触，就必须要有中国政府的邀请。实际上，在这之前的1972年5月1日，一直希望再次访华的竹入就收到了中方的邀请电报，内容是"欢迎率领10至12人的代表团对我国进行10天左右的访问"。① 但几乎在同一时期的5月7日，以二宫文造副委员长为团长的第二次公明党访华团离开日本，于5月11日到达北京。对于中方同时再次邀请竹入访华，公明党内部议论纷纷。另外，社会党前委员长佐佐木带回周恩来的"欢迎田中首相访华"口信一事在1972年7月17日的报纸上被大量报道。因此，公明党内出现了反对意见，"这时派出第三次访华团，到底想干什么？"

竹入本人对访华也有些犹豫，但是在公明党第一次访华时居中斡旋的古井喜实的劝说之下，最终还是下定了访华决心。但竹入也有其他想法。他回顾访华前的情况："周恩来委托二宫向田中传达了访华的最初口信，因此我也不能空着手去中国。于是，在7月25日访华前，为了听取政府的态度我去见了大平外相，但却没有任何收获。无奈之下，访华两天前的晚上，我拜访了位于东京市目白的田中宅邸，然而田中首相却消极得让人难以置信"。

关于此事，"竹入证言"相比"竹入回忆录"做了更为详细的记载。

> 访华前我与大平外相在东京都内的宾馆见了四五次面。我多次向其询问田中首相是否有恢复日中邦交的意向。外相一边吃着煎鸡蛋和面包一边搪塞道："我们正在通过各种途径与中方进行接触并收集信息"、"我们正在进行多方研讨"。

> 竹入还说道："（大平外相对中国）没有一句问候，也没有向我交代任何事情。"

关于与田中的会面，竹入谈到了田中害怕自民党内台湾派的反对，在日中复交问题上曾持消极态度，"访华前两天的晚上，我悄悄来到东京市目白的田中宅邸。像往常一样，田中首相吃寿司时把酱油蘸得满满的，吃

---

① 時事通信社政治部：《ドキュメント・日中復交》，時事通信社1972年版，第138頁。

完后他所说的话消极得让人难以置信。'竹入君，我才刚刚上任。如果着手处理日中问题，就会遭到台湾派的强烈反对，田中内阁会因此垮台。我没有足够的时间来考虑日中问题，目前还没有这一打算'"。

看到田中消极逃避的态度，竹入无奈之下说，"我只有一个请求，就是请你亲笔写个条子，就说竹入是你非常亲密的朋友"。可是田中断然拒绝说："这可不行，会让中方误认为你是我的代理的。"面对田中怯懦的态度，竹入描述当时的心情，"我被无情拒绝了。本来准备带着日本政府的条子访华的计划落空了，只好两手空空地访华去了"。不得已，竹入给正木良明政策审议会会长打了电话，要求他利用现有资料把日方的观点整理出来。结果，"正木帮我写出了不是站在中国或推进日中邦交派的立场上，而是在此条件下日方即广大日本国民都能广泛接受的基本原则"。竹入证言详细记述了访华礼物诞生的始末。通过竹入的回忆，事实得以真相大白。原来竹入带到中国的所谓日本政府关于中日邦交正常化的20项"草案"并不是田中首相的意思，而只是公明党访华团编写的一篇自己的"小作文"而已。

为什么提出过"尽早实现与中国恢复邦交，为亚洲及世界和平做出贡献"的口号、从激烈的选举中胜出的田中，在过了不到2周的时间就在竹入面前表现出消极的态度？而大平又为何什么都没讲呢？推断主要有三点原因。第一，当时自民党内坚决反对与台湾当局断交的声音依然存在。考虑到这一点，田中及大平在中日邦交正常化问题上言行谨慎；第二，田中并不打算通过在野党同中国进行中日邦交正常化的交涉，而是想依靠执政党自民党的力量来实现。按照竹入的说法，"创价学会也反对竹入的访华。其理由是为什么要帮田中的忙？"对协助政府的行为施加压力。[1] 第三，田中内阁已经与访日的上海舞剧团团长孙平化取得联系，正在探寻以独自的渠道展开对华交涉。

根据以上对"竹入回忆录"及"竹入证言"的分析，竹入第二次访华的背景终于水落石出。竹入的访华并非象许多学者记述的那样是接受了田中的委托，作为"特使"——像基辛格那样——来中国进行交涉的，而是受到了中国政府的紧急邀请来到中国的。竹入并非田中的特使。

---

① 《竹入回忆录》，《朝日新聞》1972 年 9 月 9 日。

二　竹入成为周恩来的"密使"

1972 年 7 月 25 日，由竹入义胜、政策审议会会长正木良明、副总书记大久保直彦 3 人组成的第三次公明党访华代表团从羽田机场出发飞往香港。当初中方为了让公明党的访华秘密进行，提出了经由巴黎来北京的要求。但由于去巴黎一事在事前泄露，最终决定还是同往常一样经香港来北京。当时，从东京到北京需经由香港，一般会花 3 天时间。但是，到达香港的公明党代表团却受到了前所未有的欢迎。竹入回忆说：新华社的分社长正在香港机场等候，用车子把我们送到深圳，之后便直接去了广州机场。在那里已经有专机在等候，坐上那架飞机后当天晚上便到达北京。从日本出发当天就到达北京，这在战后还是第一次。一行人在用餐结束后不久便立即与等候多时的廖承志等人举行了会谈。①

由于竹入和廖承志等人会谈的详细内容没有公开发表，因此还不能做具体的分析。但竹入回忆："访华后立即展示给中日友好协会会长廖承志的是我们亲手制定的方案。"在谈到会谈的情景时，竹入说，"我与廖承志先生和王晓云先生谈了很久。一共有 10 多项内容，（我说）这不是田中首相的想法，而是我们的想法"。关于次日竹入一行和廖承志等人的会谈，王泰平做了这样的记述，"7 月 26 日上午 8 时，中日友好协会会长廖承志在北京会见田中首相'特使'竹入义胜。竹入说，他访华前与田中首相谈了三次，田中让他向周恩来总理转告以下几点：双方同是东方人，所以在遵守信义这一点上是绝没有问题的；关于田中的访华日期，还要看看情况；田中希望中国方面派廖承志先生率中日友好代表团访日；田中希望他访华时能直飞北京"。②

从第二天开始的 3 天内，周恩来与竹入一行在人民大会堂进行了总计达 6 小时 45 分钟的会谈。③ 关于这一会谈的记录"竹入义胜、周恩来会谈记录"在 2001 年由日本外务省公开。下面以这份公开的记录为中心，并参照其他资料，对竹入义胜与周恩来会谈的经过进行重新整理。

7 月 27 日 16：00—19：00，第一次"竹入义胜、周恩来"会谈。周恩

---

①　NHK 取材班：《周恩来の决断》，日本放送出版协会 1993 年版，第 103—104 页。

②　王泰平主编：《新中国外交 50 年》，北京出版社 1999 年版，第 418—419 页。

③　在外务省史料公开之前，各大报纸都报道"竹入义胜、周恩来会谈"，时间持续了 10 小时以上，或者 20 小时以上。

来首先简单回顾了新中国成立后日本各内阁在中日邦交正常化问题上的政策，并对公明党此前在这一问题上所实行的政策与采取的行动表示感谢。周恩来说："竹入先生依据自己的判断，将田中首相和大平外相的意见传达给我们，这很值得感谢。"竹入回答说："现在也只能这样。"其后，周恩来又谈到了中日复交的步骤、复交后日本与台湾地区的贸易等等。在座的王晓云告知周恩来：昨天，自民党日中协会初步达成一致，共分两个阶段，其一是依据共同声明来恢复中日邦交，然后，签订和平条约。周恩来听后说道，"基本上和我们的想法是一致的"，并当即说明，"（田中）来北京如果不发表共同宣言就没有任何意义了。我想请田中首相和大平外相放心"，（共同声明）一不触及《日美安保条约》；二不触及1969年的佐藤、尼克松共同声明；三是尊重"复交三原则"。表明了中国政府在共同声明问题上的基本态度。

关于与《日华和平条约》相关的具体内容，周恩来向竹入问道，"田中首相说中华人民共和国是正统，这是否就是'合法'的意思？"并花了很长时间向竹入等人解释了中国历史上自古以来"正统"和"偏安"两词的意思。竹入说"回国后我会向田中首相提议，今后要使用'合法政府'一词"。①

关于战争赔偿问题，周恩来说，"毛主席说要放弃请求赔偿权。如果寻求赔偿的话，日本人民的负担就会加重，这一点中国人民深有体会。清朝向日本支付了2亿5千万两白银做赔偿款，清朝政府以此为由加重税赋……给人民加重负担是不行的。放弃请求赔偿权一事可以写入共同声明。"听了周恩来的这番话后，竹入非常感动，以"感谢之情无以言表"来表达。对此，周恩来做了面向未来的发言，"这是理所应当的。两国邦交因20多年来两国人民的友好交往而得以实现，接下来我们必须要为下一代考虑了"。

会谈结束时，周恩来说，"我们绝不说难办的事情。为早日建立邦交，（田中首相等人）应早日来访。飞机直航是个不错的想法"。催促田中内阁来华访问。

7月28日19:00—20:45，竹入义胜和周恩来举行第二次会谈。周恩

---

① 中共中央文献研究室编：《周恩来年谱》（下），中央文献出版社1998年版，第540页。但外务省的公开史料《竹入义胜·周恩来会谈记录》没有包含这部分内容。

来首先提起了 7 月 27 日《东京新闻》和《读卖新闻》的报道，质询道，"如果像《东京新闻》报道的那样不承认中国，那田中首相来中国干什么呢？"并说，"如果田中首相来中国只是为了结束战争，那就很可笑了"，"如果按《东京新闻》所说的步骤走，那就只是浪费时间"。否定了田中内阁的"两阶段"式复交方案。① 并且明确表示了搁置领土问题的方针：
"没必要触及钓鱼岛问题，这一问题目前不需重视"。

在这一天的会谈中，周恩来花了很长时间阐述了战后中日关系和中美关系的不同。周恩来首先说，"美国有美国的情况，日本有日本的情况"，"中日问题和中美问题是不同的问题"，"中日间 20 多年来往来不断，而中美间则没有"。周恩来同时也提到了贸易问题及与台湾当局的关系问题，阐述了日美的不同，"中国的对外贸易中，日本总是最多的，日本是盈利的，对此中国并没有抗议。中日贸易在发展。为了发展同日本的这样一种关系，就只有恢复邦交。这不能和美国一样。美国与台湾当局订有军事条约，日本虽然和蒋介石签订了和平条约，但并没有军事条约"。周恩来又说，"中日建立邦交和美国不一样。关于这一点，有必要说服美国"，并强调日本应先于美国与中国实现邦交。接着，针对在中日邦交正常化一事上担心美国有异议的田中内阁，周恩来说，"我已经（对美国）说过中日关系的恢复不会影响中美关系。对于中日两国的友好，基辛格也表示了赞成。现在，中日两国都想尽快恢复邦交，因此美国也不应该反对。希望你们向田中首相报告，取得田中首相的理解，至于寻求美国理解的工作，可以由中国向美国做出解释"。最后，周恩来还提到了中、日、苏的问题，并向日本传授说服美国的方法，"美国也许会拖拖后腿，但必须做好说服工作"，"作为日本不能发表《东京新闻》那样的言论。苏联也是把战争终结和建立邦交一起解决掉的……中日两国并没有开创先例而只是仿效了他们的做法，所以应该能获得美国的理解"。

期间，关于"台湾问题"，周恩来说，"日本已放弃了台湾，现在对其占领的是美国"，"驻台美军在越南战争结束后将依次撤出。这个秘密我只告诉诸位"。周恩来又说："在越南有流血牺牲，在'台湾问题'上虽然有分裂但却没有流血。台湾是中国的内部问题。"中国政府认为，中

---

① 1972 年 7 月 27 日的《东京新闻》刊登了"《日华和平条约》规定，日中之间的战争状态问题已全部得到解决"，"先签订和平条约，再实现日中邦交正常化"等观点的文章。

国重返联合国证明其已经成功地将台湾驱逐出国际社会，"台湾问题"并不是当前（马上能够给出答案的）的问题。

会谈结束时，周恩来再次催促日方说服美国，"中美两国关系的正常化不仅对中美两国，对世界和平而言都是有利的。而中日关系也是一样。我认为可以用中美共同声明来说服美国"，并且还传授了具体方法，"就说是照着美国所说的在做，这样说服他们怎么样？"

7月29日19：30—21：30，竹入义胜和周恩来举行第三次会谈。会谈刚开始，周恩来就再次提到了《东京新闻》的报道，并告知大家，"我从肖向前那里得到一个消息，按其所说，田中首相和大平外相的想法没有改变"。表现出对田中首相的访华计划已经放心的样子。并且，周恩来说，"我们的第一次、第二次会谈是交换意见，现在我想谈一谈我们的意见要点。对田中首相、大平外相做决策会有帮助"。周恩来说："这是经过毛主席批准的。"之后就郑重宣读了已被印成铅字的中国政府起草的《中日联合声明》草案。

这份草案包括8项内容和3条密约事项。第一项是表明战争状态的终结；第二项是日本对中国提出的"复交三原则"表明态度；第三项是表明中日两国实现邦交正常化符合中日两国人民的愿望及世界各国人民的利益；第四项是基于和平共处五项原则来处理两国关系；第五项是表明中日两国不会寻求霸权；第六项是两国复交后签订和平友好条约；第七项是中国政府放弃战争赔偿的请求权；第八项是在签订和平友好条约前，签订发展两国经济与文化关系的协定。

接着，周恩来陈述了关于"台湾问题"的3条密约事项，并强调这不会写入声明中。周恩来表示：请你们将这些内容带回日本，与田中首相和大平外相商谈，对其内容双方还可以进行协商。

竹入听后深为感动："非常感谢，感激之情无以言表。"对此，周恩来说，"不是感谢的问题，我们要努力使局势改变"。并对竹入的心情表示宽慰："竹入先生来中国的时候，是不是心里非常地忐忑不安啊，现在没有必要了。"

随后，周恩来就竹入向廖承志转述的所谓田中首相的4条口信，逐一做了回答。"关于访华的时间，可以大致定为9月下旬"，"我将抽出比接待尼克松更多的时间接待他们，因为他们是来建交的"，明确表示将接待规格定为"实现邦交"。周恩来还提到了田中所期待的派遣廖承志访日团以及田中访华的直航问题，并给出了明确的意见。

最后，周恩来提出要求，"3 次会谈，内容都很重要，除田中首相和大平外相以外，请完全保守秘密"，并补充道，"这些都是我信任竹入先生才说的"。

通过对"竹入义胜、周恩来会谈"记录的分析，在与本节内容相关的问题上，笔者首先感到的便是，周恩来在准确把握日本国内动向的基础上，为了中日两国的世代友好，充分顾及到了日本国民、田中内阁和竹入的立场。相对于周恩来从中日关系谈到国际形势的滔滔宏论，竹入无法做出对等的回应，只能进行简单的回答或表示感谢。竹入本人谈到同周恩来会谈的感想时也说："周总理基于政治形势所做出的准确的政治判断是其他人所不能企及的，在会谈中让我感到了大人和小孩子一般的差距。"①

那么，中国政府的《中日联合声明》草案是什么时候制作完成的呢？是不是如竹入所说，是通过在中日邦交正常化的会谈中你来我往的交涉而引发出中国政府的想法，并在此基础上总结出的呢？

在中共中央文献研究室编辑出版的《周恩来年谱》中，当提到 1972 年 7 月 27 日周恩来的活动时，关于中国政府这一草案的诞生过程做了如下描述：

> （周恩来）主持中共中央政治局会议，报告同竹入义胜会谈情况，经过讨论，会议通过《中日联合声明要点（草案）》② 及三点内容……次日，将《中日联合声明要点（草案）》送毛泽东审阅。③

根据这个记述，可以推断出，中国政府起草的草案既不是通过周恩来和竹入的谈话而得以完成的，也不是中国政府的想法不小心被竹入"诱导出来"后由其记录下来而成的，而是第一次会谈的当天就已制定完成，并被中共中央政治局会议批准通过的。从周恩来是在结束了和竹入的第一次会谈后马上主持中共中央政治局会议来推算时间，草案应该在会谈前就已经完成或者基本完成。而通过前文对周恩来和竹入的第一次会谈内容的

① 石井明、朱建荣、添谷芳秀、林晓光主编：《記録と考証 日中国交正常化·日中平和友好条約締結交渉》，岩波书店 2003 年版，第 209 页。
② 即本书中的《中日联合声明》草案。
③ 中共中央文献研究室编：《周恩来年谱》（下），中央文献出版社 1998 年版，第 540 页。

考证，没有发现在会谈中有竹入和周恩来对中国政府草案进行了交涉的痕迹。所以可以断言竹入的"在会谈中，和中方共同完成了联合声明的草案"的说法是站不住脚的。

正如上文对 7 月 27 日第一次"竹入义胜、周恩来会谈"记录所做的分析，在这次会谈中，竹入并没有与周恩来就《中日联合声明》的具体内容进行交涉。另外，关于第三次会谈中提出的中国政府起草的草案，竹入也证实说，"周恩来一边看着草案一边说：'这是毛主席批准过的'，并开始读中国政府的草案"。①

通过以上的分析我们可以得出结论，周恩来为了促使田中内阁早日访华，实现中日邦交正常化，亲自部署了对日战略，迅速邀请了公明党代表团访华，请竹入传递了中国政府起草的草案。应该说，是因为接受了周恩来的委托，竹入才起到实现中日邦交正常化的重要桥梁作用。对比基辛格和周恩来的会谈内容以及中美双方对《上海公报》的艰难交涉，把竹入比喻为"和式基辛格"实在是有点夸张。只能说竹入成功地做了一回周恩来的"密使"。

周恩来嘱托竹入，"除田中首相和大平外相以外，请完全保守秘密"，"我相信你能完成这一任务"，竹入回答说，"我会全力以赴"。② 从竹入回国后便立即将中国政府起草的草案亲手交给田中来看，竹入忠实地并成功地担任了周恩来的信使，所以，反过来称其为周恩来的"密使"恐怕也不为过。

竹入也在"竹入证言"中这样说道："周总理一定是这么认为的，管它（我带的）是'竹入案'还是'田中案'，只要把中国政府的想法成功地传达给田中首相，那么局势就会改变。或许，周总理已经知道我交给中方的不是什么'日本政府的议案'，而只是我们编写的'竹入私案'。其实我是在周总理的手掌上跳着舞，完成了桥梁的作用的。"③

三　周恩来选择竹入为"密使"的理由
周恩来为什么选择公明党的竹入义胜作为"信使"来提出中国政府

① 《朝日新聞》1997 年 8 月 27 日。
② 王泰平：《新中国外交 50 年》，北京出版社 1999 年版，第 423 页。
③ 石井明、朱建荣、添谷芳秀、林晓光主编：《記録と考証　日中国交正常化·日中平和友好条約締結交渉》，岩波书店 2003 年版，第 209 頁。

起草的草案呢？其理由有以下五点。

第一，周恩来对公明党的对华政策持肯定态度。1971 年 6 月在接见公明党第一次访华团时，周恩来这样说，"公明党成立之后，我们一直关注各位的主张。各位在中日关系问题上拥有好的意见，对此我们也很赞赏。邀请大家来访的出发点也正在于此。各位对如何才能实现中日邦交正常化拥有正确的想法"。① 从周恩来的这番发言可知，中方关注公明党成立以来的政策，对公明党的对华政策给予了肯定。并且，中国政府之所以首次邀请公明党代表团访华，显然就是因为赞赏公明党关于中日关系的见解。

公明党在 1969 年 1 月的第七次党大会上发表了"日中邦交正常化的途径"一文，并正式确定其为"公明党的外交、安全保障政策"。在其第一次访华时，公明党同中国政府发表了包含实现中日邦交正常化五项内容在内的共同声明。这五项内容后来发展为"复交三原则"，成为了中日邦交正常化的基本原则。这五项内容是以公明党的对华政策为基础由周恩来整理完成的。如果再加上在会谈中周恩来对公明党的肯定，那么可以说，通过其第一次访华，公明党赢得了周恩来的好评。在 1972 年 7 月 27 日和竹入的第一次会谈中，周恩来说，"公明党主导性地提出了五项内容，而其他党派是通过商谈决定的，对此我表示敬佩"。参加会谈的张香山也说，周恩来对公明党的对华政策评价很高。关于这一点，从田中内阁成立后不久新华社刊登的（汇总了除日本共产党之外日本在野各党派的声明）报道中也能窥测到。"本来《人民日报》中出现日本政党的名称时，一般会按照社会党、公明党、民社党的顺序，但这次公明党总书记矢野绚也的谈话被放在了最前面"，这在日本也引起了关注。②

第二，周恩来认为公明党的支持团体——创价学会属于对华邦交促进派，即所谓亲华派团体。1968 年 9 月 8 日，池田大作会长就中国问题提出了实现中日邦交正常化的主张。新华社驻日记者刘德有发电报向新华社报告了这一内容，新华社面向中共内部发行的报纸《参考消息》也刊登了此事。此后，中方将创价学会视为明确表示促进中日邦交正常化的团

① 米谷健一郎：《周恩来　日本を語る》，実業の日本社 1972 年版，第 123 頁。
② 《公明新聞》1972 年 7 月 18 日。

体，对池田会长给予了高度评价。周恩来还拜托很多人给池田会长传递口信。① 1970 年 3 月亲中派议员松村谦三来华访问时，周恩来也对他说，"请代我向池田会长问好！我们热烈欢迎会长来华访问！"② 关于 1968 年的池田建议获得中国赞赏一事，廖承志证实"很清楚地记得"这一提议。

第三，周恩来信任公明党渠道。田中内阁成立后，为实现中日邦交正常化，两国间的接触开始频繁起来。在田中首相做出访华决定之前，两国政府之间存在三条沟通渠道。一是访日的孙平化渠道，二是访华的社会党前委员长佐佐木渠道，三是公明党委员长竹入渠道。周恩来并没有选择已经与田中首相举行过会谈的孙平化的渠道，也没有选择有多年交流历史的社会党渠道，而是选择了交流尚浅的公明党，是因为他对公明党渠道是很信任的。

由于孙平化任团长的上海舞剧团离开北京前往日本的时间是在田中内阁成立前的 1972 年 7 月 4 日，因此周恩来的指示是由 17 日到达日本的中国外交部亚洲司日本处处长陈抗传达的。任务的内容是要求孙平化与田中首相及大平外相会面并促进田中访华早日实现。不过，虽然周恩来给孙平化布置了秘密任务，但又担心孙平化会被视为中日邦交正常化谈判的中方代表，因此又发电报叮嘱，"你只是联络员。具体交涉要等到日本首相来华访问的时候进行"。并希望在田中访华前，日方能派员来华商讨制定《中日联合声明》草案。③ 总之，周恩来分派给中国对日相关人员的角色仅仅是实现田中访华的联络员。为早日实现田中首相访华，中方向日本的社会党及公明党发出了邀请。

中国所希望的是秘密地将中方关于《中日联合声明》的想法传达给田中首相。由于此前已经成功地通过第二次公明党访华团的渠道实现了信息的秘密传递，因此中方考虑《中日联合声明》草案也要通过公明党渠道传达给田中首相。显然，是周恩来让公明党充当了中日邦交正常化过程中的桥梁角色。竹入也提供了如下证言：

　　此前第一次、第二次代表团访华时，中方也说了一些非同寻常的

---

　　① 池田大作：《私の世界交友録》，読売新聞社 1996 年版，第 198 頁。

　　② 南开大学周恩来研究中心：《周恩来与池田大作》，中央文献出版社 2001 年版，第 28 頁。

　　③ 張香山：《日中の懸け橋がついに築かれた》，《論座》1997 年 12 月号，第 212 頁。

话，但在日本国内没有泄漏任何风声。因为我们也是遵守约定的，约好了就要执行。所以在这一点上中方对我们产生了信任吧！虽然有自吹自擂之嫌，但是中方对公明党的信任却是确实存在的。

而且，公明党内在对华政策上并不存在分歧，比起（左右派相互对立的）社会党、（台湾派根深蒂固的）民社党和自民党，要稳定得多。正因为党内比较统一，秘密也就容易保守。张香山说："自民党内关于邦交正常化有各种各样的意见，如果和日本外务省直接交涉的话，恐怕也会走漏风声。"指出了意见统一和保守秘密的重要性。

第四，周恩来对竹入委员长本人的评价很高。1971年公明党第一次访华团来访时，竹入直言不讳地发表了自己关于日中关系的看法，这一点让周恩来对竹入的人品产生了好感，会谈结束时，周恩来说，"相见恨晚，如遇百年知己"。周恩来还曾对夫人邓颖超这样评价竹入："从日本来了一位年轻有为、非常地道的日本人。"①

第一次访华结束后，发生了竹入遇刺事件。1971年9月14日，竹入在党本部前面遭到歹徒行刺，随后被送往医院。警察断定，"是一名精神状态及行为异常、对创价学会持有反感的青年突发性的犯罪行为"，否定了有幕后关系，但中方却将这一事件视为第二次"浅沼事件"，是"反动势力的卑劣罪行"。②周恩来很快就发去了慰问电报。这一行刺事件更加密切了竹入和中方的关系，中方对竹入给予了高度评价。

第五，竹入和田中之间的个人关系很亲密。关于这一关系，竹入在"竹入回忆录"中做了详细描述。如果考虑到基辛格和尼克松的关系，那么我们是不是可以推测中方也注意到这一重要因素了呢？中方的表述也证明他们已经认识到了这种关系：竹入"和田中关系很好"、"个人关系很密切"等等。

基于以上五点理由，周恩来选择了公明党的竹入为"信使"，并在与竹入的会谈中传达了中国政府起草的《中日联合声明》草案。

通过这部分的论述可知，周恩来亲自制定了与日本进行中日邦交正常

---

① 石井明、朱建荣、添谷芳秀、林晓光主编：《記録と考証　日中国交正常化・日中平和友好条約締結交渉》，岩波書店2003年版，第208页。

② 《人民日报》1971年9月22日。

化的交涉方案，综合了各种因素选择了竹入作为自己的"密使"，让他将中国政府起草的《中日联合声明》草案带回日本，委托他通过秘密的途径转交给田中首相，促使田中首相早日访华，达到实现中日邦交正常化的战略目标。

四 "竹入是日本的基辛格"之说流传的原因

随着"竹入回忆录"的发表和"竹入证言"的出版，我们可以发现，在中日政府就中日邦交正常化交涉的过程中，竹入被周恩来选中担当最重要的中间人角色。那为什么迄今为止"竹入是田中的特使"的说法，以及"竹入扮演了'日本的基辛格'"的说法，长期在中日两国的学术界及政界流传呢？究其原因，是公明党出于政治上的需要，将其对华政策作为赢得选举的有力武器，于是竹入亲自在报纸、谈话及演讲中做了大量宣传，这些都给人造成了误解并逐渐成为公认的说法。并且，由于这一误传与中国政府对日政策的战略相符合，因此中方也并不加以反驳，迄今为止一直采取默认的态度。

竹入本人也谈到了最终决定访华的原因，"为了在1972年年底的众议院选举中赢得胜利，我决定访华"。[①] 为了使中国之行能取得丰硕成果，竹入希望能扮演田中"信使"的角色，却未能如愿，随后竹入便准备了公明党对华政策的"小作文"。但没想到由此促进了中国政府的草案出台，竹入在中日邦交正常化问题上取得了一张重要的牌。回到日本后，竹入与田中进行会谈以及促进田中访华等言论被日本各大报纸报道，给各界留下了中方委托其传递重要信息的印象。

但是，拿到中方的《中日联合声明》草案的田中政权后来并没有再使用竹入渠道，而是通过自民党的古井渠道把日本政府的草案传达给了中国，并决定派遣以自民党日中邦交正常化协议会会长小坂善太郎为团长的自民党访华团出访中国。该访华团出发时的1972年9月14日，《东京新闻》第一版详细报道了竹入与周恩来会谈的内容，并刊登了中方的《中日联合声明》草案的全文。报道的旁边还刊登了和竹入一起访华的正木总书记所说"不知道有那样的文件"的否定言论。不过，对中日间的民间贸易做出过很大贡献的田川诚一在1972年8月29日的日记中写道：

---

① 《朝日新闻》1998年9月9日。

　　　竹入向我展示了前些天访华之际与周恩来总理会谈时所做的笔
记，上面记有中方所提供的关于日中正常化的原则。竹入把这份笔记
也给田中首相看过，并寻求政府的看法，但田中首相没有给出政府的
态度，反而很生气。竹入说，他给了田中会谈纪录，但是在征求政府
的意见时（田中）却什么也不肯说。接着竹入很生气地表示他反对
田中派自民党代表团作为先遣队访华。①

　　并且，田川诚一在 1972 年 9 月 14 日的日记中提到《东京新闻》的报
道，"与我交情很好的一位记者说，竹入委员长对政府和自民党无视公明
党竹入等人所起的作用派出访华团一事非常反感，于是将与周总理谈话的
部分内容透露给了报纸"。竹入是因为担心被自民党夺去自己努力的成
果，所以才打破与周恩来的约定，将中方的《中日联合声明》草案告诉
给了新闻记者。

　　固然可以理解，竹入是在无奈之下才公开了"竹入笔记"的部分内
容，以表明他是为中日邦交正常化作出了特殊贡献的人；但也可以理解为
因劳苦之后未获日本政府的相应回报而表现出的失态。

　　中日邦交正常化实现后，日本媒体的报道普遍称竹入是"制定共同
声明背后的主角"，"被认为是为中日邦交正常化做了实质性的'铺路'
工作"，评价其乃是让实际交涉顺利进行的中心人物。② 1972 年 10 月 3 日
《朝日周刊》杂志刊登了题为《时至今日的诉说："日本基辛格"内心的
想法》的独家专访报道，竹入本人承认自己是中日邦交正常化的桥梁以
及"日本的基辛格"。10 月 5 日和 6 日连续两天，《公明新闻》将题为
《日中复交的幕后问询竹入委员长》的连载，分为"促进田中访华，在北
京 20 项内容的对华试探"和"制定联合声明草案，充当正常化的桥梁角
色"两部分进行大幅报道，进而（10 月 8 日）又刊登了《实现邦交正常
化的背后力量》一文，详细介绍了竹入与周恩来会谈中的交涉以及参与
制定草案的过程，并且说当时回国后，公明党访华团在全国举办了 300 多

---

①　田川誠一：《日中交涉秘録》，每日新聞社 1973 年版，第 353 页。
②　出自以下各篇报道：《朝日新聞》1972 年 9 月 29 日。《每日新聞》1972 年 10 月 8 日。
《日本经济新聞》1972 年 9 月 29 日。

场访华报告会，竹入的"日本的基辛格"的角色得到了普遍认同。

可以说，竹入本人含糊的言辞，也给人以"亲自扮演了'日本的基辛格'的角色"、"在与周恩来的会谈中代表日本政府与中方进行交涉"、"诱导出了中国政府的草案"之类的印象。

就中国方面来说，当时，为了摆脱中苏对立的困境，在经济贸易方面加大和日本的交流以及应对"台湾问题"，需要尽早解决中日本邦交正常化问题。但是日本的侵略战争给中国人民带来了极其深重的灾难，对于实现中日邦交，不仅是广大的人民群众，连一些中国共产党的高级干部也一时不理解。在这样的状况下，周恩来除了对中国共产党高级干部们作了一些说服工作外，还命令中国外交部在 1972 年 8 月底起草了《关于接待田中首相访华的内部宣传提纲》，经过他亲自修改以后，作为中共中央指示发到全国市、县级以上的党组织，要求对群众进行宣传、说服和教育工作。① 提纲主要说明了"田中首相为什么要访问中国"和"为什么要邀请田中首相访华"这两个问题，讲述了日本需要同中国实现邦交正常化的迫切性和中国邀请田中访华的战略性。在当时的政治背景下，日本想和美国一样，也派"特使"、"和式基辛格"来中国交涉，要求与中国实现邦交正常化，这一说法对于中国政府来说是很有利的。由此可以推测，中国方面根据中国政府的对日政策和战略，自中日复交后就一直默认了竹入的说法，从而导致了竹入是田中的"特使"、是"和式基辛格"之说流传至今。

中日两国政府首脑仅仅经过了 4 次正式会谈，在很短的时间内一举实现了中日邦交正常化，解决了新中国成立后 23 年没能解决的难题。竹入义胜和周恩来的 3 次会谈在战后中日关系史上是一个重要事件，会谈的记录——"竹入笔记"对田中最后下决心尽快访华以及推动中日邦交正常化的实现，发挥了无可替代的积极作用。虽然竹入并不是田中的"特使"，称竹入为"和式基辛格"也有不准确之嫌，但是他成功地充当了周恩来的"密使"，为中日邦交的早日实现发挥了重要桥梁作用，这是不可否定的。

---

① 　姬鹏飞：《饮水不忘掘井人——中日建交纪实》，安建设编《周恩来的最后岁月 1966—1976》，中央文献出版社 2002 年版，第 329—331 页。

第五节　构筑对日"国际包围圈"

一　促进对美关系所包含的意图

为实现中日邦交正常化，周恩来从 20 世纪 50 年代开始，就对自民党、在野党、亲华派政治家及财界人士展开了工作，同时也积极利用国际环境以达成其外交目标。

正如第二章所述，20 世纪 50 年代中期，鸠山内阁虽然提出了对华复交的口号，但却没有取得什么进展。在这一背景下，周恩来展开了中美间大使级的外交接触等外交活动，逼迫日本采取进一步的行动。1964 年 1 月，中法建立邦交后，《人民日报》大量报道了"日本的戴高乐热"及日美间的矛盾，首先制造并推动了中法建交对日本的波及效应。进而，趁着西方各国在对华政策上的步调紊乱，中国对当时的池田内阁发出了建立良好政治关系的积极信号。虽然结果并没有成功，但当 1971 年出现"中美接近"这一绝好的国际形势时，中国再次利用这一杠杆启动了对日外交。

1971 年春，中国参加了当时的世界乒乓球锦标赛，以名古屋为舞台展开了"乒乓外交"。选取这一舞台本身就包含了中方意欲给日本造成戏剧性冲击效果的目的。实际上，正是"乒乓外交"引发了日本国内对华接近的热潮。1972 年 2 月，《上海公报》发表，美国承诺最终要从台湾撤走军事力量（但并没有提出明确的解决方案）。不过，在上海举办的答谢宴会上，尼克松还说道，"联合公报中我们所说的话，比起今后很多年我们所要做的事，并不是那么重要"。① 中美之间在共同声明的文件之外是否还有更多的秘密约定，给第三国留下了一个很大的谜团。基辛格证实，日本驻美大使牛场信彦曾多次造访他，想打听到一些新的重大秘密。

在中国政府为教育广大干部群众接受田中访华而编制的内部文件中，对于日美关系这样分析道，"在数年来日美矛盾激化、特别是'尼克松冲击'之后，日本感觉受到了美国的压制"。认为日美间已出现隔阂，可以利用这些矛盾来促进对日关系。另外，据朱建荣分析，"周恩来在尼克松访华前后得到消息，称日美间在'台湾问题'上相互猜疑，缺少交流和

---

① 朱建荣：《周恩来はなぜ对日復交を急いだか》，《月刊 Asahi》1992 年 11 月号，第 80 页。

沟通。在'台湾问题'的处理上日本担心再次被美国'越顶'"。

因尼克松访华，新的亚洲政治形势框架得以形成。周恩来判断，日本政府因"中美接近"而不得不改变其对华政策。因此，周恩来决定放弃在"中美接近"的压力下政策变化幅度有限的佐藤政权；而如果福田接任，即便其不大幅度改变对华政策，中方也将不予妥协，而要对其继续施压。这一方针的制定，接应了新的田中内阁的诞生，通过"中美接近"这一外部环境的压力，最大限度地引发了日本"对华接近"的可能性。

1972年5月17日，结束对罗马尼亚访问回国的自民党议员川崎秀二在记者招待会上说，美中之间有"秘密条约"。他引用直接从齐奥塞斯库总书记那里听到的话说，"关于怎样处理台湾的问题，之前的尼克松与周恩来会谈已经达成了意见的完全一致，其内容恐怕比中美共同声明中所表现的更加明确"，"我们认为，中美之间确有已经被国际社会所知晓的内容之外的'秘密条约'"。① 齐奥塞斯库是公认的亲华人士，在"中美接近"的过程中也发挥过积极作用，而川崎也是亲华派议员，在"尼克松冲击"后，作为自民党新议员访华团团长在北京与周恩来进行过恳谈。可以推测，此二人就中美间"秘密条约"等话题发表的言论，是在配合周恩来向日本展开的外交攻势。笔者在此做一番假设，也许这一开始就是周恩来有意向罗马尼亚散布的消息，打算经由罗马尼亚再传到日本。

1972年7月底的竹入访华，也是周恩来打出的一张巧妙的美国牌。如上所述，周恩来说过，"对于中日两国的友好，基辛格也表示了赞成。现在，中日两国都想尽快恢复邦交，因此美国也不应该反对。希望你们向首相报告，取得首相的理解，至于寻求美国理解的工作，可以由中国向美国做出解释"。根据另一资料，周恩来还说过，"（关于中日邦交正常化）如果美国和日本的协商进行得不顺利，我将会（为他们）联系上基辛格博士"。而关于"台湾问题"，周恩来说，"驻台美军在越南战争结束后将依次撤出。这个秘密我只告诉诸位"，有意将"驻台美军在将来会撤出"这一中美间的默契透露出来。这些发言很明显是在展示中美间的亲密关系，让日本放心地靠近中国。同时，也有在"台湾问题"上暗中逼迫日本做出让步的用意。

---

① 《朝日新闻》1972年5月18日。

二 国际压力与周恩来的意图

周恩来在与西欧进行外交交涉时，也会考虑到对日工作的影响。到 1972 年 5 月为止，中国已经同意大利、奥地利、英国、荷兰等国相继实现了复交或者提升了外交关系。7 月 19 日，西德前外长施罗德应周恩来的邀请对北京进行访问，双方就西德与中国的邦交正常化问题交换了意见。施罗德说：西德与中国建交的时机已经成熟。美中之间、日中之间存在"台湾问题"，而西德和蒋介石政权没有关系，因此也就不存在"台湾问题"。① 两天后的 7 月 21 日，周恩来叫回了正在与西德进行建交工作的新华社记者王殊，嘱其多与施罗德等政界人士接触，加速展开建交工作。② 周恩来坦率地说："田中首相不久后就会访华。如果能与西德尽早建立邦交，便能给他们施加压力。"③ 1972 年 7 月 24 日，日本政府还没有决定首相访华事宜。考虑到这一点，周恩来打算通过西德来对日本施加压力。但实际上，中德谈判由于西柏林问题而遭遇到意外，直到《中日联合声明》签订当日的 9 月 29 日，中德双方才在建立邦交的问题上达成一致。

周恩来为什么会考虑利用国际形势来促进中日邦交正常化的呢？

第一，这是源自历史传统。中国的春秋战国时代就已经有了"合纵连横"的外交战略。清朝晚期，中国自身的国力不断衰退，无法独自对抗列强的对华压力，于是便采取了"以夷制夷"的战略。1969 年，由于在珍宝岛发生了军事冲突，中苏关系日益紧张，中国领导层内部出现了对美靠近、缓解苏联压力的意见，这正好与尼克松、基辛格的对华接触意图相吻合，导致中美两国快速靠近。完全可以想象，由于拥有这样的传统，因此在对日方面也就采取了相同的手法。

第二，这与周恩来全权掌握着中国外交相关。新中国成立后，周恩来始终负责外交工作，对外交官们反复强调，"外交无小事。再细微的事情也要报告，并遵从上级的指示"。因此，外界普遍认为中国外交官授权有限，几乎没有灵活运用个人思考和变通的余地，在驻在国的工作方式如出

---

① 中共中央文献研究室编：《周恩来年谱》（下），中央文献出版社 1998 年版，第 538 页。
② 同上。
③ 外交部外交史研究室编：《新中国外交风云》（第 3 辑），世界知识出版社 1994 年版，第 198 页。

一辙，所做的发言也很单调。但这种高度集中的中国外交也有它的好处。这便是：掌控着所有外交政策和外交官工作的周恩来，无论是从政策层面，还是从外交官的使用层面出发，都可以像操控一台机器那样精准，巧妙地运作着中国的外交。周恩来在内政和外交两方面都了解最高层的政策，对世界各国的状况及形势的发展也拥有极其卓越的知识和洞察力，因此能够开展一元外交和综合外交，进而在处理不同的两国关系的过程中也能考虑到其相互影响而产生的增强效果。中国政府之所以能迅速而准确地构筑对日"国际包围圈"，也是因为周恩来能够超越部司之间、部门之间不同的利益和想法，直接给所有部门及外交官发出指示，从而减少了各部门之间相互联络的周折。

第三，这与周恩来的"急迫感"有关（本书第五章将要论述到）。1972 年，由于毛泽东等其他领导人忙于处理国内政治，周恩来有了在外交领域最大限度地使用自由裁量权的机会。但他本人最清楚，这仅限于毛泽东埋头处理"林彪事件"这一段时间，并不能持久。毛泽东在 1972 年 2 月的前半期病倒，不久后的 5 月份，周恩来在定期的健康检查中发现了癌细胞。作为亲身经历过 20 世纪前半期日本的膨胀以及对华侵略的一代领导人，周恩来拥有一种使命感，希望通过自己的努力为中日之间不幸的历史画上句号。在有限的政治生命和人生中，背负历史使命感的周恩来看到了中日邦交正常化的可能性，并为此投入了毕生的智慧和经验，爆发出了最大限度的热情。对日"国际包围圈"的构筑可以视作周恩来殚精竭虑、鞠躬尽瘁的表现。

第四章

中国国内为实现中日邦交正常化
所做的准备工作

为实现中日邦交正常化，仅对日方做工作还是不够的，还必须对中国国内民众做解释、说服的工作。

中国对于日本，除了台湾地区被割让 50 年之外，双方在战争的历史责任问题、战争的赔偿问题等方面感情的隔阂很大，在日本侵华战争中失去亲人、饱受苦难的中国民众数量达上亿人。1973 年 1 月，毛泽东主席对访华的美国国务卿基辛格说，"我国人民与日本人民的和解，比与你们国家的和解要困难得多"。① 1972 年，众多经历过日本侵华战争的人还都健在，在日邦交正常化的问题上说服国内的人民转换情感也是中国的一个很重要课题。

周恩来很清楚地认识到这一点。在对日本展开外交的同时，为了得到中国国内人民对田中访华和中日邦交正常化的理解，他做了大量的具体的准备工作。对中国国内民众的解释说服工作和对日工作一样，都是周恩来主导下的实现中日邦交正常化工作的一个重要基础。通过对这一部分的研究，可以进一步理解周恩来在中日邦交正常化工作中所倾注的辛劳。

本章主要分析以周恩来为首的负责内外政策的中国领导人，是如何在中国国内为实现中日邦交正常化而展开各项准备工作的。首先要阐述的是周恩来主导的对日政策产生的背景，即中国当时所面临的国际形势和国内形势。在此基础上，再一一探讨中国内部是如何分析日本局势的，中国领导人又是采用什么样的理论说服国内民众，进而又是怎样具体地展开群众工作的。

---

① 美国国务院所记录的毛泽东、周恩来与基辛格、尼克松谈话的记录。载于 *The Kissinger Transcripts*, Published in the United States by The New Press (New York), pp. 95 – 96.

第一节　20世纪70年代初期的内外形势
与中央内部的"权力调整"

在中日邦交正常化进程中的20世纪60年代末到70年代初，中国正处于"文化大革命"的高潮时期，政治、经济、社会各方面都是自新中国成立以来最混乱的时期。由于"造反外交"，中国与一直保持友好关系的各个国家的交流也逐渐冷却，陷入了"无外交"的状态。在不断高呼与美帝国主义做斗争的同时，与过去的盟友苏联的关系也陷入战争"一触即发"的紧张状态。当时的中国真可谓"内忧外患"。另外，由于"林彪事件"的发生，毛泽东的身心曾一度陷入"低落状态"，因此，周恩来在外交方面获得了前所未有的权限，出现了一种"权力调整"。

一　中苏关系的恶化及对美缓和的摸索

1969年3月，在中苏边境的乌苏里江中的珍宝岛（俄方称达曼斯基岛），发生了中国人民解放军与苏军的武装冲突，引起了世界的震惊。其后，苏联在外交和军事两方面对中国施加压力，甚至暗示要对中国进行核打击。中国领导人强烈地感到来自苏联的武力威胁，对全国发出了备战动员令。中国的"主要敌人"自此以后由美国转变为苏联。[①]

在中苏关系日益紧张的背景下，1969年2月19日（珍宝岛事件发生前一个月），毛泽东通过周恩来，指示陈毅、叶剑英、聂荣臻、徐向前等四位元帅研究国际形势。珍宝岛事件发生后的3月7日，毛泽东在关于起草第九次党代会的政治报告的指示中指出，要注意苏联发动侵略战争的可能性。四位元帅分别以《对战争形势的分析》（7月）、《关于对当前形势的看法》（9月）为题，向周恩来提交了报告。[②] 四位元帅提出："中苏对立比中美对立更为严重，美苏对立比中苏对立更为严重"，苏联对于中国、对于美国都是主要的威胁"，即提出了"苏联威胁论"。[③] 1969年9

---

① キッシンジャー著、斉藤彌三郎等訳：《キッシンジャー秘録　ワシントの苦悩》，小学館1979年版，第235頁—241頁。

② 中共中央文献研究室编：《周恩来年谱》（下），中央文献出版社1998年版，第283、302页。

③ 熊向晖：《打开中美关系的前奏》，《瞭望周刊》1992年第35期，第23—25页。

月 11 日，在北京机场举行了周恩来与苏联总理柯西金的会谈，双方因意见分歧不欢而散，之后周恩来指示，"要随时防备苏联的突然袭击"。

在中国有"林彪反对与美国接近，而图谋逃亡苏联"的说法。然而，似乎这也并非事实。这种说法的根据是，在尼克松访华时，毛泽东亲自向他透露的：林彪反对中美和解，就逃跑去苏联。其后，在国内外的研究者中间，认为林彪与毛泽东在对美、对苏路线上的对立导致林彪出逃苏联的说法成为了一种权威观点。近些年，有人对这种说法提出了很多质疑。概括地说：就是林彪当时并不负责外交，不太可能会在对美路线问题上与毛泽东发生冲突，也从未发现过任何证据来证明林彪有过反对对美和解的言论。

实际上，1969 年以后，林彪还担任过准备与苏联进行战争的国防战备工作的负责人。自那以后，中国全国上下进入备战状态，各大城市都为防御苏联空袭而开始大规模修建防空洞，进入临战状态。中苏关系的紧张为中国外交带来了巨大转变，这正好同急于从越南战争的泥潭中摆脱出来的美国的意图相一致，于是以基辛格秘密访华为契机，中美紧张关系急速缓和并得到进一步改善。与此同时，中国为了抵御来自苏联的军事威胁，想要与更多的国家结成反苏统一战线，而促进对日关系的改善也有这方面的考虑。

然而，把中国急于实现中日邦交正常化的主要原因归结为中苏关系的紧张和打算抵御来自苏联的军事威胁也是不客观的。原因是：第一，中国自 50 年代以后一直都在寻求恢复对日邦交。第二，也没有证据表明，中国迫于苏联的威胁而自己降低了中日邦交正常化的条件。

二　摆脱国内经济发展的停滞

1966 年开始的"文化大革命"，致使中国国内政治混乱，经济停滞，外交政策僵化。当时的中国经济与相邻高速发展的各国、各地区之间差距越来越大。在 1969 年的中共中央第九次党代会上，毛泽东原本准备宣布"文化大革命"已经取得胜利，将把力量再次投入到经济建设中去——在林彪的指示下，起草党代会政治报告初稿的陈伯达，提出了重视经济发展内容的草案——但是，由于林彪权力的不断扩大引起了毛泽东的警惕，毛泽东对此事进行了干预，让张春桥等"四人帮"另行起草了"阶级斗争优先"的报告草案，并决定采用。周恩来内心里是赞同优先恢复经济的。

"林彪事件"发生后，周恩来在思考改善对美、对日关系的同时，也开始计划着力于国内经济的发展。1972 年 2 月，周恩来得到毛泽东的允许，拨出 43 亿美元的外汇从工业发达国家引进了约 10 套大型化肥厂、石油化工厂的成套设备。

在此期间，周恩来积极地向日本的政治家、财界人士介绍中国市场的魅力。孙平化曾证实说："我们同日本进行民间贸易的初衷，就是要与日本政府进行直接的交流。周恩来总理很早以前就考虑从日本进口设备和技术的事情。"① 孙平化还回忆说："我在北戴河向周总理汇报关于对日关系的工作时，总理说我们的经济建设还不能全部靠自己的力量来解决，在这种情况下，从外国引进设备极为适宜，还应更早些引进。但我们稍稍晚了些。"周恩来向日本的经济界宣传中国巨大市场的魅力，吸引他们加入促进中日关系的圈子。同时周恩来也计划，作为促进中国自身经济发展的一种手段，在实现中日邦交正常化之后，将更加积极地引进日本的技术力量。

由此可见，中国强烈希望实现中日邦交正常化的理由有三点。第一，在经济层面，如果能与高速发展的日本形成良好关系，就可以获得中国经济建设所需要的资金与技术。在造船、钢铁、化工等领域，日本的技术是世界一流的，也是中国最需要的，与日本改善关系将有利于这样的经济交流。第二，通过重返联合国，中国登上了国际社会的舞台，影响力得到提升，与此同时，通过中日邦交正常化，可以进一步减弱台湾当局在国际社会的存在。第三，即是在安全方面，与同美国接近一样，中日邦交正常化同样具有抵御来自苏联威胁的意图。

三　"林彪事件"后周恩来权限的扩大

在毛泽东时代，中国政府重要的对外政策——全面的外交战略以及对美、对苏等事关大局的外交决策，都是按照"毛泽东主导、周恩来辅助"这样一种职责分工来实施的。② 对美接近的操作，也基本属于这样的方式。只是在"林彪事件"之后的一个时期（将近一年），毛泽东虽然也参

---

① 孙平化：《我的履历书》，世界知识出版 1998 年版，第 71 页。

② 以下的研究者提出了上述分析：ドーク・バーネット著，伊豆見元、田中明彦訳：《現代中国の外交》，教育社 1986 年版，第 21 頁。石井明：《中国の対日政策の決定——組織と人事》，《東亜》1988 年 9 月号，第 11—12 頁。

与讨论及听取报告，但周恩来才是政策的主要设计者与执行者，这是没有异议的事实。

曾分别随同尼克松、福特两位总统及基辛格一同访华，并参加了所有与中国首脑会谈的美国国家安全会议工作人员威斯顿·洛德说：

> 在 1971 年、1972 年、1973 年的所有中美首脑会谈中，周恩来是主导性人物。当然，毛泽东也是主导性人物。在周恩来与毛泽东一起出席会谈时，明显可见毛泽东是首要人物。毛泽东会提出所谓全面的方针，在每一个具体问题上只是简要地一带而过。会谈后，周恩来会以更详细的说明加以补充。他的表述非常优雅、善辩、有力，充满了自信。①

"毛泽东主导、周恩来辅佐"这种传统的模式，到 1971 年末至 1972 年秋发生了意外，这是由于出现了特殊的国内外条件。

在"文化大革命"的过程中，林彪集团的影响力迅速扩大。林彪集团的成员在中央政治局成为一股重要的势力，林彪作为唯一的副主席被定为毛泽东的接班人，并被明确写入了党章。

据说，1970 年 4 月 11 日，林彪向毛泽东提出设国家主席的方案，但第二天，毛泽东就指示说，"这个提案不妥"。② 同年 8 月，在庐山召开的党的第九届二中全会上，林彪又重新提出设国家主席的问题。毛泽东指出是林彪本人想当国家主席，再一次断然否决了此提案，并开始了反对林彪集团的斗争。③ 但是实际上，已经成为了毛主席接班人的林彪，没有硬要当国家主席的必要。他事前已将提案送交毛泽东，毛泽东也没有强烈反对。所以，与其说是林彪为了夺取政权而提出设立国家主席，或许倒是可以认为，这是毛泽东以此为借口，来削弱林彪本人及其一伙的势力。

经过 1971 年夏天激烈的内部斗争，同年 9 月 13 日，林彪乘坐的飞机在飞向苏联的途中，坠毁于蒙古国，包括林彪在内的机组乘员全部死亡。

---

① 《アジア・クォータリー》，1985 年 4 月号，第 94 页。
② 中共中央文献研究室编：《周恩来年谱》（下），中央文献出版社 1998 年版，第 361 页。
③ 同上书，第 387—388 页。

这一事件给中国的领导层以及中国的社会造成了很大冲击，特别是毛泽东遭受了很大的打击。他虽然想惩罚一下林彪，削弱他的权力，但却未曾料到事态竟然发展到这种程度。不管怎么说，是经过毛泽东本人推举并同意，林彪的地位才上升到如此程度的，一直以来，中共中央对全国人民宣传的都是，"林彪是毛泽东最亲密的战友与同志，是毛泽东思想最忠实的理解者与执行者"。现在却突然发生了林彪阴谋"暗杀"毛泽东，并在失败之后想要逃亡苏联的事件，这无法向人民作出解释，这一事件对毛泽东本人在心理上也造成了巨大冲击。

"林彪事件"导致林彪集团所占据的权位出现了真空。"四人帮"尚未发展到能取而代之的程度，中共中央政治局的常委只剩下毛泽东、周恩来、康生三人。而毛泽东本人尚未从"林彪事件"的冲击中振作起来，一时无法主持工作，形势出现了对周恩来有利的"权利真空局面"。[1] 1971 年 10 月，毛泽东将党务、政务全权委托给周恩来。军队的负责人选用了周恩来的战友叶剑英，并指示重要事务全都要向周恩来报告。[2] 周恩来取得了仅次于毛泽东的地位，权限大幅度扩大。据相关回忆，毛泽东在周恩来、江青面前，将国家的党务、政务、军队的大权全都委托给了周恩来。

在尼克松访华期间，与尼克松接触的全是在周恩来领导下的、忠实执行他的指示的叶剑英、李先念、姬鹏飞、乔冠华等人。与此相比，"四人帮"的影响还很弱。江青只是陪同尼克松夫妇观看了现代革命芭蕾舞剧。张春桥在北京一次也没有出席过中美首脑会谈，只是在上海接待了尼克松一行。姚文元在北京和上海都没有露面，只是当周恩来在上海欢送尼克松归国后，在北京机场迎接周恩来时露了一面。[3] 可以认为，这基本准确地反映了当时中国领导层内部的权力关系。

1972 年 2 月 29 日，周恩来在上海机场为尼克松一行送行后回到北京时，中共中央政治局委员江青、中央军委副主席叶剑英、副总理李先念、姚文元等，以及近 5000 名北京市民、中国人民解放军战士在北京机场迎接，并举行了盛大的欢迎仪式。[4] 如果说周恩来是出国访问回国就另当别

---

① 金冲及主编：《周恩来传》（下），中央文献出版社 1998 年版，第 2003 页。
② 纪东：《难忘的八年——周恩来秘书回忆录》，中央文献出版社 2007 年版，第 133 页。
③ 《文汇报》1972 年 2 月 21—3 月 5 日。
④ 《人民日报》1972 年 3 月 1 日。

论了，但从上海机场回来受到如此欢迎，则是极为罕见的。这除了向美国表明中国高度评价尼克松此次访华及中美两国发表的《上海公报》之外，同时也象征性地说明，通过林彪垮台与尼克松访华，周恩来的地位上升到了顶峰，其权力也得到了极大的强化。

此次毛泽东将党、政、军大权几乎悉数交给周恩来，是因为毛泽东受到"林彪事件"的重大打击，健康状况极度恶化。据毛泽东的生活秘书张玉凤证实，毛泽东从 1971 年初开始患肺炎，咳嗽不止。在"林彪事件"后的当年冬天，毛泽东病情加重。1972 年 1 月又并发心脏病，突然晕倒，一度失去意识。① 而且，毛泽东久久不能从"林彪事件"的重创中摆脱出来，甚至不相信医生的诊断，拒绝治疗。

就在尼克松到达北京的当天（2 月 21 日）上午，毛泽东还在病床上躺着。秘书随时向他报告专机的到达、接待等情况，毛泽东在周恩来主持的欢迎午宴之后，突然决定马上会见尼克松。但是，他脚肿得厉害，穿上特大号的黑布鞋，又匆忙整理了仪容。② 美方当时也察觉到毛泽东身体有病。陪同出席会见的基辛格证实，毛泽东行走困难，说话也很费劲。他身体的这种状况一直持续到同年的秋天。

四　周恩来本人的健康状况

至此，本书已经探讨了由于毛泽东的健康状况，使周恩来在处理中日邦交正常化的决策过程中扩大了权限。实际上，这时已经查明，周恩来自身也面临严重的健康问题。如果说"林彪事件"后，毛泽东健康状况的变化对几个月之后的中日邦交正常化中的"权力结构转变"发生了影响的话，也可以说，其间发生的对周恩来本人罹患癌症的诊断，也促使他进一步加快了具体的对日工作的步伐。

如在本书第一章中所分析的，周恩来在青年时期曾在日本留学，作为知日派，他对日本具有特殊的感情。而且，在中美关系改善等构筑新的国际关系的过程中，周恩来始终具有亲自实现中日邦交正常化的愿望。

尽管周恩来从 1972 年春开始个人的权力达到了顶峰，但同时也感到

---

① 张玉凤：《毛泽东、周恩来晚年二三事》，载于《炎黄春秋》1989 年第 1 号，第 8—12 页。

② 同上。

了健康的恶化与生命的无情。在"文化大革命"期间，在执行毛泽东激进的革命路线的同时，周恩来竭力将混乱限制在最小的规模内，由此加重了他的身心疲劳，使健康受到损害。1971 年冬，他出现了便血，第二年初从尿样中发现了大量的红血球。此后，医生加强了对他的定期检查。通过在 1972 年 5 月 11 日或 12 日开始的一周的精细检查后，终于在 18 日正式确认为膀胱癌。① 秘书证实，6 月，周恩来在陪同斯里兰卡总理班达拉奈克夫人访问大连时，还出现过心脏病发作的情况。② 根据毛泽东的指示全权主持日常工作的周恩来，无法从繁重工作中抽身，也无法及时得到恰当的治疗，从而进一步加剧了癌症的恶化。③

周恩来自己也知道病情的严重，甚至感觉自己时日无多了。④ 他希望更早实现中日邦交正常化，并加快了对日工作的步伐。就在 1972 年 5 月 15 日，周恩来对来访的日本公明党第二次访华团的二宫文造团长说，"我已经 74 岁了。我虽然了解日本，但已经不年轻了。我希望趁我还没闭上眼睛时能为中日友好打下基础。熟悉日本的人都年纪大了"。⑤ 可以想象，总是充满理性、精力充沛的周恩来，说出如此感伤的话，或许是因为已感到其生命时日无多了。实际上，在同年二月的中美首脑会谈中，周恩来也曾说过，"我已经等不了十年了"。尼克松感叹道："他感到，有很多需要现在的领导层去做的工作都没有完成，而自己却接近了人生的终点，这种感觉纠缠着他难以摆脱。"⑥ 周恩来感觉到健康在恶化，这进一步加深了他想趁自己还能全力工作的时候亲手实现中日邦交正常化的愿望和历史的使命感。

从上述的分析中可知，周恩来在中美接触后，全力推进中日邦交正常化，有以下一些原因。第一，在内政和外交方面，周恩来认识到，要想从恶化的国际环境、停滞的国内经济建设中摆脱出来，收拾混乱的中国国内政治局面，进而迈入国际社会，这些都需要与日本建立良好的关系。第二，从中国领导层的权力配置来看，担任实现中日邦交正常化主

---

① 中共中央文献研究室编：《周恩来年谱》（下），中央文献出版社 1998 年版，第 526 页。
② 纪东：《难忘的八年——周恩来秘书回忆录》，中央文献出版社 2007 年版，第 133 页。
③ 同上。
④ 張佐良：《周恩来：最後の十年》，日本経済新聞社 1999 年版，第 280 页。
⑤ 毎日新聞社政治部：《転換期の〈安保〉》，毎日新聞社 1979 年版，第 155 页。
⑥ ニクソン：《ニクソン回顧録》，小学館 1978 年版，第 435 页。

角的周恩来，以"林彪事件"为契机，从 1971 年下半年到 1972 年秋季，曾集内政与外交大权于一手。于是，他为实现中日邦交正常化倾注了全部精力。① 第三，从周恩来自身的健康状况来看，他作为中国最大的知日派，知道自己生命时日无多，急切地想在有生之年亲手实现中日邦交正常化。

关于"林彪事件"后周恩来权限扩大的背景和原因，由于与本书主题有直接关联，虽然可能有些重复，但还是想再梳理、概括成以下三点。一是"林彪事件"后，毛泽东由于自身健康状况的恶化，不得不把党、政、军大权全部委托给周恩来。二是在对美问题上，自基辛格的第一次秘密访华之后，这一问题已确定了方向，其中所体现出的毛泽东的整个外交战略（所谓联美反苏），周恩来是理解最深的，因此毛泽东很放心，觉得他值得托付。

笔者认为，在毛泽东的思考当中，对日关系是囊括于中美建交的大框架内的，他是不必给予过细关心的。实际上，在"林彪事件"之后，毛泽东关于外交问题的言论急剧减少了（虽然与健康问题有关）。② 进而言之，"四人帮"当时还不具备足够的力量，尚未手握大权。正是由于具备了这样的条件，周恩来在推动中日邦交正常化的过程中，才承担了导演和主角的双重角色。

需要指出的是，即使在那时，周恩来本人也从未自恃权重。在对周恩来的研究中，中国的研究人员几乎一致认为，周恩来对毛泽东的"忠心"是毋庸置疑的。特别是晚年的周恩来，无论在任何场合，只要是毛泽东作出的指示，他都遵从；他总是树立毛泽东的威信，注意不要超越毛泽东的声望。③ 尼克松访华后，周恩来利用各种场合，控制国内对自己的宣传。对国外，他一再声明，毛泽东才是中国外交真正的主角，中国外交都是在毛泽东的领导下进行的。

在田中访华之前，中国的内部刊物《参考资料》上刊登了一篇日本

① 姬鹏飞：《引水不忘掘井人——中日建交记实》，安建设编《周恩来的最后岁月（1965—1976）》，中央文献出版社 1995 年版，第 325—336 页。
② 笔者根据调查《毛泽东外交文选》的结果得知，毛泽东关于外交的发言，与几年前相比较急剧减少了。
③ 笔者从 2007 年到 2008 年，采访了研究周恩来的官方机构——中共中央文献研究室周恩来研究组的廖心文、安建设和周恩来的秘书纪东、周恩来的卫士长高振普，并阅读了大量文献，而得出这样的结论。

人仰慕周恩来的文章，周恩来看到后说"吹我的，读了讨厌"，指示今后切实改正。[①] 1972 年 7 月，中国外交部日本处处长陈抗在出发去日本之前，出席了周恩来召集的会议。当时，他亲耳听到周恩来这样说道，"我之所以表态，对田中内阁实现中日邦交正常化的姿态表示欢迎，这是因为毛主席对我说，我们应当采取积极的态度（来推动此事）。我们必须遵循毛主席的思想与战略部署"。[②]

可以说，在大的框架上，周恩来自 1949 年以来始终遵循着毛泽东所决定的"大政方针"。不过，就本书的主题而言，"中日邦交正常化全过程的大政方针，都是由毛泽东决定的。周恩来仅是执行者"的"说法"是否恰当呢？恐怕很大程度上并非如此，而探讨这一真相，正是本书的目的所在。

周恩来在推动中日邦交正常化的过程中，也时时提到毛泽东的"思想与战略部署"。这是出于周恩来的多重考虑的，既有对毛泽东的尊重，也有不给"四人帮"钻空子的考虑，而且，这样做在"文化大革命"期间的中国也更易于领导下属。但是笔者想说的是，如果以此为依据完全否定周恩来的主导作用，那是完全不符合实际的。

1972 年 10 月，周恩来让《人民日报》发表了反对极左路线的评论文章，引起了"四人帮"的反对。12 月，毛泽东肯定了"四人帮"的观点。[③] 其后，毛泽东多次批评周恩来。在 1973 年 8 月召开的中国共产党第十次代表大会上，由毛泽东提名，王洪文被选为国家副主席。张春桥任政治局常委，江青和姚文元任政治局委员。"四人帮"掌握了更大的权力。其后，由"四人帮"主导，在全国开展了"批林批孔"运动。据周恩来的秘书纪东的回忆，"林彪事件"后，周恩来对极左路线的批判，最初是得到了毛泽东的同意的。但是，就在开始鲜明地反对极左路线之际，又与毛泽东发动"文化大革命"的理念产生了冲突，这是毛泽东所不能允许的。毛泽东以《人民日报》副主编王若水关于极左路线的意见书为由，从 1973 年 7 月到 12 月，曾三次在公开场合连续批评周恩来。毛泽东又在不通知周恩来的情况下，委任王洪文、张春桥负责

① 中共中央文献研究室编：《周恩来年谱》（下），中央文献出版社 1998 年版，第 498 页。

② 孙平化：《我的履历书》，世界知识出版社 1998 年版，第 89 页。

③ 金冲及主编：《周恩来传》（下），中央文献出版社 1998 年版，第 2026—2028 页。

外交部的事务。①

　　其后，周恩来一边与病魔抗争，一边反复进行自我批评，渡过了人生中最后的艰难的三年。

第二节　中日邦交正常化的国内准备工作

一　人才保障

　　在中日邦交正常化以前，负责中国对日交流工作的是"对日工作小组"，他们是中国知日派的代表性人物。这些人几乎都在日本留过学，或是在日本生活过。其代表人物就是廖承志，而且廖承志领导下的从事对日工作的"四大金刚"——王晓云、赵安博、孙平化、肖向前等人也属于这个小组。在国内，"对日工作小组"的人员与负责对美接触的人员（例如乔冠华、章含之、王海容等）相比，并不是那么显眼，但在实现中日邦交正常化的过程中，他们发挥了中日之间的桥梁作用，在迅速、圆满地贯彻中国政府的对日政策上起到了重要的作用。指导"对日工作小组"的，就是曾经在日本留过学的周恩来。

　　在那个年代，关于日本的信息非常少，或者说受到了中国国内政治强烈影响，"对日工作小组"人员的对日认识、对日工作，虽然不可能对发展与促进中日关系起到决定性的影响，但是他们的意见、主张、行动等无疑反映出了中国政府的对日认识以及中日关系的复杂性。

　　在20世纪50年代开始的中日民间外交、接待日本人士访华团、中国代表团访问日本等中日交流的舞台上，都有"对日工作小组"积极活跃的身影。但是，"文化大革命"中的"造反外交"，导致中国几乎停止了与所有国家的交流。中日交流也受到了干扰。接着，中国国内兴起了"干部下放"运动和建立"五七干部学校"（简称"五七干校"），廖承志等"对日工作小组"的人员几乎都被下放到"五七干校"去了。

　　1968年以后，"对日工作小组"的工作人员也不得不离开工作单位，到"五七干校"参加学习。随着中日邦交正常化气氛的高涨，周恩来开始把这些干部和人才相继调出农村，恢复其本职的业务工作。

---

① 纪东：《难忘的八年——周恩来秘书回忆录》，中央文献出版社2007年版，第152—157页。

知日派实力人物廖承志，1908 年出生，是在东京出生、东京长大的所谓"老东京"。其父系中国国民党干部、孙文的盟友廖仲恺，其母便是同为中国国民党干部、后任中国国民党革命委员会中央执行委员会常务委员的何香凝。廖承志 1919 年归国，1925 年其父廖仲恺被暗杀后，又再次东渡日本，进入早稻田大学学习。1928 年，在"济南事件"发生后回国，并加入中国共产党。从尚未实现中日邦交正常化的 20 世纪 50 年代开始，他就在周恩来的直接领导下，作为中国政府对日交流窗口的负责人开展工作。1962 年 11 月，他与高碕达之助缔结中日民间贸易备忘录，取廖承志与高碕达之助名字的字头，称为"LT 贸易"备忘录。他长期担任设立于1963 的中日友好协会的会长，直到去世。

1965 年 11 月，中国开始了"文化大革命"。廖承志领导了 1964 年 8 月设立的中日"备忘录贸易"东京办事处的一系列有关工作，在接待了来自日本的各种访华团之后，便从对日交流的舞台上消失了。①

1971 年的"尼克松冲击"之后，周恩来在向日本各界展开工作以促进实现中日邦交正常化的时候，就开始考虑把廖承志从"五七干校"解放出来。周恩来巧妙地劝说毛泽东，利用各种时机分三步走，使廖承志重返中日邦交正常化谈判的舞台。

首先，周恩来向日方发出了让廖承志"复出"的信号。1971 年 8 月20 日，中日民间贸易的功臣松村谦三去世。当时，"对日工作小组"的人员几乎都被下放到"五七干校"去了，而进驻中国外交部、负责对日工作的中国人民解放军干部并不熟悉日本的情况。8 月 21 日，周恩来决定派中国政府代表前往日本出席松村谦三的葬礼，指示以周恩来、郭沫若及廖承志的名义，于 22 日向松村家以及日本的有关团体分别发了唁电。②这就向日本发出了对日民间交流的负责人廖承志已经"解放"了的信息，也暗示着中国国内已经做好了中日邦交谈判的人事准备工作。

接着，周恩来让廖承志逐步登上了中日交流的舞台。1971 年国庆节前，廖承志还正在接受"隔离审查"，尚未恢复工作。这一年，由于许多日本代表团来华访问，周恩来通过秘书，指示廖承志在北京待命。10 月15 日，预定出席日本松山芭蕾舞团公演的周恩来，明知廖承志还处于被

---

① 吴学文、王俊彦：《一门忠烈　廖氏家族》，中央党史出版社 2007 年版，第 549 页。
② 吴学文、王俊彦：《廖承志与日本》，中央党史出版社 2007 年版，第 363 页。

隔离状态，却指示中日友好协会，让廖承志也出席当天的公演。中国的各大报纸第二天都报道了出席公演的领导人名单，其中出现了"因病疗养中的中日友好协会会长廖承志"的表述。1972 年 4 月 17 日，廖承志从北京医院来到人民大会堂，与周恩来一同会见了日本自民党顾问三木武夫。①廖承志时隔 5 年后会见日本代表团，恢复了对日交流的具体工作。此后，廖承志的老朋友藤山爱一郎、木村一三等人相继访华，都与廖承志见过面。

进而，周恩来得到毛泽东的许可，让廖承志站到了中日邦交正常化谈判的前台。1972 年 6 月，周恩来为了向毛泽东汇报关于实现中日邦交正常化的日本国内形势，让廖承志陪同一起来到毛泽东的住处。周恩来和廖承志汇报了日本国内的情况，包括日本社会各界已经接受了"复交三原则"、佐藤政权受到了孤立等等。毛泽东指示要在对日外交中投入更大的力量。毛泽东看着廖承志问道："你怎么这么长时间不到我这儿来呀？"廖承志回答说："我被打倒了。"毛泽东问周恩来："他为什么被打倒了？"

其后，周恩来以这次毛泽东同廖承志的会面为起点，让廖承志完全恢复了工作。廖承志除了担任中日友好协会会长之外，还被恢复了国务院外事办公室副主任、国务院华侨办公室主任的职务，并作为外交部顾问参加中日邦交正常化谈判，出席了"毛泽东与田中角荣的会见"。这样，经过周恩来的周密安排，廖承志重新活跃在中日邦交正常化的台前幕后。在日本方面，由于廖承志恢复了工作，许多日本友人对中日交流恢复了信心。在国内，廖承志重新成为负责对日政策的周恩来的左膀右臂。

肖向前、孙平化二人，从 20 世纪 50 年代开始就参加了对日民间外交工作，是"对日工作小组"的重要成员。1952 年，高良富、帆足计、宫腰喜助等三位日本政治家途经莫斯科，作为第一批日本人访问北京时，就是由肖向前、孙平化负责接待的。他们两个人都曾经在日本留学，与同样有过日本留学经历的赵安博、王晓云一起，被喻为廖承志的"四大金刚"。

肖向前，1918 年出生于辽宁省台安县，少年时代经历了日军的侵略，从沈阳奉天师范学校毕业后，从 1938 年开始在日本东京高等师范学校留

---

① 中共中央文献研究室编：《周恩来年谱》（下），中央文献出版社 1998 年版，第 520 页。

学四年。20 世纪 40 年代回国，1951 年在中共中央统战部海外经济研究室工作，1952 年开始长期从事对日民间交流工作。

"文化大革命"开始后，中国几乎停止了与各国的交流，对日民间交流也不例外。作为"对日工作小组"的一员，肖向前被下放到山西的"五七干校"，和农民一起劳动，接受思想改造。1971 年，基辛格秘密访华所引发的"尼克松冲击"给日本国内带来了很大震撼。那一年的国庆节之前，日本自民党议员藤山爱一郎率领"促进日中邦交正常化议员联盟"代表团访问中国。这是相隔多年来访的日本重要代表团，而且是由促进中日邦交正常化的日本政治家组成的代表团，因此周恩来亲自指挥接待的准备工作。当时，熟悉日本情况的几乎所有的"对日工作小组"人员都不在北京。周恩来指示，尽快把"对日工作小组"的人员召回北京，参加对日交流的工作。肖向前根据周恩来的指示，从山西省回到北京，参加了接待藤山访华团的准备工作。[①]

以接待藤山访华团的工作为契机，肖向前作为"对日工作小组"的主要成员被恢复了业务工作。1972 年 5 月，他被周恩来直接任命为中日"备忘录贸易"办事处驻东京联络处的首席代表，于 6 月上任。7 月，他与来日本访问的孙平化一起开展了华丽的"芭蕾舞外交"，为促进田中内阁尽早访华发挥了作用。

另一位是孙平化，他毕业于伪满州国奉天省第二工科高级中学，于 1939 年赴东京工业大学留学，其间开始购买和阅读共产主义的书籍，是共产党外围团体的活跃分子。他于 1943 年回国，1952 年参加接待了日本第一批访华团的三名代表。此后，成为"对日工作小组"的主要成员。1957 年，他开始担任中国人民对外文化协会秘书长，数次访问日本。1964 年 8 月，担任中日"备忘录贸易"办事处驻东京联络处的首席代表，为中日民间贸易作出了很大贡献。在"文化大革命"期间的 1967 年，他回国休假，被直接下放到"五七干校"，此后再没有回到首席代表的任上。

1972 年 3 月末，藤山爱一郎再次访问中国，与周恩来就中日邦交正常化的具体内容交换了情况。藤山爱一郎向周恩来介绍说，日本国内对于中日邦交正常化的气氛已经高涨起来，佐藤内阁必定辞职。在佐藤后任的

---

① 肖向前：《中日复交密闻》，《纵横》2007 年第 6 期，第 49 页。

人选当中，除了福田之外，其余的田中、大平和三木三人都希望能够早日与中国复交。因此，藤山建议最好尽早派遣中日"备忘录贸易"驻东京联络处的首席代表赴日。① 周恩来接受了藤山的建议，于 5 月任命肖向前为首席代表，并将下放到"五七干校"的前首席代表孙平化也召回北京，到中日友好协会复职。1972 年 6 月，孙平化受周恩来指示出任团长，率上海舞剧团于 7 月访问日本，在日本掀起了对华友好的热潮。

由于廖承志、肖向前、孙平化的相继复出，加上在此以前已经恢复工作的张香山、赵安博、王晓云等日本问题专家，周恩来部署对日外交负责人的工作基本完成。

二　重开日语教育

根据日本国际交流基金 2012 年日语教育机构调查的结果，中国初等、中等、高等教育与校外教育相结合，现在有 105 万左右的中国人在学习日语。其中约有 385 所大学实施日语教育，近 68 万年轻人专攻日语，或将日语作为第一外语、第二外语来学习。② 据日本国际交流基金统计，以整个日语学习者为对象所实施的日语能力测试，在中国很受欢迎，2010 年度中国国内接受测试者人数超过 27 万，按地区与国别计算，为世界之首。懂日语的人如此之多，是其他地区与国家所不能相比的。

然而，拥有如此庞大规模的中国的日语教育，在其大学本科层次的日语专业的教学历史却出人意料地短。其真正的开始是在中日邦交正常化前后，由周恩来的亲自领导而设立的。

"二战"后，新中国的国家基本建设要靠苏联，实行的基本国策是向苏联"一边倒"。当时在中国，说到外语就是清一色的俄语。这种情况出现变化，是在中国开始摸索脱离苏联、自力更生的 20 世纪 50 年代后期。

当时，正式出版的日语教材只有一本，就是北京大学陈信德的《现代日语实用语法》（1958 年出版）。③ 而且，到 50 年代末，中国设立日语

---

① 肖向前：《中日复交密闻》，《纵横》2007 年第 6 期，第 49 页。
② 日本国际交流基金：《日语教育国别地域别情报》，日本《2012 年度日本语教育机构调查结果》，参照 http://www.jpf.go.jp/j/japanese/survey/country/2013/china.html#KEKKA，这里列举的是 2014 年 8 月 3 日报道的信息。
③ 王健宜：《中国の大学の日本語専攻における問題—卒業論文の指導》，《中国21》第27号，風媒社 2007 年 3 月，第 55 頁。

专业的大学，只有北京大学、外交学院、解放军外国语学院、对外贸易学院（现对外经济贸易大学）、上海外国语学院（现上海外国语大学）5 所大学。1963 年底，按照中共中央关于"在高等学校设立外国问题研究机构"的指示精神，第二年 10 月制定了《外语教育七年发展纲要》，各综合性大学的外语系开始陆续设立日语专业。但是，刚刚兴起的日语教育，就受到"文化大革命"的重大打击，完全停顿下来。据上海国际问题研究所日本研究室前主任吴寄南介绍，当时的外语教育与研究机构被视为散布资产阶级与修正主义教育思想、观点的大本营，受到彻底批判，研究人员被下放到地方，研究室被解散，研究完全处于停顿状态。[①]

进入 70 年代，围绕中国的国际政治环境发生了重要变化，这给完全停滞的日语教育带来了很大影响。中美开始接近的 1970 年 11 月，周恩来四次接见北京外国语学院和北京大学外语系的领导，指示设立多种类的外语专业，更多、更快、更有成效地培养懂外语的干部，并鼓励说要热爱外语教育事业，大力推进我国的外语教育的发展。这成为中国的日语教育真正重新开始的契机。在这一背景当中，既有配合周恩来主导的对日政策的开展而培养人才的需要，同时，重开日语教育的消息一经报道，也向日本传递了中方开始重视日本的信息。

其后的 1971 年秋，尽管高等教育机构的教育工作还处于冻结之中，但为了中日邦交正常化的实现，作为国策一环的日语教育选拔了极少一部分学生，重新开始教学。上海外国语大学就是其中的一个试点。

上海外国语大学是中国培养外语人才的著名大学。"文化大革命"开始后，上海外国语大学也到处贴满了大字报，并从 1966 年 5 月开始全校停课。许多日语教师被怀疑成特务，有的人被监禁，有的人被下放到农村劳动，有的人在"五七干校"被强制进行思想改造。

随着中国外交工作的展开，外语教育成为急需解决的紧迫课题。上海外国语大学在 1971 年秋出现了变化。以前教日语的教师们被陆续召回上海，恢复了学校的工作。一些具有农民、工人、军人等无产阶级身份的20 岁左右年轻人的档案，从全国各地被集中到了上海外国语大学，开始通过档案审查遴选日语专业的学生。这是中断了五年之后又开始招收日语专业的学生。由于这次没有笔试，所以在审查档案之后，由负责招生的干

---

① 笔者 2008 年 1 月 14 日在上海采访吴寄南。

部到候选人的所在地直接进行面试。

当时在上海外国语大学负责招生的陈明庚介绍说，"1971 年 11 月接到中央指示，12 月开始就做招生的准备工作。过了年，学校相关人员就到所招学生的所在地去了。我去了江西省"。关于突然开始招收日语专业学生的情况，陈老师这样说道：

> 美国总统尼克松即将访华的消息发表后，各个大学接连恢复了英语课。由于上级决定招收学日语的学生，我猜想中国是不是不久也要与日本建交了。在建交前一定要进行准备。受"文化大革命"的影响，日语教育已经中断了好几年，会日语的人才非常少。如果日本首相访华，实现了中日邦交正常化，中国的各种机关就需要会日语的人才，中日交流也需要日语，建立邦交后，再开始培养人才不就晚了吗？①

经过档案审查和面试，从全国选出的 40 名学生被集中到上海外国语大学，作为日语专业重新招收的第一批学生开始接受日语教育。在此之前与日本毫不相干的年轻人，根据国家的政策开始学习日语，而且在选拔的阶段就已经决定了他们每一个人毕业后的去向，将来有的做外交官、有的做翻译、有的当教师等。

在 1972 年 9 月实现了中日邦交正常化以后，中国开始出现了第一次学习日语的热潮。10 月，周恩来很快就会见了外语院校的教师代表，询问 60 年代成立的许多外国问题研究机构的情况，指示要逐步恢复外语教育研究机构。其后，国务院科教组召集各省、直辖市的主要大学的有关人员，举办关于开展外语教育研究问题的座谈会等，迅速展开关于外语教育问题的研究准备工作。

同年，周恩来还特地任命廖承志为北京外国语学院名誉院长，让他亲自抓学校的教育工作。廖承志召集学校的领导和师生代表，当场询问日语专业的情况，询问学生的掌握日语的程度如何，鼓励要学好日语，成为对今后中日关系有用的人才。

从 1971 年开始，原有的一些有日语专业的学校，如北京大学、北京

---

① NHK 取材班：《周恩来の决断》，日本放送出版协会 1993 年版，第 53 頁。

外国语学院、北京第二外国语学院、大连外国语学院、吉林大学、黑龙江大学等，就已经开始陆续招收学习日语的新生——工农兵学员。

从1972年开始，各地的许多大学也开始设立日语专业，招收学生。1972年有南开大学、武汉大学、山东师范大学等，1973年有华东师范大学、北京师范大学、天津外国语学院等。1973年开始，各大学也开始编写教材、编撰辞典，收音机的日语广播讲座也开始面向全国播放。

就这样，中国的日语教育在迎接中日邦交正常化的气氛中，走向了新的开始。这为后来的中日经济文化交流储备了人才。而且，这与中日邦交正常化的进程也有着一定的直接联系。进入1972年以后，政府的国际问题研究机构开始研究、介绍日本的情况，但是在把日语文献翻译成中文的工作上，研究部门的人员明显不足。上海国际问题研究所在内部翻译了日本田中角荣首相的《日本列岛改造论》，赶在他访华之前送到了北京，其中由于日语教育的重启得以从农村返回教育岗位的上海的许多日语教师都直接参加了这部书的翻译工作。

三　关于日本的政治、经济、社会的介绍与分析

在"文化大革命"中，中国的内政、外交大部分陷于停顿，外交部的大批干部被下放到农村。廖承志等"日本通"也被下放到农村，有的还被打倒。当1972年出现中日邦交正常化的气氛时，中国的领导层痛感相关人才的不足。就在中国陷入"文化大革命"的混乱期间，日本已经跃居世界第二经济大国的地位，而中国对此还浑然不知。战后日本的发展与变化情况在国内也没有被介绍过。因此，进入1972年以后，在周恩来的指示下，国内才匆忙开始了关于日本的情况介绍以及各领域的研究工作。然而，在外交部、中联部里懂日语的人员本来就不是很多，他们负责对日接待和日常事务就已经满负荷工作，没有余力再从事研究和介绍关于日本的基本情况了。外交部内部以前就有《外事调研》、《业务研究》这两种刊物，刊登外交官写的关于当地情况的报告与调研材料。此外，还有向外交部高层以及中共中央报告的临时通报制度。① 但在"文化大革命"期间，内部刊物基本停刊，调研工作也受到严重影响。

因此，调查研究工作就不得不委托其他部门进行。新华社是国家最大

---

① 程中原：《张闻天传》，当代中国出版社1995年版，第620—621页。

的信息搜集和编辑部门，会将世界各地的新闻迅速地编辑、上报，但并非研究部门。北京大学等教育单位虽然设立了国际问题研究机构，但在当时的中国，大学的国际问题研究部门具有决定性的缺陷，不能自由地获得外部信息，连新华社编辑的《参考资料》也看不到。《参考资料》是当时中国国内最大的信息来源，如果不能阅读到这些，就只能根据《人民日报》等公开的"宣传资料"来写文章。《参考资料》每天分两次发行，分别为100页以上和48页以上，介绍最新的世界各国的主要论点，也包括反对中国的文章。根据外事纪律，只有部分机构能够订阅。毛泽东、周恩来等主要领导人也几乎每天依靠《参考资料》来获得关于国际形势的信息，毛泽东还专门配备一个秘书，每天向他介绍《参考资料》的内容概要。

外交部系统有两个国际问题研究机构，一个是外交部直属的国际问题研究所，另一个是上海国际问题研究所（现上海国际问题研究院）。前者扮演着外交部的智囊角色，但实际上，这是外交官在结束前一个任期回国到赴任下一个驻地之前暂时停留的集中地。该所专职的研究人员本来都很少，而且在"文化大革命"期间几乎都被下放到农村去了。上海国际问题研究所是1960年成立的，长期处于歇业状态。其办公用房在"文化大革命"中被空军接管，成为林彪的儿子林立果在上海活动的据点。不过，上海国际问题研究所由于远离北京，被卷入政治斗争的程度相对较轻，因此在中日关系正常化的氛围显现之际，能够比较迅速地向党中央提供关于日本的信息与研究分析资料。

1972年7月5日，周恩来在上海机场送走斯里兰卡总理班达拉奈克之后，接见了上海市革命委员会常委以上的干部，对他们说明了当前国内外形势和主要任务，指出"当前世界形势复杂，我们的总体战略是利用矛盾，分化孤立主要敌人，团结友人，包括间接同盟军，推迟战争的爆发"。"20多年来，我们的国际地位的提高，是事实。但同时又是'盛名之下，其实难副'"。[①]据上海国际问题研究所的有关人员证实，周恩来在其谈话中谈到要加强对日本的研究。因此，对日本问题的研究急忙上马。

上海国际问题研究所的人员当时几乎都被下放到"五七干校"，编为"上海市五七干校第六连国际班"，一边从事农业劳动，一边接受思想教

---

①　中共中央文献研究室编：《周恩来年谱》（下），中央文献出版社1998年版，第533—534页。

育。该所在中美关系出现变化的背景下，奉上级指示，于 1971 年 4 月 28 日首次出版《国际问题资料》。该刊作为内部刊物不定期出版，上报中共中央、外交部、上海市领导。接着，该所又按照周恩来 1972 年 7 月 5 日在上海的指示，紧急组成日本研究的团队，于 7 月 13 日至 9 月 25 日，连续编写了 12 期日本问题特辑，刊登在《国际问题资料》上，呈报上级。

当然，他们也是在"文化大革命"的大环境下进行的日本问题研究，现在看来，他们当时写的东西，有许多脱离了日本的实际。由于必须遵循马克思主义的研究方法论，因此所有分析的前提都是强调日本垄断资本主义的腐朽性、没落性。但是，像这样相对客观的日本介绍和研究报告的提出，在当时的中国可以说是划时代的。

从 1970 年初开始，国内批判日本军国主义复活的论调是占绝大多数的。1969 年 11 月，佐藤首相在访美时说，台湾地区"对日本的安全极为重要"。使中方对日本在"台湾问题"上的"野心"产生了高度警惕，中方认为"日本对统治过 50 年的台湾还留恋不舍"。周恩来于 1970 年 4 月访问朝鲜时，应金日成主席的要求，在两国发表的共同声明中，写进了如下对日本复活军国主义表示忧虑的言辞。

> 在美帝国主义的大力庇护下，日本军国主义已经复活，成为亚洲危险的侵略势力……日本军国主义者直接为美帝国主义在越南的侵略战争服务，积极参与美帝国主义在朝鲜的新的战争阴谋，同时梦想把中国人民的神圣领土台湾纳入到他们的势力范围。①

由于经历过日本侵华战争，（包括周恩来在内的）几乎所有的中国人当时都担心和警惕日本军国主义的复活。日本在 60 年代迅速增强了经济力量和防卫力量，因此佐藤在"台湾问题"上的发言在中国首先引起了警惕。就连周恩来也在与基辛格等美国首脑的会谈中谈到了对日本的警惕。1972 年 6 月，面对日本访华人士，他又说道，"日本现在走在十字路口上，有两种可能，一种是，经济继续膨胀，军事力量也随着扩张，走军国主义道路；另一种是，日本真正摆脱大国的控制，走独立、民主、和

---

① 《人民日报》，1970 年 4 月 23 日。

平、中立的路，在这个基础上搞自卫武装，不侵略别人，也反对别人的侵略"。①

在这样的背景下，上海国际问题研究所从 1972 年 7 月中旬以后，特别是在 8 月到 9 月间，向有关领导和部门上报了一系列关于日本的介绍和研究报告。

其中，大部分是介绍日本的基本情况。例如曾上报过如下内容：《日本经济情报资料》（1972 年第 36 期，9 月 8 日发行）、《日本地理概况》（1972 年第 40 期，9 月 21 日发行）、《日本经济的畸形发展》（1972 年第 43 期，9 月 25 日发行）、《日本严重的公害》（1972 年第 37 期，9 月 10 日发行）、《衰退的日本农业》（1972 年第 44 期，9 月 25 日发行）、《日本的六大垄断财团》（1972 年第 38 期、9 月 12 日发行）等。

还有一部分是关于新当选的首相田中角荣的文章。例如 7 月 13 日刊登的《田中角荣的个人信息及其对华关系的言论》（1972 年第 31 期）。此外，还刊登了 2 万 5 千多字的《田中角荣的〈日本列岛改造论〉摘要与介绍》（1972 年第 35 期，9 月 21 日发行）。其中，在对田中角荣的详细介绍（包括有"出身与成长"、"青年时代"、"担任国会议员 25 年"、"历任阁僚经验"、"财团背景"、"哲学、性格、个人特征"等章节）的开头，对田中内阁的诞生作了如下分析。

田中内阁是在国际形势大动荡、大分化、大改组之中诞生的。佐藤追随美帝国主义复活军国主义，敌视中国，对外实行经济扩张，在国内实行残酷压迫与榨取。

这种行径遭到国内外人民的强烈反对，导致自民党地位的动摇。而且，日本的政治与经济连续受到美国的冲击，日本的垄断资本家感到依赖佐藤路线无法维系下去，在争取改变现状的环境下，而诞生了田中内阁。但是，其彷徨与迷惑依然持续着。②

还有关于日本最新情况的分析报告。例如，在 1972 年第 43 期（9 月

---

① 中共中央文献研究室编：《周恩来年谱》（下），中央文献出版社 1998 年版，第 530 页。
② 《田中角荣的个人信息及他对华关系言论》，《国际问题资料》1972 年第 31 号，7 月 13 日发行，署名为"上海市五七干校第六连国际班"。

25 日发行）以《战后日本经济是如何急速膨胀的》为题的报告中，虽然照例运用马克思主义国际观分析道，"可以说内外矛盾空前激化，无法摆脱资本主义制度固有的矛盾与危机"，但在一定程度上介绍了日本经济实力迅速扩大的事实，并总结分析了其中的复杂原因。1972 年第 45 期（9月 25 日发行）在《关于日本战后第五次经济危机的介绍》中，详细分析了从 1970 年秋开始、已经持续了一年半以上的战后第五次经济危机，指出这是日本的财界渴望与中国实现邦交正常化的背景。第 41 期和第 42 期在分别分析日美贸易摩擦和日苏关系的报告中，预测日美间的经济摩擦将进一步激化，而在日苏关系的问题上，分析认为"日本灵活利用苏联将有求于自己的这一时机，利用美、苏、中的矛盾与斗争，欲图促使苏联在北方领土问题上让步"，认为这是日本响应中日邦交正常化的国际环境。而且，在 9 月 19 日发行的分析自民党的第 39 期中，认为自民党内部在围绕打开中日关系的问题上"出现了值得关注的变化"，采取敌视中国政策的右派势力处于空前的孤立，其实力和影响在急剧下降，沦为"反主流派"，而田中与大平、中曾根、三木等派联合，形成了"新主流派"，并引用日本报刊关于"吉田—岸—佐藤体制的没落"等分析，来说明自民党内的形势。

上海国际问题研究所以及其他单位内部出版的这些关于日本情况的介绍与分析文章，对于从事对日工作之外的党和政府的领导干部们理解日本、与日方交往是珍贵的参考资料。与此同时，在向国内民众说明"为何要与日本实现邦交正常化"时也常常引用这些材料。

第三节 对国内干部群众的说服教育工作

在田中内阁诞生之前，中国的相关报道机构一贯严厉地批判日本政府，而且拒绝了佐藤政府与中国接触的要求。周恩来向田中首相秘密传话，以及为了实现中日邦交正常化促进田中早日访华所做的推动工作，只有高层内部的少数人知道。随着日本首相访华以及中日邦交正常化的临近，领导层日益感到有向人民说明情况的必要性。但是，在群众当中，对于日本侵华战争所带来的灾难还是刻骨铭心，有着复杂的反日感情。1972 年正处于"文化大革命"中期，"左"倾思潮蔓延。考虑到人民的对日感情以及国内的状况，需要让广大的干部群众正确理解中国政府"放弃对日战争赔偿的要求"、"邀请日本田中首相访华"等决定。8月12日，根据周恩来的指示，外交部长姬鹏飞正式发表了"欢迎田中首相为中日邦交正常化谈判访问中国"的中国政府的邀请，接着在周恩来的亲自领导和直接参与下，向中国国内各界展开了说服教育活动。

一　对高级干部的解释说明

进入1972年以后，中国在全国范围进行了批判"林彪反革命集团"的运动。经过毛泽东的同意，以"四人帮"为代表的"文化大革命"激进派，利用他们所掌控的宣传报道机关反复进行极左思潮的宣传，结果使"资本主义体制行将灭亡"、"决不与帝国主义妥协"的观念在党员干部中成为主流。因此，许多领导干部不能理解中美改善关系、中日邦交正常化的意义，特别是对与当时一再批判的帝国主义、垄断资本主义国家的头子们进行交流，持有疑议。而且，军队的干部们都参加过抗日战争、朝鲜战争，对于不向日本索要战争赔偿、不彻底追究日本的过去、通过中日邦交正常化放松对日本的追究，怀有强烈的抵触情绪。在这样的情况下，周恩来得到毛泽东的同意，一边推进对美、对日外交，另一边对受到极左思潮影响的党和军队的高层干部以及普通民众展开了情况说明以及说服教育工作。①

为什么必须要与美国和日本的"右派"头目接触？对此，作为盟友的朝鲜也产生了疑惑。金日成主席于1972年8月22日至25日秘密访问了北京，周恩来在与金日成的会谈当中，花费了许多时间，就中国的外交方针，以及与外国政府的"右派"打交道的重要性耐心地进行了如下说明：

第一，我们外交行动的方针是争取当权派，可以跟他来往，因为如果我们跟一个国家没有外交关系，没有来往，我们就无法接近群众。跟上层来往就是要跟他的当权派来往，而且要跟当权派的头子来往，否则就不能解决问题。这里有一个问题，上层与人民有矛盾，上层的外交来往总还要保持一定的外交关系吧，跟人民的来往是民间的来往。我们倾向于把两条路线不要搞得太密切，要分开一点，外交归

① 姬鹏飞：《饮水不忘掘井人——中日建交纪实》，安建设编《周恩来的最后岁月1966—1976》，中央文献出版社1995年版，第329页。

外交，民间来往归民间来往。

　　第二，上层往来还是按照原则办事，既要有原则性，又要有灵活性。必须要有原则性，才能允许可能范围的灵活性。

　　第三，根据我们搞上层统一战线几十年的历史得出两条经验：第一，当我们跟资产阶级决裂的时候，容易犯"左倾"的错误，把它看成铁板一块，只有斗争，反对一切，没有联合；第二，当我们跟资产阶级联合的时候，容易犯"右倾"的错误，只有联合，没有斗争。①

　　作为中国领导层的惯例，党和国家领导人与外宾进行会谈时，要将会谈内容通报给党内和军内的高级干部。周恩来向金日成阐述这些见解的目的，不仅是向北朝鲜的首脑介绍和说明中国的外交方针、政策，同时也考虑到国内的高级干部们会阅读到这一谈话内容，希望也能让他们理解改善对美、对日关系的重要性。而且，也要让他们认识到，与过去的敌国、现在成为世界第二经济大国的"垄断资本主义国家"日本的当权派，即"右派"进行接触的的必要性。这也是为不久后即将实现的田中访华以及中日邦交正常化进行思想教育的一个环节。关于周恩来的谋划和良苦用心，当时的外交部长姬鹏飞提供了如下的证言：

　　　　在当时严峻的国内政治形势下，总理对许多问题不能明白讲。我们明白他的意图。他为实现中日邦交正常化讲过这样的话，总理认为，中日邦交的时机在国内外都俱已成熟。如果不能迅速建交等待下去实际上就要很长时间。因此，竭尽全力地指挥（中日邦交正常化谈判）。

二　中国人民对日感情的调查

　　为了准备迎接田中首相访华，在周恩来的主导下，国内又展开了对普通民众的说服、教育运动。这是一场充满热情的大规模的运动，但由于当时正处于"文化大革命"中，社会很闭塞，另外，中方也不愿意让日本等海外社会知道（向国内民众说明时使用的一些特殊理论），因此，其真

---

　　①　姬鹏飞：《饮水不忘掘井人——中日建交纪实》，安建设编《周恩来的最后岁月 1966—1976》，中央文献出版社 1995 年版，第 329—330 页。

相迄今为止几乎不为外界所知。

从 1949 年新中国成立到实现中日邦交正常化的 23 年间，参加中日两国民间交流的只有日方少数政治家、企业家、新闻记者、活动家等，而中方的参与者则更为有限，只有高级干部、对日工作者及业务部门，普通群众完全被隔离在外。有时为了欢迎日本客人，会派一些群众临时来参加活动——如夹道欢迎等，但这并不是真正的群众参与。因此在 1972 年，普通中国群众的"日本观"的形成，受到以下条件的限制：

第一，对于中国群众来说，那是一个非常难以获得有关日本信息的时代。除了正规宣传报道部门（如《人民日报》、党的宣传文件等）的报道以外，外国的信息进不来。普通民众无法直接获得关于日本的信息，也不可能与日本人直接交流。

第二，所谓的日本研究，虽然已经慢慢开始，但只是限定在很小一部分的大学，而且其研究水平也很低。当时历史研究的主题几乎都是"明治维新以后日本是怎样走上帝国主义道路的"、"日本对中国的侵略多么残酷"等，而经济研究的主题也基本是垄断资本主义体制的结构性矛盾、无法解决的劳资对立、贫富差距以及公害问题等。受此影响，中国人对日本的印象也基本上是日本"二战"时期的单一印象，对于战后日本的变化与发展几乎一无所知。

第三，经历过日本侵略战争的中国百姓的悲惨陈述，以及国家的教育占据了"日本信息"的大部分。1972 年的时候，在许多中国人的头脑里有关日本人的形象，还是战争时期的日本法西斯军人，即"侵略者"的形象。经历过战争的人们，无法忘记亲身体验过的痛苦，也会将这段记忆不断地讲述给自己的孩子以及周边的人听。对于没有体验过战争的年轻一代来说，长辈们的讲述、电影、教科书、文学作品、漫画中的"日本鬼子"的人物形象等对他们的影响很大。

1958 年在武汉举办日本商品展览会，1965 年在上海举办日本商品展览会，当时，曾有群众在悬挂着日本国旗的旗杆下静坐以示抗议。接到报告后，周恩来立即命令每天 24 小时严加保护日本国旗。① 当时，亲身体

① 西園寺一晃：《印象深い周恩来の話》，石井明、朱建荣、添谷芳秀、林晓光主编《記録と考証　日中国交正常化・日中平和友好条約締結交渉》，岩波书店 2003 年版，第 254 页。

验过日本侵略战争之苦、在战争中亲人被杀害、家属离散的人们还有很多健在，特别是在中老年人当中，对于把田中首相当作贵宾来欢迎，无论如何也难以接受。而且，对于放弃战争赔偿，在民间也有各种声音。①

因此，周恩来考虑到群众的对日感情，指示有关部门需要向群众说明中日邦交正常化的必要性以及中国政府关于放弃战争赔偿请求的原因，要取得广大人民的理解。从田中访华有了眉目的 1972 年 8 月中旬开始，政府首先对中层干部进行解释说明，进入 9 月以后，又在全国开展了对群众的说服教育运动。

教育运动的第一步，是收集各地群众对中日邦交正常化的意见、反响，据此制定说服、教育活动的方案。

根据上级的指示，上海从 8 月下旬开始，首先由各级党组织的宣传部门、革命委员会、共青团的干部们开展初步的政治教育，同时调查、搜集群众的意见。

当时，在上海的大型纺织企业——上海第九绵纺厂担任党组织宣传干部、曾直接参加有关田中访华的群众教育运动的、现上海国际问题研究院学术委员吴寄南作了如下的证言：

> 8 月下旬接到上级的指示后，上海在各个单位展开了关于国际形势与中日关系的学习。
>
> 召集上海各企业、各单位的党支部书记、副书记们举办学习班，利用几天的时间，每天下午聆听"现在的国际形势分析"、"毛主席的国际战略"、"中日邦交正常化的必要性"，以及"为什么放弃对日本的战争赔偿要求"等内容的讲座，并强调中日邦交正常化也和中美改善关系一样，是毛泽东的战略。
>
> 集中学习班结束后，干部们回到各自的单位，首先进行访谈调查，了解人们对田中访华是如何认识的，并将结果上报。当时的上海，许多日本侵华战争的受害者还健在，因此对田中访华也有各种各样的议论。访谈调查的结果，有以下几条主要意见：
>
> 1. 在日本的侵略战争中失去了亲人，逃离了故乡，饱尝了极大

---

① 笔者在北京、上海采访了几位研究人员，并就 1972 年田中访华时群众的反应，采访了当时参加中日交流的工作人员。

的苦难。这仇恨终生难忘。

2. 为什么突然必须与日本和好、实现邦交正常化？对此不能理解。

3. 在战争期间上了日本人的大当，受尽了苦，在邦交正常化问题上决不能再上日本人的当。

4. 如果要实现中日邦交正常化，当然必须要让日本进行战争赔偿。过去对中国人民造成那么大的伤害，没必要跟他们客气。①

在北京、东北也进行过同样的调查。然后，将来自各地群众的意见分别报告给上级，并集中到北京送到周恩来的手里。

三 外交部内部资料的制作

接到各地发来的群众对日感情的调查书，外交部在 1972 年 8 月下旬起草了《外交部关于接待田中首相访华的内部宣传提纲》（简称《宣传提纲》），周恩来于 9 月 1 日亲自进行了修改。特别是对于中国政府放弃战争赔偿的决定在民间有各种议论，周恩来在《宣传提纲》中特意添加了"中日恢复邦交后，两国将本着平等互惠、相互交流的原则，发展经济交流。我们将扩大与日本大企业的贸易，继续并发展与中小友好商社的往来。这与中日两国的利益是相一致的"。经过中共中央政治局的讨论，1972 年 9 月 5 日，周恩来指示将该提纲作为中央文件，下发到全国市县以上的党组织。他还在这份文件中要求全国各地举办面向群众的学习班，并具体规定要将这一宣传提纲的内容向群众进行宣传、教育。②

笔者手头得到的这份文件文字不长，开头是外交部的说明：

日本的首相田中角荣不久将来华访问，与我国领导人谈判解决中日邦交正常化问题，这是当前我国外交战线中的一件重要的大事。

接着，提纲又介绍说：

---

① 2008 年 1 月 14 日，笔者在上海采访吴寄南。

② 姬鹏飞：《饮水不忘掘井人——中日建交纪实》，安建设编《周恩来的最后岁月 1966—1976》，中央文献出版社 2002 年版，第 331 页。

　　田中内阁在 1972 年 7 月 7 日成立后，表示要改变佐藤内阁的敌视中国的政策，对改善中日关系表示了积极的态度。田中首相在第一次阁僚会议上就讲"要加速实现与中华人民共和国的邦交正常化"，之后又对我们提出的邦交正常化三原则表明"充分理解"。田中首相再三表示了要亲自访问中国、解决两国关系的意思。我国政府对田中内阁的积极态度迅速作出了回应，表示欢迎田中首相、大平外相访华……

　　这里说明了"事情的来龙去脉"：鉴于日方提出了要求，中国政府决定接受并欢迎田中访华。也就是说，是对方主动表示想要来访，因此注重礼仪的中国人民也要以礼相待。

　　前文之后，具体的宣传提纲分以下三个部分。"第一，田中首相为什么访问中国"，"第二，为什么邀请田中首相"。这两个部分是以民众易于理解的问答形式编写的。最后的第三部分的标题是"认真准备，圆满完成接待田中一行"。①

　　在"第一，田中首相为什么访问中国"的部分里，首先写道："这是人心所向，大势所趋"，表达了历史潮流谁也不可阻挡的意思。作为田中内阁想要与中国实现中日邦交正常化的理由，列举了以下四点：

　　1. 这反映出现阶段的国际形势良好。在现阶段大动乱的国际形势下，各国人民革命斗争的发展改变了国际阶级斗争的局面。美帝国主义、苏联修正主义的反华政策破产。日本的吉田茂、岸信介、佐藤荣作的敌视中国的政策也同样破产了。日本就像三明治一样，承受着美苏两大霸权国家的压力。日本想要独立，田中新政权不得不改变日本敌视中国的政策，我们一贯主张与日本和平友好，因此中日邦交正常化是必要的，也是可能的。

　　2. 这是中国在国际社会中的威望提高的表现。我国的外交工作在国际社会取得了重大胜利。特别是去年中国恢复了在联合国的合法席位，今年实现了尼克松访华，由此，我国在国际社会中的威望提高了。许多国家相继与我国建交。在这种形势下，日本也希望与我国实

---

　　① 　外交部资料：《外交部关于接待田中首相访华的内部宣传提纲》。

现邦交正常化。

3. 这是中日两国人民长期共同斗争的结果。在日本国内，寻求日中友好、日中邦交正常化的动向已经成为民众运动，成为不可改变的历史潮流。我们一贯坚持与日本人民的友好往来。因此，经过中日两国人民的共同斗争，赢得了今天的局面。

4. 这是日美之间、日苏之间矛盾深化的表现。尼克松的"越顶外交"、新经济政策给日本造成很大的冲击。一方面，苏联不向日本归还"北方四岛"，日本承受着来自美苏的压力，而寻求改善与中国的关系……

关于"第二、为什么邀请田中首相"，宣传提纲首先强调，"这是毛主席、党中央重要的战略部署，是符合中日两国人民利益的"，并解释说，"日本是中国的近邻，是亚洲的一个重要的国家。两国人民一致希望中日友好。日本政府为了实现与中国的邦交正常化，表示出了积极的态度。邀请田中首相访问中国，与两国人民的利益是完全一致的"。并且，提纲还列举了如下几点实现中日邦交正常化的有利之处：

1. 有利于反对苏、美两个霸权主义的斗争。特别是有利于反对苏联修正主义的斗争。

美国、苏联这两个霸权主义是全世界人民的共同敌人。他们相互勾结，相互争夺，谋划重新瓜分世界。特别是苏联修正主义利用美帝国主义内外均处于困境的状况，到处伸手，肆无忌惮地进行扩张，对西部的西德、东部的日本欲紧抱在一起。我们感到最直接的威胁，就是苏联修正主义。我们尤其要注意的是苏联在我国边境地带陈兵百万的庞大兵力，进行军事威胁，加紧对中国建立包围圈，孤立、封锁中国。

日本是亚洲的重要国家。长期以来，美帝国主义操控日本，利用日本包围我国。近年来，苏联修正主义利用日美间的矛盾，在与美帝国主义之间争夺日本，欲图把日本作为反对中国的一个根据地。他们想要反对我们，我们反对。实现与日本的邦交正常化，有利于打破反对中国的美苏两个霸权国家的阴谋，对抗美苏两个霸权国家，特别是有利于对抗苏联修正主义。

2. 有利于反对日本复活军国主义

经济力量大大膨胀的日本，现在正在处于十字路口，是继续走过去的军国主义所走过的侵略道路，还是走独立、民主、和平、中立的道路？广大的日本人民衷心希望走后者的道路。他们在为反对日本军国主义复活而斗争。实现与中国的邦交正常化，也会起到牵制日本统治阶级复活军国主义的作用。因为日本实现与中国的邦交正常化，就必须承认、遵守和平共处五项原则。这样，通过实现中日邦交正常化，两国人民的往来就将更加频繁，有利于促进日本人民反对日本军国主义复活的斗争，符合中日两国人民、亚洲人民以及世界各国人民的利益。

3. 有利于我国解放台湾的斗争

通过实现中日邦交正常化，蒋介石集团行将更加孤立。自蒋介石集团被逐出联合国、尼克松访华以来，许多国家相继与我国建交。这对蒋介石是很大的冲击。他们的"外交部"已经成为"断交部"。现在，田中首相也来中国。日本政府为了与中国恢复邦交，就必定要断绝与蒋介石集团的"外交关系"。这样，蒋介石就失去了日本在政治上、外交上的支撑，陷入更加困难的境地。

并且，这将有利于打破日本右翼控制台湾的阴谋。现在，日本国内的右派叫嚷要维持与蒋介石的"外交关系"。他们的真正目的，是在台湾独立的名目下控制台湾。田中首相接受我们中日复交的原则、与蒋介石集团断绝"外交关系"的主张，使日本右派对于台湾的阴谋不能得逞。

该宣传提纲列举以上理由，说明了邀请田中访华的理由及好处，特别是强调欢迎田中访华"是毛主席、党中央重要的战略部署"。

该宣传提纲最后以"认真准备，成功地接待田中一行"为题，对于在各地调查中收集到的群众的疑问，考虑到大家的对日感情，作出以下三点指示。

1. 认真对群众进行宣传解释

过去日本军国主义长期侵略中国，中国人尝尽日本兵所造成的苦难，家园被破坏了，亲人们也被驱散了。这种深刻的仇恨永远不会忘记，当看到日本旗就气愤。可是，为什么还要邀请日本首相来中国？有很多人接受不了。

这种感情可以理解，日本军国主义侵略了中国几十年，给中国人民带来了灾难。我们不能忘记这一历史。但是，我们不能用感情决定政策。我们必须认识到，广大日本人民也是侵略战争的受害者。过去侵略中国的是日本军国主义者，日本人民没有责任。现在，田中首相顺应国际形势，与我们寻求邦交正常化。我们最重要的是必须正视国际形势。当前，对于我国最大的威胁是美苏两国，特别是苏联修正主义。通过田中访华，实现中日邦交正常化，这可以给苏联以打击。

中日恢复邦交后，两国可以根据平等互惠、相互交流的原则，开展中日经济交流。我们可以扩大与日本大企业的贸易，继续并进一步发展与中小友好商社的往来。这与中日两国的利益相一致。

美帝国主义与日本两国首脑相继访问中国，亚洲国家与中国接近也将成为可能。这些国家与中国的关系也将得到改善。这可以促进亚洲政治形势的缓和。

2. 认真实施接待工作

我们对田中一行的接待工作，要礼仪周到，态度热情；要根据实际情况切实行动，反对搞小动作；要厉行节约，反对铺张浪费。特别是在城市交通、卫生、环境等方面必须注意。

3. 提高警惕，保守机密

中日邦交正常化是重要的外交斗争，我们必须提高警惕，保守机密，注意防止丢失文件，口头泄露，电话窃听。

对于这一文件的作用，姬鹏飞给予了高度评价，指出周恩来起到了决定性的作用，认为该文件"统一了全党、全国的思想，平息了混乱，恢复了正常的秩序，对"左"的思潮、广大人民的疑问，都给予了很好的解答；而且，也牵制了'四人帮'的行动"。①

四　关于放弃对日战争赔偿请求的说明

在对干部群众进行说服、教育的过程中，最重要、最困难的内容就是关于放弃对日战争赔偿请求这一项。周恩来等领导人也知道，对于这个问

---

① 姬鹏飞：《饮水不忘掘井人——中日建交纪实》，安建设编《周恩来的最后岁月1966—1976》，中央文献出版社2002年版，第332页。

题群众最不易接受，最容易反对。因此，相关单位、部门认真地收集群众不满的意见，将其列为说服工作的重点，甚至为此建立了一套说服民众的理论，这些理论沿用至今。

关于中日战争赔款问题，在 1972 年，许多民众乐观地期待能得到日本的大量赔款。理由是：第一，因为日本侵略中国并战败，支付赔款是国际常识。第二，自甲午战争以来，中国也几次向日本支付了巨额赔款。第三，日本已经是经济大国，中国还是贫穷国家。据日本国内学者推算，如果日本做出赔偿，数额将达 500 亿美元。① 这一数字也传到中国，因此人们在议论这 500 亿美元的用途。据传，如果得到赔偿，用这笔钱可建一百个金山化工厂（当时中国最大的化工厂），每个家庭都可以使用上黑白电视。②

自中国政府明确放弃战争赔偿后，在全国引起了各种各样的议论。有些省级外事组的内部报告中，除了涉及战争责任等各种意见以外，还收集了群众如下的意见：第一，虽然明白放弃赔偿的道理，但感情上很难接受；第二，建立邦交虽然是好事，但放弃赔偿不是对日本太迁就了吗？第三，应该要日本的赔款，有助于中国的经济建设，大家的工资也会提高。

但是，中国最高领导层在田中内阁成立之前，就已经在内部决定了放弃对日战争赔款的要求。下面回顾一下这段历史。

1955 年 8 月 16 日，中国外交部在关于遣返在华日本滞留人员问题的声明中提到：

> 日本军国主义在侵略中国的战争期间，曾杀害了 1000 多万的中国人民，使中国损失了数百亿美元的公私财产，更掳走了成千上万名中国人，强行带到日本，像对待奴隶一样使用、杀害。日本政府应该理解，中国人民对于所遭受到的如此巨大的损害，有权利要求日本赔偿。③

① 据日本京都大学教授竹内实推算，日本《产经新闻》1971 年 9 月 23 日。
② 朱建荣：《中国はなぜ賠償を放棄したか》，《外交フォーラム》1992 年 10 月号，第 39 页。
③ 《中华人民共和国对外关系文献集 1954—1955》第三卷，世界知识出版社 1959 年版，第 333 页。

这一声明在日本引起很大反响。当时正在华访问的日本新闻广播代表团在会见中提到这个问题，周恩来回答道，"关于要求赔偿的具体办法，政府尚未研究"。① 当时，中国政府的立场是中方拥有赔偿请求权，但关于何时、如何提出赔偿请求的问题尚未研究。

由于当时的鸠山内阁推行对苏、对华关系正常化的外交路线，中国政府也希望与日本政府接触，因此中国领导层也有意避免赔偿问题成为主要的争论焦点。1955 年 11 月 15 日，周恩来在与访华的日本前首相片山哲会见时，就这一问题回答道，"中方理所当然地拥有请求权，但是根据今后情况的变化，在赔偿的问题上，今后也不是绝对不可能发生变化"。这意味着一旦政府间开始谈判，中方将有可能灵活处理。②

其后，由于岸信介内阁时期出现了中日对抗的局面，实现中日邦交正常化的可能性消失，中方也就不再有关于战争赔偿请求的发言。但是进入 1964 年以后，经过中法建交，中国在再次探讨与日本建立政府间关系的过程中，出现了关于赔偿问题的明确的意思表达。1964 年 2 月中旬，中日友好协会秘书长赵安博在访问日本期间，针对《朝日新闻》的提问回答说，"我国并不打算借助赔偿来进行社会主义建设"，第一次公开表明不要求赔偿。③ 虽说赵安博只是中日友好协会的秘书长，并非政府代表，但他的所有对日发言都可以被理解为是得到了对日工作负责人周恩来的许可的。

4 个月后，外交部长陈毅在与日本记者的谈话中，当被问到赵安博的谈话时，曾委婉地表明了中国政府的立场。他说："中国人民有要求赔偿的权利……但是，中国政府和中国人民不是向后看过去，是以向前看的姿态来处理中日关系的……两国恢复邦交时，其他具体问题将通过友好协商方式轻松地得到解决。"1965 年 5 月 31 日，赵安博在会见访华的日本议员宇都宫德马时明确地说：

　　1. 中国不打算用别国的赔偿来建设本国。2. 一般来说，从第一次世界大战后德国的例子可见，向战败国征收巨额战争赔偿对和平是

① 《每日新聞》1955 年 8 月 18 日。
② 《每日新聞》1955 年 11 月 21 日。
③ 《朝日新聞》1964 年 2 月 21 日。

有害的。3. 让对那场战争没有责任的一代人也来负担战争赔款，是不合理的。

根据朱建荣的研究，最后得出的结论是：1964 年，当意识到中日邦交正常化出现了可能性时，中国领导层内部就赔偿问题进行了商讨，确定了不对日本提出赔偿要求的方针。① 关于这一点，日本学者毛里和子也赞同这一结论。②

正是由于在 1964 年已经确定了这一方针，因此在 1972 年推进中日邦交正常化的过程中，周恩来在与日本公明党委员长竹入义胜的会谈时，才明确传达了中国政府不提出战争赔偿要求的方针。关于在 1972 年前后中国领导层内部对赔偿问题进行商议的资料，至今还没有被发现。

问题是，中国领导层是出于怎样的考虑才决定放弃对日赔偿要求的。在前文所引用的赵安博的发言中，也表明了一部分这样的想法。而在 1972 年夏季展开的对群众的说服教育运动中，关于对日本放弃战争赔偿要求的问题，周恩来首先说："这是毛主席的决定"，继而又亲自总结出三点具体的理由，作为对群众进行说明的根据，即：

    1. 台湾的蒋介石先于我们放弃了赔偿的要求。共产党的度量必须比蒋介石大。

    2. 日本要与我国复交就必须与台湾断交，在赔偿问题上表示宽大的气概，有利于将日本拉向中国一方。

    3. 如果日本对中国支付赔偿金，这一负担最终将加在广大的日本人民身上。他们为了长期向中国支付赔款，就必须勒紧腰带。这与我们要与日本人民世世代代友好的愿望相反。③

在对群众进行教育的过程中，特别强调了第三项理由。这与赵安博在1965 年所说的内容相关，即"从第一次世界大战后德国的例子可见，向

---

① 朱建荣：《中国はなぜ賠償を放棄したか》，《外交フォーラム》1992 年 10 月号，第 39 页。

② 毛里和子：《日中関係 戦後から新時代へ》，岩波書店 2006 年版，第 33—35 页。

③ 朱建荣：《中国はなぜ賠償を放棄したか》，《外交フォーラム》1992 年 10 月号，第 38 页。

战败国征收巨额战争赔偿对和平是有害的"。实际上，这是周恩来根据自
己在德国留学的体验总结出来的。张香山也证实说：

> 从第一次世界大战的经验来看，根据《凡尔赛条约》要求德国
> 进行的赔偿非常严格。德国陷入了极度贫困，也因此引起了德国的复
> 仇主义、法西斯主义，也出现了希特勒。因此，由此经验可见，对日
> 本不能采取过去对德国的手段。这虽然不是周总理直接对我说的，但
> 当听到关于放弃战争赔偿的理由时，我听到了这样的话。

而且，赵安博还说过："让对那场战争没有责任的一代人也来负担战
争赔偿，是不合理的"。这表明在1964年，中国领导层已经酝酿出一套将
"极少数军国主义头目与广大日本人民相区别"的理论，为在放弃对日赔
偿问题上说服群众做好了准备。

因此，在1972年说服教育群众的运动中，就运用了这样的理论，"由
于现在的日本政府反省侵略战争，与战争时期的军国主义政府相诀别，今
天的日本人民也同中国人民一样是战争的受害者、牺牲者，因此我们为了
争取面向未来的中日友好，决定放弃赔偿要求"。

五　开展大规模的群众教育运动

根据中共中央的指示、在外交部制定的《外交部关于接待田中首相访
华的内部宣传提纲》的基础上，9月上旬以后，在全国各地同时展开了对群
众的说服教育运动。就连实施日程的安排都是周恩来亲自部署的。周恩来
在确定该宣传提纲内容的过程中，写进了"在9月20日之前，北京、上
海、天津等18个大城市要做到家喻户晓。9月底之前，要在杭州、南昌、
桂林、福州、长沙等16个中等城市，完成宣传、说明的任务"。周恩来还
特别指示要统一全国的干部群众在中日邦交正常化问题上的认识。

根据周恩来的三点指示，在日本侵华战争中受害最大的东北、华北、
上海等地的党委和外事组织，从9月上旬开始展开了宣传教育运动。9月
14日，上海各单位、各地区的自保委员会代表1万多人在文化广场集会，
由上海市革委会副主任、负责外事的领导冯国柱作了长时间的动员报告。
据当时参加文化广场集会的吴寄南回忆：

冯国柱根据宣传提纲的内容进行了长时间的讲话，说明了为什么我们要加强中日友好，为什么必须实现中日邦交正常化？并强调必须将日本军国主义和日本人民区别开来。日本人民也是侵略战争的受害者，他们也反对战争，希望和平，日本人民也期望与中国人民友好。他还列举了具体的例子，如上海舞剧团、上海青少年足球队在日本都受到热烈的欢迎。最后，冯国柱分析了国家的外交政策，指出了苏联修正主义与中国的关系极度恶化的状况，提出我们要尽可能地结交更多的朋友，团结起来反对苏联修正主义。

冯国柱的报告结束之后，刚刚回国的上海舞剧团的代表们讲述了自己的亲身体验，比如在日本受到了热烈欢迎以及和日本人民的友好关系等等。进而，8 月刚访问过日本并在日本各地举办了友谊赛的上海青少年足球队代表们也报告了在日本各地的见闻。舞剧团和足球队代表们的切身体会给人们带来强烈的冲击，引起了共鸣。

文化广场集会的情况通过有线广播又传送到上海市内的其他会场。这一天，上海市内基层组织的干部多达 14 万人学习了外交部的内部宣传提纲，接受了来自高层的关于田中首相访华的宣传教育。①

在此后的两周时间，参加集会的干部们又分别到各单位、地区、部门，去说服和教育群众，组织学习周恩来的指示及尼克松访华前毛泽东的各种谈话，强调将日本人民与军国主义区别开来的必要性。进而又介绍了广大日本民众对中国具有友好感情的具体例子，将这些要点传达到市民当中。通过这样的宣传教育运动，最终得到了群众的理解，为田中访华做好了准备。

据吴寄南的介绍，在这次运动期间，上级领导指示必须进一步加强教育工作。在他所属的上海第九棉纺厂，由于工人们是 24 小时轮班作业，干部们就在上午、下午和晚上分三次到工作现场，向人们解释国际形势的变化以及日本人民和军国主义者的区别等内容，进行说服教育工作。而且，上海舞剧团的代表们也深入到基层各个单位，向民众报告在日本公演的情况、日本人民的日常生活、对日中友好的热切愿望以及日本人民与右翼的区别等。被派到上海第九棉纺厂的是上海舞剧团的孙雪，她热情地讲

---

① 2008 年 1 月 24 日，笔者在上海国际问题研究所采访吴寄南。

述了上海舞剧团受到日本人民热烈欢迎的情况以及访问日本的感想。当时，人们对日本的印象还停留在战争时期，完全不了解现在的日本和日本人民的情况。上海舞剧团代表们在报告会上介绍的有关日本的第一手信息，在工厂里引起了很大的反响。

在上海这一政治教育运动到 9 月末基本结束，但在北京和东北，10 月以后还在继续。在东北的教育遇到了困难，据说群众代表还到北京上访，向周恩来提出，"虽然我们知道中央制定了不要求赔偿的方针，但东北地区被肆虐了 15 年，遭受了巨大的损害，所以我们希望只限于东北地区提出赔偿要求，补偿我们的损害"。基于这种情况，周恩来指示，在中日复交后对于中日关系问题还要继续对群众进行教育。

通过这些宣传教育，中国人民对于日本的仇恨虽然没有完全化解，但是群众的不满在很大程度得到了释放。当时，中国政府很好地利用了群众对于毛泽东、周恩来的信赖，通过政府主导下的说服教育运动确实取得了相当好的效果。宣传媒体也从 1972 年 8 月开始，通过广播、报纸等渠道频繁介绍与日本有关的报道和评论。中国人开始对日本的经济发展和国家的现代化建设给予极大的关注。日本经过不到 30 年的短暂岁月从废墟上重建起现代化国家的奇迹，对于在经济发展上遭遇挫折的中国来说是离得最近的样板。此后，许多中国人开始关心日本。1973 年日语广播讲座开播以后，尽管当时还在"文化大革命"期间，却仍在全国掀起了学习日语的热潮。

当时，日本人只是通过电视、报纸，了解了田中首相一行访华时在人民大会堂出席宴会的场景，以及游览天安门广场、万里长城的情况，而人们几乎都不知道在实现首脑会谈的幕后，周恩来付出了（与对日直接谈判）大量的辛劳和努力，布置了对干部和军人、普通群众展开的大规模的有关"中日友好"的说服和教育运动。正是因为在周恩来的直接领导下，领导部门对群众进行了苦口婆心的说明与教育工作，田中首相一行在到访的北京、上海等地才受到了民众热诚的欢迎。从这个意义上讲，周恩来在后台所付出的努力，与在前台的努力同样重要，没有后台的说服教育工作的成功，就不会有前台的成功。

通过本章的考证，可以归纳出与本研究课题相关的以下几点：

一是周恩来在实现中日邦交问题上有多个目标。例如可以完成对苏联的牵制、使中日邦交成为国内经济发展的催化剂以及培养对外交流的有用人才等。

　　二是周恩来在做对日工作的同时，在国内进行了对日谈判的人事安排、信息收集工作，特别是对干部群众展开了说服教育活动。实现中日邦交正常化的过程，应该理解为是在中国主导下进行的，既有对日方的工作，同时也包含在中国国内整备环境、说服群众的工作，这两者组成了实现中日邦交正常化的两个车轮。

第五章

实现中日邦交正常化

1972年9月25日，为了实现中日邦交正常化，田中角荣首相率领日本政府代表团来到北京。两国即将结束"二战"的不正常关系，进入建立外交关系的最终阶段。作为周恩来一直倾注心血的中日邦交正常化问题，也迎来了开花结果的季节。在此后的5天里，周恩来集中展现了长年积累的对日外交的认识、经验所带来的成果，同时也集中显示出了周恩来在中日邦交正常化中的决定性作用。

如在本书序章中所述，中日邦交正常化作为战后中日关系史上最重要的里程碑之一，有关其准备和谈判的过程、实现的过程以及政府间共同声明等方面的研究，已经有许多学者出版了优秀的研究成果。因此，本章拟着重发掘和利用迄今为止先行研究尚未使用的资料，重点介绍曾参与中日邦交正常化工作的中方外交人员的采访资料，并对已公开资料中关于周恩来对日外交的内容进行重新考证，以此再次探讨周恩来在中日邦交正常化过程中的作用。

第一节　田中访华前的准备工作

一　中国式接待外宾的特点

为什么田中首相在1972年9月下旬访华？为什么谈判的场所设在了北京？为什么中日谈判采取这种方式，而非其他形式？此前研究者在探究这些问题的时候，不仅结合"文化大革命"期间中国的政治状况、当时中国的外交政策以及周恩来的外交风格，同时也关注到中国外交的文化背景。

美国中央情报局（CIA）研究了尼克松访华等中美最高级别的谈判过程，提出了研究报告《CIA的秘密研究——中国人的谈判术》（在日本以同样的书名，由《产经新闻》外信部监译，文艺春秋出版社于 1995 年出版），总结出了中国人的几个特点。在此之前，日本的研究者朝丘旭也进行了类似研究，并做出了简单的归纳。① 确实，在毛泽东时代，中国对外谈判的风格、谈判办法、谈判的策略，都有意识或无意识地在很大程度上依托着中国的传统文化和历史。而且，除了共产主义国家特有的谈判方法之外，也有在与西方"帝国主义各国"的交往中所得到的惨痛历史经验，因而呈现出复杂的状态。美国中央情报局的研究也总结出了上述特点。② 不过，需要指出的是，美国中央情报局只是根据 1971 年夏天以后的半年间中美首脑会谈的分析材料而得出的结论，其中也混杂着西方在观察中国时的固有观念、臆测和过度解释等。本章在参考先行研究的同时，以中日邦交正常化过程的事例为考察对象，分析中国对日外交谈判的一些策略与特点，总结出以下五大特点：

第一个特点，（包括对日谈判在内）中国对外谈判策略的一大特点是坚持将谈判的地点确定在北京。在"文化大革命"中，这种倾向更为明显。震惊全世界的 1971 年的基辛格访华和 1972 年的尼克松访华以及田中访华就是典型的例子。欧美的学者指出，中国认为在本国举行谈判，会较对方国拥有微妙的心理优势。美国学者杰姆斯·门指出，中国把在本国举行的外交谈判称为"主战场"，以此占有天时、地利、人和的有利因素。③ 对于中国领导人来说，对方国家的代表专程访问中国，将显示出中国的地位与政策的合理性。

确实，在实现中日邦交正常化之前，缔结中日民间贸易协定的场所全部在中国，为中日邦交正常化而举行的与政府首脑或前政府首脑的会谈也是如此，中国主张的解决方案都是要求鸠山首相、池田首相，特别是田中首相访华。不过，中国领导人也未必故意持有明确的"主战场"的意识。"尼克松冲击"的舞台、中日邦交正常化的舞台均被设定在北京，这也是与以下一些因素有关，即：第一，在程序上便于政府内部的政策决定。第二，由于缺少对外部世界的理解与信息。如"文化大革命"期间最高层

① 朝丘旭：《中国の对外交涉》，《東亜》1998 年 3 月号，第 32—44 页。

② 産経新聞外信部監訳：《CIA 秘密研究　中国人の交涉術》，文藝春秋 1995 年版，第 5—193 页。

③ James Mann, *A History of America's Curious Relationship with China from Nixon to Clinton*, New York: 1999, pp. 8 – 26.

的领导们没有特殊情况不能出国。第三，毛泽东、周恩来的健康状况等原因。当然，其结果就造成了当时的中国领导人把决定性的外交谈判的场所限定在了北京。

第二个特点，在对日外交的过程中有一种习惯，就是与"友好人士"开展外交活动。这种"友好人士"外交的模式，可以说是中国共产党特有的人民外交或革命外交的产物。在实现中日邦交正常化以前的漫长岁月，中国政府利用"友好人士"的渠道，保持与日本的交流，寻求与日本政府间的政治、经济的对话。另外，中国有时不太喜欢使用政府间的正式渠道以及经济界的正常窗口，曾经断然拒绝了与被视为"一向敌视中国"的佐藤首相的邦交谈判。这种外交模式，在实现了中日邦交正常化以后，在"饮水不忘挖井人"的方针下仍然被延续。并且，中国方面经常邀请"友好人士"来华访问，加深人脉关系。中国的这种外交风格虽然在日本国内受到一些人士的批判，但每当中国领导人访日时，都会到田中角荣等"功勋人士"的家中拜访，或与竹入义胜等"友好人士"会谈等等，依然持续着与"友好人士"外交的风格。

第三个特点，强调"原则立场"与"具体事物灵活对待"的并用策略。在中方想解决问题时，会首先向日本提出、说明一定的原则，展开攻势令其接受，强调"这是绝对不能让步的原则"，是"核心的问题"等。这些原则逐渐在各种会谈、谈判中被明确化。到了一定的阶段，日方开始逐渐接受这些条件，最终双方达成一致（当然也有不成功的例子）。例如，"和平共处五项原则"、"周四条件"、"复交三原则"等都是这样的情况。不过，如果中方判断双方已经确定了对原则性问题的共同认识，那么在其后实施的阶段则会表现出相当的灵活性。在《中日联合声明》中，关于"复交三原则"和《日华和平条约》的处理，周恩来就表现出极为宽容的态度。有的日本人疑问"既然最后显示出这种程度的灵活性，那么，为什么最初的时候那样拘泥于原则呢？"认为"中国也有根据某种实际的需要（例如中苏边界冲突）改变原则的情况"。其实，在中国方面看来，原则必须要坚持，而在实施、运用阶段显示灵活性则是另一层次的问题。

第四个特点，在北京的谈判期间所安排的接待日程中，必定会安排观看中国的传统艺术（"文化大革命"期间主要是革命戏剧）、历史古迹等项目。这是想让对方了解具有中国"智慧"的传统文化，通过中国文明史的厚重来营造出"中国氛围"。在周恩来的外交活动中，在展示中国文明过去的辉煌与"文明古国"过去的政治威信的同时，也坦率承认现在中国的贫穷落后，其目的也在于让对方认识到中国未来的发展潜力。在中日邦交正常化的谈判中，虽然日程紧张，田中一行在到达中国的第三天还是被安排游览了万里长城。

第五个特点，在对日交涉中，为了避免直接的表述，中方常常会引用格言、故事，并通过人员的安排等来向日本传达微妙的政治意图。在毛泽东与田中的会谈中，中方没有指派当时翻译水平最高的王效贤，而是安排台湾出身的林丽蕴担任第一翻译。据说这是周恩来为了向日方传递"台湾是中国的一部分"的信息而特意作出的安排。① 并且，关于毛泽东赠送给田中角荣的《楚辞集注》当中所包含的政治信息，日本研究者也提出了几种解释。引用中国的古典、格言，赠送古籍，可以避免由于直言而破坏谈判的气氛，给对方造成不愉快的感觉，这主要是为了显示照顾对方面子的这种东方式的委婉，同时也可以认为是通过显示文化素养而达到一种心理上的优势（或许是无意识的）。

在以上这些特点当中，一部分已经成为了过去。在毛泽东、周恩来时代，与国外的交流是有限的，中国传统文化对内外政策决定的影响力远远超过现在。但是，这四十多年来，中国融入国际社会的程度是当初不可想象的。日本的一部分人至今还常常套用"大中华思想"这个词来评判、批评当今的中国外交，而现在的中国领导人出国访问的次数已经大大超过了日本首脑的出访。所以，不能简单地以过去的模式来看待现在的中国。当然，作为问题的另一面，需要指出的是，这些显示中国人和中国领导人的思维方式与行为的特点、继承其传统和文化的外交模式，也不可能一下子全部消失。

通过以上分析，笔者想要指出的是，在观察周恩来的外交活动时，既要看到当时的意识形态、他本人的对日观及外交风格等因素，也要看到其背后的中国传统文化和思想的影响。

———————————

① 朱建荣：《先人の開拓　21世紀への示唆》，石井明、朱建荣、添谷芳秀、林晓光主编《記録と考証　日中国交正常化・日中平和友好条約締結交渉》，岩波書店2003年版，第418頁。笔者在2011年3月采访王效贤时得知，王效贤也担任过毛泽东与田中会谈的一部分翻译。中方选用台湾出身的林丽蕴作为第一翻译，是由于要转达"台湾是中国的一部分"的信息，这是事实。

1972 年 9 月末，周恩来代表世界上人口最多的中国人民，首次在首都北京迎接了抗日战争中的敌国——日本的现任首相田中角荣。

二　对田中访华的预设阶段

但是，具体来看，围绕中日邦交正常化谈判还剩下几个疑问。第一个疑问是：周恩来是从何时开始意识到田中角荣会当首相，并预设与田中内阁谈判解决中日邦交问题的？

尼克松访华以后（1972 年 3 月以后），周恩来在与访华的日本代表团、政治家们会谈时，对于"下一任首相是谁"的问题表现出特别的关心。这个问题在本书前面已经分析过，中国通过各种渠道搜集信息，并加以详细分析，从 4 月下旬到 5 月初，得出了通产大臣田中是下任首相最有力人选的判断。

1972 年 5 月 15 日，周恩来对访华的日本公明党副委员长二宫文造说，"如果田中先生当选首相来华访问，我们表示欢迎。我将作为东道主迎接田中先生，秉持对话第一、条件第二的原则进行会谈。决不会让他感到为难与困惑"。周恩来委托二宫把这一口信转告给田中。1972 年 5 月 17 日的《朝日新闻》以《中国寄希望于"佐藤之后"》为题报道了公明党举行记者会的情况。由于担心有可能招致中国干涉日本内政的曲解，报道中隐去了通产大臣田中的名字，而作了如下表述，"周总理说，如果日本新政府愿意在中日复交三原则的基础上努力推动两国关系，中方就欢迎其代表访华。"

如上所述，为了实现中日邦交正常化，周恩来致力于做"佐藤之后"的新内阁的工作，尤其是寄希望于田中当选下一任首相。实际上，在 7 月 5 日的总裁选举之前，中方就已经开始了准备工作。

那么，第二个问题就是：中方是何时预设并决定田中首相在 9 月末这一时期访华的呢？

从结论上说，田中、大平等日本政府首脑决定正式访华，是在 1972 年 8 月 15 日田中与孙平化、肖向前会谈的时候。其后，田中去夏威夷参加了日美首脑会谈，并向台湾当局派遣了特使，完成了自民党内的意见协调。在做完这些高难度的工作之后，中日两国政府终于在 9 月 21 日宣布，"日本国内阁总理大臣田中角荣愉快地接受中华人民共和国国务院总理周恩来的邀请，将于 9 月 25 日至 30 日访问中国，谈判并解决中日邦交正常化问题，以建立两国之间的睦邻友好关系"。

不过，可以认为，在田中正式决定访问中国之前的 7 月份，周恩来就已经有了田中首相为中日邦交正常化而于 9 月下旬访问中国一周的设想。7 月 29 日，在与公明党竹入委员长的第三次会谈时，周恩来说，"（田中首相访华的）日期以 9 月下旬为宜。如果是一周左右的话，我想 9 月下旬比较好。我可以陪田中首相到地方去访问"。不过，"如果 9 月下旬不合适，稍微推迟一些也不是不可以考虑。但这段时间是最理想的，当然，也并不是非这段时间不可"。周恩来表现出灵活姿态的同时，还是执着于 9 月下旬这个时期。①

周恩来在 7、8 月间就设定田中将在 9 月下旬这段时间访华的最大理由，是为了向国内宣传继尼克松访华之后田中也来访华的外交成果。10 月 1 日是中国最重要的政治节日——国庆节。在此之前，大力宣传所取得的各项成果，即"向国庆节献礼"是典型的中国式做法。在毛泽东时代，国庆节对于民众来说，是仅次于春节的第二大节日，在政治上也是最重要的节日。在这样的节日里，会邀请外国代表团参加盛典，在天安门广场举行陆、海、空三军阅兵式，举办焰火大会，进行盛装游行，以非常热闹的气氛来庆祝国庆节。周恩来曾对竹入说，"国庆节如果是 5 周年、10 周年庆典的话就另当别论了。现在，中日两国的问题是大事，其他的问题都是次要的了"，表示田中一行的访华时间即使定在国庆节期间也可以。② 从上述谈话可知，周恩来还是意识到了 10 月 1 日这一重要节日，希望在此之前取得对日外交的成果。此外，也可以看到，正所谓"打铁要趁热"，周恩来的目的也是想要趁着日本国内高涨的对华热情，一鼓作气实现中日邦交正常化。

尼克松访华的时间，是于其半年前基辛格访华时就已经确定下来的。与此形成对照的是，田中访华团的日程及成员等等，由于日本国内的原因迟迟不能确定下来。因此，也导致中国的准备接待工作难以进行。

尽管如此，为了使田中一行的访华具有更好的效果，中方在周恩来的指示下，扎扎实实地准备了一套接待方案。据当时在外交部日本处工作的

---

① 日本外务省外交史料馆公开资料：《竹入義勝·周恩来会談》。也可以参照石井明、朱建荣、添谷芳秀、林晓光主编《記録と交渉　日中国交正常化·日中平和友好条約締結交渉》，岩波书店 2003 年版，第 35 页。

② 同上。

丁民介绍说："我们在进行接待尼克松访华的准备工作时，周总理已经意识到，接着日本首相也将会访华。因此，总理让我们负责日本工作的人员全部参加接待尼克松访华的准备工作。"① 张香山也证实："（周总理）让肖向前出任'备忘录贸易'的负责人，孙平化担任上海歌舞团的团长，把他们分别派到日本，从日本政界那里了解各种情况，做工作促使田中首相访华。同时，田中首相如果访华，什么路线合适？从什么问题开始谈判？是联合声明形式还是和平条约形式？（围绕这些问题）他几乎每晚都把对日工作人员召集到人民大会堂讨论，并分析来自日本的新闻和信息。"②

1972 年 7 月中旬，以外交部为中心，由政府各部门负责人组成的负责接待日本政府访华团的"日本组"在绝密情况下成立。当时"日本组"的主要成员、外交部部长姬鹏飞回忆说：

> 周总理指示，让我、乔冠华、廖承志、韩念龙等人组成日本组。周总理白天接见外宾，那时到中国访问的日本朋友特别多，夜晚将我们找到西花厅或钓鱼台开会研究中日建交问题，或带我们一起到中南海毛主席住处开会，向主席汇报会。周总理经常说："外交授权有限，外事无小事。"对于接待田中访华的准备工作，他经常听取有关人员关于接待计划的详细汇报，甚至对于细节问题也极为详细地核实，不允许有丝毫的失误。当时，他已经是 74 岁的高龄，并已查明身患癌症。他就是这样带病工作，每天工作十几个小时甚至 20 个小时。③

在周恩来的领导下，"日本组"之下设立了负责接待活动的工作组，其中有秘书处、礼宾处、宣传报道处、警卫处、通信处、电视广播处、专机处、总务处等。根据周恩来细致、切实、慎重的指示，"日本组"的成员们多次召集各部门负责人召开会议。负责接待活动的工作组总负责人、外交部副部长符浩（后任驻日本大使）每次都亲自到现场指导，然后将

---

① 2011 年 3 月 23 日，笔者在北京采访丁民。

② 张香山：《日中の懸け橋がついに築かれた》，《論座》1997 年 12 月号，第 211—212 页。

③ 姬鹏飞：《饮水不忘掘井人——中日建交纪实》，安建设编《周恩来的最后岁月 1966—1976》，中央文献出版社 2002 年版，第 331 页。

结果逐一向周恩来汇报。而且，一旦出现问题，都是直接请示周恩来，再按照他的指示和判断去解决问题。①

关于接待田中一行的规格、内容等问题，时任外交部礼宾司司长、参加接待田中一行的唐龙彬回忆说，"（我们）在毛主席的战略、周总理的具体指导下，根据坚持原则、区别对待、以礼相待的方针，热烈、亲切、友好地接待了田中一行"。据唐龙彬回忆，当时决定的接待规格如下：

> 接待田中一行的标准，是参照接待各国首脑的最高规格。因为田中首相是为实现中日邦交正常化来访华，必须区别于已经与中国建立了邦交的国家首脑的接待内容。对于田中首相的接待，均参照在北京机场检阅陆、海、空三军仪仗队，在机场、宴会厅、首脑的车辆上悬挂两国国旗，演奏两国国歌，与毛主席会见，周恩来、叶剑英、李先念等主要领导人到机场迎接，举行盛大的国宴和专门的文艺演出等。欢迎宴会的规格参照国宾最高的级别，27 日游览万里长城。而且，周总理与田中首相一行一起访问上海，这些都是一开始就已经事前确定了的。但是，群众在机场和道路两旁列队欢迎、各国驻华大使馆相关人员举行送别仪式等，是事前没有预定的。根据周总理的指示，增加了许多超过接待规格的内容。例如，田中首相一行离开北京时的仪式和在上海机场的欢迎仪式等，又重新进行了安排。"②

另一方面，田中首相也想借尼克松访华的东风，趁自己处于最强势的这一大好时机，尽早访华，一鼓作气实现中日邦交正常化。对于外交活动来说，最重要的就是不能贻误时机。据说，田中当选后不久就说过，"要坚决实现中日恢复邦交。对于我来说，现在是力量最强的时候。虽然党内有许多台湾派作梗，但我只要豁出命来干，就能成功。如果我的力量不足，也做不成。所以，趁毛、周还活着，我要一鼓作气"。③

三 中方为欢迎田中访华所作准备

1972 年 9 月 25 日，田中首相与大平外相、二阶堂官房长官以及 49 名

---

① 2008 年 1 月 24 日，笔者在上海采访相关人员。

② 唐龙彬：《田中访华与中日邦交正常化》，《纵横》1997 年 9 月号，第 22 页。

③ 早坂茂三：《早坂茂三の田中角栄回想録》，小学館 1987 年版，第 219 页。

随员，为了商谈中日邦交正常化事宜，于上午 11 点半，乘坐日本航空公司的专机到达北京机场。周恩来本人以及叶剑英、郭沫若、姬鹏飞、廖承志、张香山等外交负责人到机场欢迎田中一行。此外，还有政府各部门的负责人和有关人员等待着田中一行的到来。① 参加欢迎仪式的人员共计 53 人，比迎接尼克松访华时还多了 10 人。

当田中走下旋梯时，周恩来迎上前，二人握手。当时给人们留下强烈印象的是，周恩来数次用力握住田中的手，好像要把他拉近自己似的，紧握着的手有力地上下摇晃着。周恩来的欢迎举动和热情的神情，通过卫星传送到了日本的千家万户。为了将田中一行访问中国的情况随时传递到日本，北京与东京之间，建立了 8 条专用的新闻热线，设置了电视的直播台，在随行记者们入住的民族饭店，设立了新闻中心。当时的随行记者之一田畑光永证实道："我在中国积累了大量的采访经验，但从来没有受到过这般'周到的'服务。中国方面绝对确保成功（实现中日邦交正常化）的意愿，使新闻报道人员受到了最高规格的接待。"②

在欢迎仪式上，中日两国国旗高高飘扬，中国人民解放军军乐队演奏了两国的国歌。对于几亿中国人来说，20 世纪三四十年代，日本的国歌"君之代"是侵略的象征，中国的国歌"义勇军进行曲"是抗日的军歌。但是，象征着上述历史的两首歌曲同时演奏出来，对于中国人民来说真是百感交集。据说，在日本国内，也有相当多的知识分子在听到这两首国歌以后感到不可理解。③

尼克松访华时，在北京机场并没有悬挂"星条旗"，而在迎接田中时却悬挂了"日之丸"旗。这首先意味着中方落实了周恩来通过竹入向日方转达的"田中访华的待遇参照尼克松访华标准"的约定。相比这个约定，中方又提高了接待规格。

从 1971 年 7 月周恩来与基辛格的第一次会谈时开始，中方对美国代表团的每一位成员，都事先了解了有关情况。在拍摄纪念照时，周恩来与美方谈判团的每一位成员都打了招呼，连他们每个人所毕业的大学都知

---

① 《人民日报》1972 年 9 月 26 日。

② 田畑光永：《1972 年 9 月 25 日—28 日の北京》，石井明、朱建荣、添谷芳秀、林晓光主编《記録と証言　日中国交正常化・日中平和友好条約の締結交渉》，岩波书店 2003 年版，第 238—239 頁。

③ 安藤彦太郎：《私の日中関係史》，劲草书房 1995 年版，第 130 頁。

道。周恩来对田中访华团也做了同样的信息收集工作。中方这种事前调查不是依靠情报部门，而几乎全都是依靠日常随手可得的报纸、杂志以及与有关人员的谈话。①

在机场的欢迎仪式结束之后，周恩来乘车与田中一行来到钓鱼台国宾馆。周恩来不乘自己的专车，而是与田中同乘一辆车，这在当时成为话题。日本代表团下榻在钓鱼台国宾馆的"18号楼"，也是尼克松一行住过的地方。当田中进入位于二楼的自己的房间时，不由得大吃一惊。原来为了照顾特别怕热的田中，室内温度设定为17度，比同行的大平、二阶堂的房间温度低。"放在那儿的擦手巾，是爱出汗的田中平常使用的那种大毛巾。角落里还放着他喜欢吃的富有柿子、台湾香蕉、东京木村屋的带馅面包。"② 室内的温度、擦手巾、食品等，都是田中所喜欢的。

同行的田中秘书早坂茂三说："我自己5月上旬接待过两位驻东京的中国记者的来访，他们非常详细地询问了有关田中的情况，其中我介绍了一些细小的事情：第一，田中非常怕热，室内温度一般设定在摄式17度；第二，田中喜欢吃的食物有台湾产的香蕉、东京银座4丁目木村屋的带馅面包；第三，酱汤用的酱是柏崎市有名的老店'西牧'的三年酱"。可见，在田中尚未当选首相之前，中方就已经搜集了有关的信息。③ 只是，当时去采访的中国新华社驻东京记者刘德有说，"早坂先生写的全部是事实，但中国记者采访的日期搞错了。据我的记忆不是5月，采访他应该是在田中就任首相之后"。④

实际上，为了接待田中一行而进行的信息搜集还不止于此。刘德有公开了一个过去的秘密："由于在欢迎尼克松总统的晚餐会上演奏了他家乡的歌曲，为了迎接田中首相访问中国，要在欢迎晚宴上演奏田中首相故乡新潟的民歌《佐渡袈裟曲》、大平外相故乡香川县的民歌《金毘罗船》。我奉外交部的指示，在东京找到乐谱带回中国。"⑤ 25日晚上，在欢迎田中一行的晚宴上演奏了日本民歌，令远道而来的客人们皆大欢喜。第二天，田中在与新闻媒体有关人员交谈时向大家披露了一段插曲，"在昨晚

① 2012年9月15日，笔者在北京采访了参加中日邦交正常化准备工作的王泰平。
② 《朝日新聞》1992年9月14日。
③ 早坂茂三：《政治家田中角栄》，中央公論社1987年版，第364頁。
④ 劉德有：《時は流れて　日中関係秘史50年》（下），藤原書店2002年版，第516頁。
⑤ 同上书，第534頁。

的宴会上演奏《佐渡袈裟曲》时，周总理对我说：'这是阁下故乡的民歌吧？'我仔细听了一下，回答说'没错，确实是'"。① 为了早日实现中日邦交正常化，中方通过各种渠道搜集了信息。当田中访华确定了以后，驻东京的记者们每天将各种新闻、资料发回北京。这些资料都被送到周恩来那里，由周恩来亲自过目。② 当得知田中有早睡早起的生活习惯之后，习惯于迟睡晚起的周恩来为了顺应田中的习惯，从 9 月中旬开始慢慢地调整自己的作息时间，为能够利用白天一整天的时间与田中谈判、交换意见做准备。③

第二节　中日邦交正常化的谈判过程

一　对日谈判方针的制定

决定田中访华的成功还要取决于谈判所取得的实质性成果。关于政府间的谈判，从总体方针到各项具体问题的应对，两国政府都准备好了几个方案，接下来便要直入主题了。那么，在对日谈判的准备工作和实际的谈判过程中，中方到底是怎样进行分析、判断和行动的？周恩来又在其中起到了怎样的作用呢？

中方首次将本国关于中日邦交正常化的方针传达给日方，是在 1972 年 7 月 27 日—29 日周恩来总理和日本公明党竹入义胜委员长举行的三次会谈的时候。本书第三章已经论述过，周恩来在 7 月 29 日第三次会谈时向竹入传达了中国政府关于《中日联合声明》的草案，并委托其转交给田中首相。中国政府的草案里明确写有中方关于恢复邦交的对日谈判方针。

根据日本外务省的"竹入义胜、周恩来会谈"记录，周恩来在传达中国政府草案之前的 27 日的第一次会谈中作了如下讲话，"有三个问题。我们想请田中首相和大平外相放心。第一，不触及《日美安保条约》。如果中日恢复邦交，安保条约中针对中国的部分就失效了。第二，不触及 1969 年的佐藤、尼克松共同声明。共同宣言发表后，可以在和平友好条约的基础上发展下去。其余的可以交给法律人士。第三，日蒋条约④的问

①　王泰平著、青木麗子訳：《大河奔流》，奈良日日新聞社 2002 年版，第 154 頁。
②　張香山：《日中の懸け橋がついに築かれた》，《論座》1997 年 12 月号，第 128 頁。
③　田川誠一：《日中交渉秘録》，毎日新聞社 1973 年版，第 365 頁。
④　即本书中的《日华和平条约》。

题。田中首相上任以来，曾多次提到对中国政府所主张的"复交三原则"表示理解，这是否意味着尊重这一原则"。①

　　这番讲话的第一点和第二点可以看成是中方做出的让步。周恩来之所以不反对《日美安保条约》和日美共同声明，是因为在与尼克松总统的会谈中，尼克松解释说《日美安保条约》是为了抑制日本的军力重振。而且，虽然没有表示明确的时间表，但美国曾做出要从台湾地区撤军，同时阻止日本进入台湾地区的约定。② 然而，关于第三点的"复交三原则"，周恩来依然坚持这是不能让步的原则性问题。当听竹入问道"复交三原则"的第一条"中华人民共和国是唯一的正统政府"和第二条"台湾是中国领土的一部分"是否有必要明确写进《中日联合声明》时，周恩来是这样回答的，"这一点我想再考虑一下，要向毛主席报告并在党内讨论"。"毛主席说要放弃赔偿要求。4 亿美元左右虽然在当前不是一个很大的数字，但把这一负担加在人民身上就不好了。放弃赔偿请求权可以写进《中日联合声明》"。③ 在这里，关于"复交三原则"第二条的台湾归属问题，周恩来表示具体的文字表述需要在充分协商之后再确定，同时又提到了日方所期待的放弃赔偿请求权的问题，不经意间将两件事情联系到了一起。实际上一年前，周恩来曾就佐藤内阁的"保利书信"中的问题说过，"单说台湾是中国的一个省，或者说是中国领土不可分割的一部分还不够，必须要说台湾已经被归还它的祖国——中华人民共和国"。④ 周恩来是想通过在战争赔偿问题上的让步，换取日本在台湾归属问题上做出让步。

　　在 29 日与竹入的会谈中，周恩来提出了中国政府的草案。这份草案包含了以下内容及特征：第一，强调通过《中日联合声明》来宣告结束战争状态；第二，完全没有提及日本的战争责任问题，即中日间的"历史问题"；第三，始终以"复交三原则"作为谈判的前提条件，谋求以

---

　　① 　外务省外交史料馆公开史料。参照石井明、朱建荣、添谷芳秀、林晓光主编《記録と証言　日中国交正常化・日中平和友好条約の締結交渉》，岩波书店 2003 年版，第 11 页。
　　② 　*The Kissinger Transcripts.* The New Press, New York, 1999, pp. 66 – 68.
　　③ 　外务省外交史料馆公开史料。参照石井明、朱建荣、添谷芳秀、林晓光主编《記録と証言　日中国交正常化・日中平和友好条約の締結交渉》，岩波书店 2003 年版，第 35—36 页。
　　④ 　中华人民共和国外交部、中共中央文献研究室编：《周恩来外交文选》，中央文献出版社 1990 年版，第 485 页。

"入口论"① 的方法解决"台湾问题";第四,考虑到日本国内的情况,并没有将处理《日华和平条约》的内容写入《中日联合声明》,而是设置了三点密约事项,且对于具体的处理方法也任由日方;第五,首次明确表示中国放弃对日本的战争赔偿请求权;第六,虽然提出反对"谋求霸权",但周恩来对此也显示出灵活的姿态——"'霸权'之词如果过于严重,可以换一个说法,或者不写入声明"②;第七,提出今后要签订的不是"和平条约",而是"和平友好条约"。

由此可见,周恩来在尚未同日本政府交涉的情况下就向竹入提出了草案,在"历史问题"以及赔偿问题等方面向日方做出了巨大让步。周恩来强烈关注的只有"复交三原则",即"台湾问题"。周恩来还提议,中日邦交正常化的方式,可以通过田中首相访问中国并发表《中日联合声明》来完成,访华的时期最好是在 9 月下旬。

竹入回国后,迅速将被称为"竹入笔记"的中国政府草案交给了田中和大平,二人非常震惊。大平立即做出判断,"这样的话可行",田中则当场决定访问中国。③

8 月 10 日,田中首相说,"虽然我依旧认为我国对于台湾的归属问题没有发言权,但如果要问政府的见解,那么 1943 年的《开罗宣言》以及之后的《波茨坦公告》都规定台湾和澎湖列岛要归还给中国,从这个角度而言,显然台湾属于中国"④,在台湾地区的归属问题上表现出比佐藤内阁大为进步的姿态。总之,虽然田中首相没有直接表示台湾地区是中华人民共和国的领土,但承认根据《开罗宣言》和《波茨坦公告》,台湾地区已经归还中国。在台湾地区的归属问题上,和佐藤内阁相比,田中内阁做出了不大但却很重要的让步。这恐怕是日本政府在台湾归属问题上所能做出的最大限度的让步了。在第二天的 8 月 12 日,周恩来明确表示,"我们欢迎田中首相来华访问,就中日邦交正常化问题进行谈判"。

为了再次确认中国政府的方针,9 月 9 日,大平外相派古井喜实、田川诚一、松本俊一三人携带日本政府的方案前往中国。古井向廖承志和张

---

① 指在满足谈判条件后,才进行谈判。

② 外务省外交史料馆公开史料。参照石井明、朱建荣、添谷芳秀、林晓光主编《記録と証言 日中国交正常化・日中平和友好条約の締結交涉》,岩波書店 2003 年版,第 33 页。

③ 《朝日新聞》1997 年 8 月 27 日。

④ 《朝日新聞》1972 年 8 月 11 日。

香山递交的日本政府草案是参照中国政府的草案起草的，内容上没有太大的差异。只是在关于"战争状态的结束"的表述以及将"复交三原则"全部写入《中日联合声明》的问题上，双方的意见出现了不一致。关于前者，日方坚持认为《日华和平条约》已经结束了中日间的战争状态，不能再次宣告战争状态的终结。至于后者，日方认为，"复交三原则"的第一条和第二条可以写进《中日联合声明》，日方对此表示充分理解并尊重"，但关于第三条废除《日华和平条约》的表述，日方表现出为难之色，表示日本政府正在思考比较恰当的表述方式。①

由此可知，日本政府在向中国政府再次确认中方"放弃对日赔偿请求权"之后，所关注的便只有对"台湾问题"的处理了。让人没有想到的是，日本和特别重视"台湾问题"的中方出发点虽然不一样，但对这一问题的关注却是相同的。

周恩来在12日与古井一行举行了会谈。关于"战争状态的结束"的表述，周恩来坚持认为，只有通过这次的中日邦交正常化，两国的战争状态才算真正结束；而关于"复交三原则"，则表示希望日方能做出一种总括性的态度宣示。②为了避免古井一行与自14日起访华的自民党小坂代表团相遇，按照中方的安排，古井一行从次日开始便前往中国东北旅行。19日回到北京后又安排了和周恩来的第二次会谈。中方出席的人员是以廖承志为首的张香山等对日工作人员，而日方则按照中方的要求，只有古井一人参加。周恩来再次详细说明了中国政府的观点，表示问题的关键点依旧和上次会谈时一样，并补充说"有好的主意，不用担心"。关于"复交三原则"，中方希望将其全部写入《中日联合声明》中，而古井也重申了日方的观点。

双方虽有意见分歧，但周恩来表示，"解决起来并没有那么难，等田中首相来了之后再决定也不会有什么困难吧！"古井也认为，"基本上双方之间并没有太大的困难，问题仅存在于文字表述上"。另外，根据古井的回忆，回国后大平外相给他看了日本政府的方案，方案的序言中并没有关于对过去战争的反省的内容，"我对外相说这不行，强烈要求必须要加

①　古井喜实：《日中十八年 一政治家の軌跡と展望》，牧野出版1978年版，第231—234页。
②　同上书，第232—233页。

进去。结果，这部分内容后来便写入了日方方案"。①

由以上过程可知，在中日邦交正常化的首脑会谈之前，中方和日方在事前交涉中都很在意的是"台湾问题"，即台湾的归属问题。另外，关于对"战争状态结束"的声明，双方还存有意见分歧。

二　围绕三大焦点问题的谈判及其结果

从 1972 年 9 月 25 日下午开始，中日两国首脑很快开始了中日邦交正常化的谈判，并举行了第一次首脑会谈。两国首脑目标一致，就是通过首脑会谈，达成关于《中日联合声明》的一致意见并实现中日邦交正常化。在第一次周恩来、田中角荣会谈上，周恩来说，"我们希望一鼓作气实现邦交正常化。中日两国应该在邦交正常化的基础上保持世世代代的和平友好关系"。并提议"中日两国应求大同存小异，把共同点写进联合声明中"，以此方法来解决问题。②

在当天晚上举行的欢迎田中访华团的宴会上，周恩来再次表示，"我们相信经过双方的共同努力、充分协商、求大同存小异，中日邦交正常化一定能够实现"，呼吁"中日两国人民必须世世代代保持友好关系"，并强调"中日友好不是排他的，这将有利于亚洲紧张局势的缓和及世界和平"。但是，中日双方在进入具体的谈判阶段后立即遇到了很多问题。双方关于一些问题激烈交锋，谈判甚至一度陷入僵局。下面分别就"历史问题"、"战争状态结束问题"、"台湾问题"这三大焦点问题，以周恩来在谈判中所起的作用为主题，来论证各个问题的解决过程及其结果。

（一）关于"历史问题"

在从 1972 年 7 月 27 日至 29 日举行的三次"竹入义胜、周恩来会谈"中，中日双方基本上没有讨论日本的战争责任问题，并且在 7 月 29 日周恩来提出的《中日联合声明》草案中也没有提及这一问题。根据日方的记录，在田中到达北京的当天（9 月 25 日）下午举行的第一次"周恩来、田中角荣会谈"中，周恩来多次提到了要缔结《中日和平友好条约》，表示"（中日两国关系）前途一片光明，中日间如果真的实现了和平友好，

---

① 古井喜实：《日中十八年 —政治家の軌跡と展望》，牧野出版 1978 年版，第 233—234页。

② 石井明、朱建荣、添谷芳秀、林晓光主编：《記録と証言 日中国交正常化・日中平和友好条約の締結交渉》，岩波書店 2003 年版，第 54—55 页。

将有助于解决东亚地区复杂而具体的问题"。可以认为，中国政府最初的方针并没有要追究日本的战争责任，而是打算避免将表明日本政府反省之意的内容写入《中日联合声明》的。然而，在当天晚上由周恩来总理主持的招待宴会上，田中首相答礼致辞中出现的一番著名的"添麻烦"之说，使得宴会席上一时议论纷纷。

第二天，即 26 日，《朝日新闻》登载了西村特派员的报道，其中有一段内容如下，"田中首相致辞时，每讲一段中方都会鼓一次掌，但有几次却没有鼓掌，其中之一便是首相说到给中国人民'添了麻烦'的时候。同样是在这件事情上，周总理的致辞中使用的是'灾难'一词。这是中方感到不满的一种表现吧！那段历史不能用一句简单的'添麻烦'就轻轻带过了"。①

实际上，不仅是在宴会上，在当天下午首脑会谈前相互介绍的时候，田中也使用了"添麻烦"的表述。田中说："我们两国是一衣带水的邻邦，有着无法割裂的关系。然而，第二次世界大战时，日本给中国添了很多麻烦。战后，中日两国的交流一时间中断，对此我感到很不幸。"②

田中作了上述发言之后，周恩来回应道，"中日两国应该世世代代友好交往下去。田中首相说：'来北京感觉就像在自己家里一样'，我们感到很高兴。我们应该珍惜两千年友好交流的历史。从 1894 年开始直到'二战'结束的半个世纪中，由于日本军国主义的侵略，中国人民蒙受了巨大的灾难，刚才田中首相也说了对此感到非常不幸。但是，侵略战争的结果也使日本人民遭受了巨大灾难。毛主席说要将一小撮军国主义分子和广大的日本人民区别开来"。

根据张香山的回忆，当天下午是规模很大的初次会见，周恩来通过回顾历史来回应田中首相的讲话，并没有触及"添麻烦"的说法。但是，在当晚的欢迎宴会上，田中再次使用了"添麻烦"的措词，当时现场的中方反应周恩来也尽收眼底。

在第二天的首脑会谈中，周恩来表达了强烈的不满。他说，"数以百万计的中国人在战争中牺牲，日本遭受的损失也很大，我们不能忘记这段历史的教训。对于田中首相所说过的'反省过去的不幸'的想法，作为

① 《朝日新聞》1972 年 9 月 26 日。
② 張香山：《日中の懸け橋がついに築かれた》，《論座》1997 年 12 月号，第 217 页。

我们也能够接受。但是，田中首相所谓'给中国人民添了麻烦'的说法
会引起中国人民的反感"。周恩来解释说，"为什么会这样呢？因为在中
国，所谓'麻烦'只能用在很小的事情上"。另外，对于田中发言中提到
的日本还存在反对中日邦交正常化的势力，周恩来说，"我们也有少部分
人反对中日邦交正常化……我们也需要对人民进行解释。如果不对人民进
行教育，就无法说服因'三光政策'而遭受严重伤害的人民大众"。这进
一步表明了中方在中日邦交正常化的问题上对民众进行了说服教育。①　在
这次首脑会谈中，中国政府首次向日本政府提出了关于"认识历史"的
要求。

　　关于田中的"添麻烦"的发言，有人提出，当初是日本外务省翻译
人员的失误造成的，但给田中首相写发言稿的时任外务省中国课课长桥本
恕却说，"绝不是翻译上的错误，这是考虑到当时日本国内舆论所能接受
的最大限度的结果。我思考了很多天，也推敲了无数次。夸张一点说，这
是倾注了我的灵魂的文章。当然，事前也给大平外相和田中首相看过多
次，二人都表示'就这样办吧！'"，从而否定了"失误说"。②　由此可知，
日方在日语的表达上使用"ご迷惑をかけた"是有其明确意图的，但事
前是否得知在译成中文时要使用"添了麻烦"这一直译的表述，现在尚
不得而知。笔者推测日方在翻译的表达上并没有仔细斟酌。

　　基于首脑会谈的结果，9 月 27 日，在田中首相一行参观万里长城的
行车途中，中日两国外长举行了非正式会谈。关于日本的战争责任，大平
说，"这次田中首相访华，就是代表日本全体国民对过去表明反省之意。
由于日本作为一个整体对战争进行了反省，因此可以从这个意义上采用相
应的表述方式"，明确表示要将日本关于战争责任的明确态度写入《中日
联合声明》。对此，姬鹏飞回应说，"中国是将日本的一小部分军国主义
势力和广大普通日本人民区别开来考虑的，这是对日本友好的表现"，这
是强调了中国政府在处理"历史问题"时所采取的"区别论"。关于这一
问题的交涉情况，公开史料中记录有如下说明，"大平大臣和姬部长之间
就'反省'一词的微妙语感相互发表了看法"。

　　①　外务省外交史料馆公开史料。参照石井明、朱建荣、添谷芳秀、林晓光主编《記録と証
言　日中国交正常化·日中平和友好条約の締結交涉》，岩波书店 2003 年版，第 60 页。
　　②　NHK 特别节目《周恩来の決断》，1992 年 9 月 30 日。

在当天晚上举行的最后一次外长会谈上，在姬鹏飞宣读的《中日联合声明》草案中，关于日方表明对战争责任的态度是这样写的，"日本方面深刻反省日本通过战争给中国人民带来重大损害的责任"。对于这一中方草案，大平提出了一个问题要求中方予以确认，即："这里的'责任'一词是否可以理解为不包含某种特别的含义，而只是意味着对造成损害这一事实所应承担的相应的责任进行充分反省？也就是说，是否可以照字面意思理解为：由于给中国人民造成了损害，因此我们感到了自己的责任并进行深刻反省？"对此姬鹏飞回答说："是的。"之后，经过双方的文字修正，写入《中日联合声明》的正式表述为，"日本方面痛感日本国过去由于战争给中国人民造成的重大损害的责任，表示深刻的反省"。

这是日本在与其他国家签署的联合声明及政府协议中首次承认日本侵略战争的责任并进行谢罪。不过，众所周知，关于如何承担这一责任，以及应该以怎样的形式来表现，即所谓的"历史问题"，其后依然残留在日本国内以及中日两国之间，并常常成为争论的重点。

（二）关于"战争状态结束"

在田中访华之前，中日双方关于宣告"战争状态结束"的问题存在着意见分歧，双方决定在政府首脑会谈中予以解决。从中日首脑会谈记录和外长会谈记录中可以发现，中日在"战争状态结束"的日期方面没有达成共识。

谈到这一问题，首先要回到7月份的"竹入义胜、周恩来会谈"上。在7月29日的第三次"竹入义胜、周恩来会谈"中，关于"战争状态结束"的问题，周恩来提出的中国政府草案是，"中华人民共和国和日本国之间的战争状态，自本声明公布之日起结束"，并补充说："'这一天'指的就是《中日联合声明》或《共同宣言》发表之日"。9月9日，自民党议员古井喜实等人带到北京的日本政府草案，不同于中国政府在"战争状态结束"问题上的表述，日本政府草案的内容是"两国政府确认战争状态已经结束"[①]，认为《日华和平条约》的签订，表明中日之间的战争状态已经结束，并寻求中方的"确认"。中国政府从一贯批判《日华和平条约》的立场出发表示不能接受，显示出双方的巨大分歧。

---

① 田川誠一：《日中交渉秘録》，每日新聞社1973年版，第359頁。

在 9 月 26 日上午的第一次外长会谈中，日本条约局长高岛益郎宣读的日本政府草案与古井带来的草案基本一致，中国外交部长姬鹏飞在"战争状态结束"问题上提出了尖锐的反对意见。姬鹏飞说道："以日方目前关于两国战争状态结束的提法，中方无法获得人民的理解，因此不能同意。而且，这也不符合历史事实。我们必须让中国人民知道战争状态到底是什么时候结束的"，表示不能接受日本政府的方案。1 个小时的会谈只提出了这一个问题，双方没能作深入探讨会谈便结束了。基于此，在下午的第二次外长会谈中，日方提出了两个试行方案。第一个方案是，"中华人民共和国政府在此宣告，中国和日本国之间的战争状态结束"。关于这一方案，大平外相解释说，"这一方案的特点是，主语为'中华人民共和国'。像这样由战胜国单方面宣告战争状态结束的做法，在过去同盟国和德国之间战争状态结束之际被采用过"。第二个方案是，"日本国政府和中华人民共和国政府在此宣告，日本国和中国之间今后将是全面的和平关系"。关于这一方案，大平外相解释说，"在这一问题上由于双方的立场不同，因此我们考虑采取一种面向未来的积极态度进行处理"。对此，姬鹏飞回应说，"关于'战争状态结束'的问题，今天得到了日方的两个方案，我们中方极为重视战争结束的日期问题"，并强调，"自'本声明公布之日''战争状态结束'，其中所指的日期问题非常重要。也就是说，从这个时候开始，正文中的战争状态之外的其他部分也将发生效力。例如，日本承认中华人民共和国为中国的唯一合法政府也是从这一天开始。现在即便要求日本承认，恐怕日方也是很为难的"。从这一发言可以看出，姬鹏飞是倾向于赞成日方的第一条方案的，但没有表示明确的意见，"关于这一点，周总理也已经说得很清楚了（知道日方的困难），所以我们要想出一个很好的解决方案"，由此可看出，中方首脑的决策以及周恩来有做出让步之意。在 27 日晚举行的第三次外长会谈中，大平提出，"关于战争状态结束的问题，我们想听一听中方的想法"。姬鹏飞说，"关于这一问题，我和周总理一起花了很长时间做了种种考虑"，并提出了如下方案，"《中日联合声明》的序言修改为'两国人民热切盼望结束迄今为止存在于两国间的不正常状态……战争状态的结束和中日邦交正常化以及两国人民愿望的实现，将揭开两国关系史上新的一页'"。对于这一修正方案，大平问道，"那么声明的第一项就不要了吗？"姬鹏飞回答说："第一项并非不需要。在第一项中加入‘本声明公布之日，中国和日本之间极其不正常的状态宣告结束’的内容，那么在战争结束的日期问题上，中日双方都可以各自作出不同的解释了。"

对于中方的修正方案，大平表示，"我们能看到中方的良苦用心"，"在战争状态结束的问题上，感谢中方顾全日方的意向"。由于中文和日语在文字表达上的差异，经过相关的文字修正的讨论后，《中日联合声明》中关于战争状态结束问题的表述分为了两个部分。在序言中的表述是："两国人民热切盼望结束迄今为止存在于两国间的不正常状态。两国人民所期盼的战争状态的结束和中日邦交正常化的实现，将揭开两国关系史上新的一页。"第一条是："自本声明公布之日起，中华人民共和国和日本国之间迄今为止的不正常状态宣告结束。"

关于战争状态结束的问题，在 9 月 28 日第四次"周恩来、田中角荣会谈"中，双方做了如下讨论。田中说，"台湾方面称中日邦交正常化之后便会回到战争状态，所以作为日本首相我很为难"，对中日邦交正常化之后的日台关系表示不安。周恩来说："在这次《中日联合声明》中，中方在'战争状态结束'问题上反复斟酌其表述，就是因为考虑到了这一点"，说明了中方做出让步的原因。

中日政府谈判的结果是在《中日联合声明》中没有明确"宣告战争结束"，而是采取了一种折中方案，将"不正常状态"和"战争状态结束"并列使用。如前所述，由于对田中首相"添麻烦"的说法存在解释上的不同，中日谈判一度陷入困难的局面，而在"战争状态结束"的问题上，双方成功做到了可以各自做出对自己有利的解释。

部分学者指出，中日邦交正常化已经过去了 30 多年，但从法律角度来看，中日两国对于中日"战争状态结束"的日期依然没有达成共识。[1] 关于这一点，日本外务省前中国课课长桥本恕是这样评论当年谈判时两国首脑的解决方案的，"（战争状态结束的问题）说到底只是对过去的解释，并非双方在现实当中的对立。这次的正常化不仅体现在中日两国的邦交层面，其目的还包括作为亚洲的友邦和邻国，他要推进和发展友好关系……如果被过去的解释所束缚以致影响到正常化本身就不好了。虽然双方都不能说要忘记过去的一切，但都认为从今以后发展睦

---

[1]　例如，殷燕军《日中国交正常化過程の再検証》，《中国研究月報》2002 年 10 月。

邻友好关系比什么都重要"。① 从这番话也可以清楚地看到，中日邦交正常化时的两国领导人，尤其是周恩来，相比"过去"，都将谈判的重点放在了"未来"上面。

（三）关于"台湾问题"

"台湾问题"是中日首脑会谈的中心议题，也是最大的难关。从1971年开始，为实现中日邦交正常化，中方一直以"复交三原则"为政策基准，坚持只有日方接受"复交三原则"才能实现中日邦交正常化的立场，即中方的方针是以"入口论"来解决问题。在周恩来向竹入义胜提出的中国政府草案中，中方要求日方表明对"复交三原则"整体上的理解。但是，9月古井带至北京的日本政府草案却将该三原则分割开来，将第一条的"日本政府承认中华人民共和国政府是代表中国的唯一合法政府"和第二条的前半部分"中方再次确认台湾是中国领土的一部分，日方对中方的主张表示理解"写入了草案正文，但却没有提及第二条后半部分的"坚决反对'台湾归属未定论'"和第三条的"《日华和平条约》是非法的，必须废除"。不过，周恩来表示等田中首相来了之后再解决也可以，并没有当即对日本政府的草案表示反对。

根据时任日本外务省条约课课长栗山尚一的说法，"关于（'复交三原则'）第一条原则，我们并不认为有什么法律上的问题。这是日本政府的一个政治决断，在国际法上属于政府承认的变更。但承认第二条和第三条原则，对日方而言则显得非常困难"。②

在中日首脑会谈中，双方就"历史问题"、战争状态的结束、战争赔偿等诸多问题进行了讨论，但争论的焦点依然是台湾地区的归属问题。中方所担心的是在中日邦交正常化之后，日本是否真的会断绝和台湾当局的关系。

日方在谈判过程中，以国际法的"条约论"为由坚持在台湾归属问题上的立场。日本外务省在《日中联合声明日方方案的对中说明》中做了如下说明：

① 大平正芳記念財団編集：《去華就実　聞き書き·大平正芳》，大平記念財団2000年版，第157页。
② 栗山尚一：《日中国交正常化》，《早稲田法学》第74卷第4号，1999年，第42—43页。

关于在台湾问题上的日本政府的立场，按照《旧金山和约》，我国已经放弃了对台湾的一切权利，因此对于台湾当前的法律地位，我们不能进行单方面的认定。我们十分清楚中方关于《旧金山和约》和日本有着不同的观点，但我国作为该条约的当事国，不能打破上述立场。不过，同时，参照《开罗宣言》和《波茨坦公告》议定的经过，根据这些宣言的精神，台湾应该归还给中国，这是日本政府不变的立场。我们完全尊重中方"只有一个中国"的一贯立场，当然也不会再次将台湾据为日本的领土或支持台湾独立。因此，我国也不会预想将来台湾会拥有处于中华人民共和国的领土之外的任何法律地位。①

9月26日，外务省条约局局长高岛益郎做了上述说明，表示日方没有对台湾的归属问题发表意见的立场。众所周知，高岛因使用"条约论"来应对周恩来的主张而遭到了周恩来的怒斥，并围绕这一问题中日双方激烈交锋，结果日方拿出了事先准备好的妥协方案，在"中华人民共和国政府重申台湾是中华人民共和国领土不可分割的一部分，日本国政府对中华人民共和国政府的这一立场表示充分理解和尊重"的后面，加上了一条让步方案——"坚持遵循《波茨坦公告》第八条的立场"。

《波茨坦公告》第八条明确规定："《开罗宣言》之条件必将实施"，而《开罗宣言》明文规定，台湾应当归还给中国。也就是说，虽然其表述不甚直接，但日本政府就此承认"台湾要归还给中国，台湾是中国的一部分"。因此，虽然加上这句话对中国而言显得还不够，但也可以认为，是周恩来的这一"怒"让日方推出了最后一张底牌。日方的这一让步后来成为了《中日联合声明》的第三条内容。

另一方面，日方所在意的是从法律层面上对《日华和平条约》的处理。会谈中，双方首先是从《日华和平条约》的有效性方面进行讨论。如上所述，在周恩来与竹入义胜举行会谈时所提出的中国政府起草的《中日联合声明》草案中，有关于"台湾问题"的三条"密约事项"。日方对此的感触是，"通过竹入笔记我方认为，中方在这一问题上似乎有准

① 外务省外交史料馆公开史料。参照参照石井明、朱建荣、添谷芳秀、林晓光主编《記録と証言 日中国交正常化·日中平和友好条約の締結交渉》，岩波書店2003年版，第112—113页。

备会比较灵活地应对"。在外长会谈一开始日方所提出的"对中说明"中，关于这一"密约事项"，日方表示，"（日本政府）认为在日中邦交正常化之际，不应该制定任何秘密协议之类的文件"，谢绝了中方的关照。另外，关于《日华和平条约》的处理问题，日方提议不写入《中日联合声明》，而以"外长谈话"的方式予以处理，但日方没有提出举行"外长谈话"的具体时间。

由于日方明确表示，中方提出的"《日华和平条约》是非法、无效的，因此必须予以废除"，这一表述无论从法律层面还是政治层面都是不可能接受的，因此周恩来同意使用迂回战术，采用一种在日本国内和中国国内都行得通的表述方法。从中方的让步当中也可以看出，在这里日方得了"名"（要向日本国内表示"《中日联合声明》的正文中没有明确表示台湾要归还给中国"）、中方虽不够充分但还是得了"实"（加入了"坚持遵循《波茨坦公告》第八条的立场"的表述，等于日方间接承认台湾要归还给中国）。周恩来虽然给予了日方关照，但始终坚守"台湾是中国的一部分"这一大原则。

日本的部分亲台派提出了一个疑问，认为"日本当初是不是可以不必和台湾完全断绝邦交呢？"这是日方没有理解"台湾问题"对中国的重要性的表现。首先，由于当时中华人民共和国和台湾当局都主张"自己才是代表中国的正统政府"，因此"两个中国"、"一中一台"的说法双方都不能接受。也正是因为这一点，中国政府始终将"复交三原则"作为中日邦交正常化的原则条件，明确表示如果不废除《日华和平条约》就无法实现中日邦交正常化。如果日台不断交，中日邦交正常化就不可能实现。另一方面，台湾的蒋介石政权将中华人民共和国的毛泽东政权称为"叛乱集团"、"土匪集团"，始终主张自己是代表中国的"正统政府"。因此在日本政府要与中华人民共和国恢复邦交之际，蒋介石政权持续发出警告要与日本断交。"正统政府"问题即"台湾问题"是中国的内战带来的问题，毛泽东和蒋介石作为内战当事人分别掌握着大陆和台湾的政权。对他们而言，这一问题的重要性，是近代以来没有经历过国内分裂政权并存状态的普通日本人所难以理解的。因此，田中内阁如果想要和中国恢复邦交，和台湾当局断交是唯一的选择，除此之外别无他法。

另外，在中日邦交正常化之际，日本为了在《日华和平条约》的处理、战争状态的结束、战争赔偿问题等诸多问题上寻求中国的让步和

"关照"，才不得已决定和台湾的蒋介石政权断交。也就是说，当时日本政府决定断绝和台湾当局的外交关系，接受中国政府所主张的"反对霸权"条款，相应地，中国政府在不提出战争责任问题、灵活处理《日华和平条约》的有效性、放弃战争赔偿请求权、关于处理"台湾问题"的表述等方面采取了较为灵活的应对姿态。

第三节　中日邦交正常化的实现

一　毛泽东会见田中角荣

9 月 27 日晚，毛泽东在中南海自己的住所会见了田中角荣首相、大平正芳外相和二阶堂进官房长官。实际上，这次和毛泽东的会见，日方是在当天晚餐时才接到中国外交部礼宾司的通知，事出突然。虽然通知会见是在"今晚"，但没有被告知具体是几点钟。在会见开始前 30 分钟，周恩来突然来到田中一行下榻的钓鱼台国宾馆迎接，并陪同前往毛泽东的书房，会谈就在那里举行。日方参加会谈的是田中、大平和二阶堂三人，中方则是周恩来、姬鹏飞和廖承志。原本周恩来只邀请了田中和大平二人，但在大平的强烈要求下，二阶堂也一同前往。① 其余的日本外务省干部以及日方的翻译人员都没有参加。

据相关当事人证实，虽然和毛泽东的会见是在当天傍晚才通知日方的，但周恩来在背后做了周密的准备工作，比如为了翻译人员能够准确翻译双方的谈话，周恩来事前便让即将担当翻译的林丽韫和王效贤二人做了专门训练，以便适应毛泽东的湖南口音等等。②

虽然会谈的正式记录尚未公开，但据中方的相关人员介绍，双方是在毛泽东汗牛充栋的书房举行的这次会谈，从晚上 8 点半开始，持续了约 1 个小时，完全没有涉及政治性话题和谈判的内容，"会见的话题从中日两国的交往史开始，谈到两国政府间打交道解决两国关系，从国际形势谈到中、美、苏、日关系，从中国史谈到日本的政治制度和选举，从日本天皇谈到中国唯一的天皇——唐朝第三代皇帝、武则天的丈夫高宗，从马克思主义谈到佛教和思想文化的传播，从四书五经谈到家庭，从北京风味菜、龙井

---

① 《大平正芳回想録》，大平正芳回想録刊行会 1982 年版，第 336 页。
② 林麗韫：《日中国交正常化を支えた台湾人》，《世界》2002 年 10 月，第 184—185 页。

茶谈到茅台酒，从读书谈到毛泽东的幼年时代"。① 在中日实现邦交正常化
22 年后的 1994 年，中国将毛泽东与田中角荣会谈的一部分内容编入《毛泽
东外交文选》中予以公开。毛泽东当时说，"可以在几十年、百把年达不成
协议，也可以在几天之内解决问题"，"我对大家说，日本在野党不能解决
问题，解决中日复交问题还是靠和自民党的政府直接谈判"。②

　　会谈结束后，二阶堂在记者会上向媒体详细说明了会谈的经过。毛泽
东向田中问道："怎么样，吵了架吗? 总要吵一下，天下没有不吵的。"
田中回答说："吵是吵了一些，但是已经基本上解决了问题。"毛泽东说：
"能吵出结果来，就不用吵了嘛。"毛泽东又问道："'添麻烦'一事怎么
解决了?"田中回答说，打算按照中国的习惯予以纠正。毛泽东询问：
"《中日联合声明》什么时候发表?"周恩来回答说："可能明天，今天晚
上还要共同研究定稿，除中文、日语外，还要翻译成英语。"二阶堂在会
见情况介绍的最后补充道："毛泽东主席和日本国代表田中首相握手的一
瞬间，意味着具有历史性意义的问题得以解决的时期到来了。"③

　　据目前的公开资料及证言，周恩来在这次会谈中并没有讲太多话。综
合种种资料来看，周恩来对这次会谈起到了如下作用：

　　第一，与毛泽东会见，在当时的中国是一种特殊的待遇。对于外宾来
说，这一待遇只会给予那些在中方看来是"最为重要"的、在对华交流
中"贡献最大"的外国友人。例如在尼克松总统访华之际，只有尼克松
本人及基辛格受邀与毛泽东会见，连国务卿罗杰斯都没有受到邀请，未能
参加会见。和日本政府首脑的会谈，最初中方也打算只让田中和大平二人
参加，但大平可能是考虑到日本国内政治的关系，要求让官房长官二阶堂
一同参加会谈，并获得了许可。如上所述，让原籍台湾的林丽韫担任翻
译，向日方传递"台湾是中国的一部分"的信号，同时中方参加会谈的
人员以及幕后的工作人员也都是由周恩来选定的，综合考虑这些因素，可
以说周恩来是毛泽东与田中等三人举行会谈的"发起人"。

　　第二，前面已经介绍过，毛泽东在和田中一行的会谈中几乎没有触及

---

　　①　参见王泰平《新中国外交 50 年》以及王泰平著、青木麗子译《大河奔流》，第 172—177
页；石井明、朱建荣、添谷芳秀、林晓光主编《記録と交渉　日中国交正常・日中平和友好条約交
渉締結》，岩波書店 2003 年版，第 125—130 页。
　　②　《毛泽东外交文选》，中央文献出版社、世界知识出版社 1994 年版，第 598 页。
　　③　《朝日新聞》1972 年 9 月 28 日。

有关中日邦交正常化谈判的实质性内容，这有点像日本天皇和外国首脑会见一样，完全是礼节性的。从这里也可以看出，中日邦交正常化谈判的一切事务均交给了周恩来，周恩来起到了决定性的指导作用。

第三，中日政府间谈判进展的细节。周恩来作为外交工作的负责人，尤其这次又是中日邦交正常化谈判的中方负责人，万一在日方与毛泽东的会谈之后中日邦交正常化谈判破裂的话，周恩来将要担负起不可估量的重大责任。性格稳重的周恩来，不会做这样带有冒险性质的事情。这也反过来表明，虽然此时和日方关于《中日联合声明》的谈判正在进行当中，但中方负责人周恩来对于谈判的结果已经有了相当的自信和把握。这一点也可以说明，周恩来在《中日联合声明》的谈判最后，在达成一致之前的整个过程中一直掌握着中方对日交涉的全权。在毛泽东、田中会谈之后，当天即 9 月 27 日晚，中日政府首脑开始共同敲定《中日联合声明》的草案。

二　《中日联合声明》及秘密协议的达成

通过研究可以发现，以毛泽东的意向和"战略方针"为背景，周恩来一手掌握所有信息的收集、判断，迅速做出相关指示，对日谈判就是在这一非常高效的工作体系下展开的。连外长会谈也是如此。外交部长姬鹏飞的主要工作是倾听日方的观点，而回答则是由周恩来在和田中的会谈中做出，抑或姬鹏飞在得到周恩来的指示后再向日方传达。中国的这种处理问题的方式现在也基本没变。所不同的是，现在的决策已经不会再集中到像周恩来这样掌握着内政和外交两方面权力的个人身上。最近十多年来，中国的外交政策以及对特定国家外交的决策已经转向"集体决策体制"。从这个意义上来说，中日外交史上的"周恩来时代"可以说是一个例外。

在毛泽东、田中角荣会谈结束后，27 日晚 10 时 10 分，姬鹏飞和大平正芳在钓鱼台国宾馆举行了外长会谈。日本外务省公开的文件中称之为"最终会谈，最重要的会谈"。在这次会谈中，大平逐条宣读了日方的草案，姬鹏飞和张香山对此做了笔记。外交部的两名职员轮流拿着这些笔记走出房间。日本很多的研究资料都提到外交部长姬鹏飞在与大平的会谈中多次悄悄派人到隔壁房间去请示周恩来，或是亲自离席前去请示。而笔者在对中方相关当事人的采访中也得到了同样的证实。当时担任外长会谈翻译的周斌这样介绍："姬鹏飞紧紧盯着笔记，没有打算做出回答。过了一会儿姬鹏飞说：'大平外相，我有一个提议，休息十分钟怎么样？待会儿我再回答。'大平答道：'好的'。姬鹏飞赶紧跑出会谈地点的18号楼，赶到旁边周恩来所在的馆舍去报告谈判的具体情况。"① 大约15分钟后会谈重新开始，姬鹏飞对此前的问题作出了回应，"就按大平外相说的办，笔记的内容照目前这样就可以了。这就是中国政府的最终意见"，于是问题解决了。"整个过程就像雪崩一样来得很突然，中方全面接受了日本的妥协方案"——日方谈判的当事人回忆当时的情形时说道。显然，周恩来既担当了舞台导演，又扮演了主演的角色。

第二天9月28日下午，第四次首脑会谈举行。双方均同意由两国外长制定的《中日联合声明》的草稿，并决定于29日上午10时在人民大会堂举行《中日联合声明》的签字仪式。会谈结束后，周恩来和大平之间有如下一段对话。

周："大平外相认为该如何处理遗留的日台关系问题？"

大平："我认为只要日本单方面表示和台湾终结外交关系即可。"

周："那什么时候会做出这种表态呢？请告诉我们一个明确的时间。"

大平："请相信我们。我们一定会信守承诺来处理外交问题。"

周："我知道了。我相信大平先生。"

周恩来又说，"重新建立邦交，必须重视信义。中国在外交政策上一贯重视信义问题"，并题写了《论语》中"言必信，行必果"六个字送给了田中。田中也引用了"信为万事之本"这句话，郑重地写好之后亲手交给了周恩来。这也就意味着，日本和台湾当局断交一事并没有写入《中日联合声明》，而是交付给了《中日联合声明》发表之后日方的自觉行动，能够给对方起约束作用的就只有信用和信义了。虽然周恩来有一定的把握，但是一般的官员是不会仅凭口头约定就赌上自己的政治生命的。但是，周恩来这样做了。这也反映了周恩来的人格力量及其在对日交涉中的决定权。

对于在《中日联合声明》签订之后是否举行大平所承诺的关于日本与台湾当局断绝关系的会谈，周恩来内心的不安并未完全消除。因为不管怎么说，对方都是曾经的战争对手，而且战后20多年两国都没有正式的

---

① 久能靖：《角荣·周恩来会谈 最後の証言》，《文芸春秋》2007年12月号，第366頁。2011年8月5日，笔者在上海采访周斌时得到证实。

交往。29 日上午《中日联合声明》签字仪式刚一结束，大平和二阶堂就不见了，周恩来注意到了这一点。在得知二人在记者会上宣布日本和台湾当局断交之后，周恩来悬着的一颗心总算放了下来。①

实际上，正如和周恩来所约定的一样，在《中日联合声明》发表结束后，大平外相便立即在北京的民族文化宫的新闻中心举行记者招待会，对《中日联合声明》的主旨内容进行了说明，并在招待会的最后就《日华和平条约》做了如下声明，"最后我要说明的是，虽然《中日联合声明》中没有提到这一点，但作为日中邦交正常化的结果，《日华和平条约》已经失去了它存在的意义，必须予以终止，这就是日本政府的观点"，就此宣布了与台湾断绝外交关系。

《中日联合声明》的起草工作经历了 6 次会议和两国外长的谈判，于1972 年 9 月 28 日凌晨 3 时达成了最终的一致。次日的 29 日上午，中国的周恩来总理、姬鹏飞外交部长和日本的田中角荣首相、大平正芳外相共同签署了《中日联合声明》。

9 月 29 日上午 10 时左右开始的《中日联合声明》的签字仪式，通过电视向日本国内进行了实况直播。而当时的中国电视还没有普及，也不具备实况直播的技术，于是就通过白天的新闻进行了报道。周恩来身穿浅灰色的中山装满面笑容地出现在签字仪式上，在《中日联合声明》的文件上签字并与田中角荣首相交换署名文件，周恩来再次紧紧握住田中首相的手使劲上下晃动，就像在机场迎接田中首相来访的时候一样。至此，周恩来的对日外交已经完完全全获得了成功。

关于签字仪式以及之后上海访问的具体情况，由于在先行研究中已多有介绍，并且对于本书的主题而言也不是非常重要，为免重复，在此就予以省略。

在签署《中日联合声明》以及实现中日邦交正常化之前中日双方所做的努力，尤其是周恩来对此所倾注的心血一直以来都获得了高度的评价。中日邦交正常化得以在田中首相上任后 3 个月内实现，毫无疑问，这和两国所面临的一致境况是分不开的。日本主要是为了应对变化了的国际形势，尤其是国内的政治形势，而中国则是为了摆脱和打开国内外的困境。更为重要的是，这是两国人民期盼相互友好的愿望表达，也体现了两

① 张香山：《日中の懸け橋がついに築かれた》，《論座》1997 年 12 月号，第 216 頁。

国首脑的决心和行动。同时，中国的毛泽东、周恩来这样强有力的领导人、以及日本的田中首相、大平外相这样的好搭档，也是中日邦交正常化取得成功的一大要因。田中角荣也因此而在中国被称为"有勇气的政治家"、"战后日本少数具有战略眼光的领导人"。

但正如前文所述，在整个中日邦交正常化的过程中，在表里、内外两方面所表现出来的周恩来的战略视野、睿智和行动力、以及对下属和中国普通民众的领导能力及其人格魅力也是一大决定性因素。

东京大学石井明教授曾经指出："我深切地感受到，两国首脑担负着各自的国家利益，经过最大限度的折冲才得以最终实现邦交正常化"。①对此，笔者也深有同感。

---

① 石井明、朱建荣、添谷芳秀、林晓光主编：《記録と交渉 日中国交正常・日中平和友好条約交渉締結》，岩波書店 2003 年版，第 23 页。

终　章

周恩来在中日邦交正常化过程中的作用

1972 年 9 月 29 日，周恩来总理、姬鹏飞外交部长和日本的田中角荣首相、大平正芳外相签署了中日邦交正常化的《中日联合声明》。正如毛泽东在与田中会谈时所说，"仅仅几天时间就改变了中日关系，这很了不起"。由于爆发过长期战争，社会体制也不一样，中日两国之间存在着很多障碍，但在中日邦交正常化这一"大同"面前，两国政府在"历史问题"、"战争状态结束"以及"台湾问题"等方面相互做出让步，暂时搁置争议而达成了一致。可以说，短时间内迅速得以实现的中日邦交正常化并非多年来民间外交"累积"的成果，而是周恩来在取得了震惊世界的中美关系改善的外交成果之后导演的一出大戏，这也是一个外交奇迹。

本章将首先对第一章到第五章所论述的周恩来在中日邦交正常化过程中所起的作用进行概括。其次将论述中日邦交正常化对世界、亚洲以及中日两国所产生的积极影响，并尝试分析周恩来的对日外交所遗留的一些问题。最后将探讨周恩来的对日外交对当今中日关系的启示，以及对二十一世纪对日外交的启迪。

第一节　周恩来所起作用的概括

本书从第一章至第五章论述了周恩来与中日邦交正常化的关系。如果要对周恩来在恢复中日邦交中所起的作用进行概括，应该说周恩来是对日外交战略方针的决策者，也是对日外交活动的组织者和指挥者，还是亲自出席了对日谈判的首席谈判者。

一　对日外交战略方针的决策者

在毛泽东时代，中国的对日外交战略以及各时期的方针，是在中国外交战略全局的影响下，经过以毛泽东为首的中共最高领导层的批准制定出来的。但在这一前提下我们还应该看到，周恩来在新中国成立后的各个时期对对日战略方针的制定都起到了决定性的作用。

（一）"民间先行，以民促官"方针的制定

新中国成立初期，中国在中美对立、日本政府的对华敌视政策以及《日华和平条约》的签订等不利条件下，仍然致力于同日本建立正常的国家关系。这一时期，周恩来提出了实现中日邦交正常化的长期目标，为了营造有利环境，他亲自主导制定了中国最初的独特的对日战略方针"民间先行，以民促官"（见第二章）。

（二）通过"累积式"打开外交关系的尝试

为了恢复因"长崎国旗事件"而全面中断的中日关系，并进而打破美国的对华封锁政策，周恩来针对池田内阁，提出了重启民间贸易、将贸易关系从民间层面提升至"半官半民"的关系，通过"累积式"来实现中日邦交正常化的对日战略方针。周恩来的构想是，"日本的团体来得更多，我们的团体也多去，最后只剩下两国的总理和外相签字、喝香槟酒了"。[1] 依据上述对日方针，两国实现了"LT贸易"备忘录的签订、新闻记者的互派等，中方强调，这实现了周恩来所提出的"半官半民"的外交关系。[2] 不过，日方完全否定了这种"半官性"，始终向国内外表明这只不过是一种民间贸易的关系（见第二章）。

（三）提出"周四条件"与"复交三原则"

1970年春，周恩来首先向日本经济界提出了要求其在中国大陆和台湾之间二选一的"周四条件"，制造出日本各大企业纷纷靠向中国大陆的形势。同年夏，周恩来又向日本的政治家提出了"复交三原则"，提升了日本国内各界赞成和促进中国邦交正常化的气氛，以此给当时的佐藤内阁施加压力，直接为1972年实现中日邦交正常化营造了有利环境（见第三章）。

（四）尼克松访华后的巨大攻势

周恩来判断，由于尼克松访华，日本国内的气氛已经发生了很大变

---

[1] 中华人民共和国外交部、中共中央文献研究室编：《周恩来外交文选》，中央文献出版社1998年版，第171页。

[2] 当时的外交部长陈毅说："这次的协定既可以说是民间协定，也可以说是政府间协定。为什么呢？因为中方的当事人是政府人员，日方的当事人也是包括自民党的负责人及与政府有密切联系的业界代表。"

化，于是制定了同"后佐藤"时期的新内阁进行中日邦交正常化谈判的方针，对日本各界发动了新一轮的攻势。田中内阁一成立，中方便按照事先的计划立即与日本政府取得联系，并提出了日方能够接受的关于实现中日邦交正常化的中国政府草案。于是，在接下来不到三个月的时间内，便实现了田中访华并签署了《中日联合声明》（见第三章、第五章）。

二　对日外交活动的组织者和指挥者

即使有战略方针，但如果没有实施能力，那也无异于纸上谈兵。为了实现中日邦交正常化，周恩来亲自思考各时期具体的方针政策，扮演了战术实施的组织者和指挥者角色。这方面的例子不胜枚举，兹列主要的几件如下：

（一）设置对日政策领导机构并亲自指挥

20 世纪 50 年代前期，因考虑到要实现对日交流的一体化、制度化以及培养这方面的人才，周恩来指示要在国务院设置对日政策领导机构"对日活动小组"。随后，参与日本问题的研究、对日政策的制定并实施对日活动的所谓"大日本组"和"小日本组"成立。这些机构及其培养的人才在1972 年实现中日邦交正常化过程中发挥了重要作用（见第一章）。

（二）派孙平化赴日和"竹入笔记"的诞生

田中内阁成立前夕，周恩来便任命孙平化为上海舞剧团团长，将其派往日本，早早实现了与田中首相和大平外相的直接接触。而在竹入义胜来访时，周恩来又让其将写有中方关于中日邦交正常化条件的政府草案（"竹入笔记"）带回了日本。这份草案几乎提及了日方担心的所有事项，而又由于是周恩来亲自委托的，因此分量大增，使得田中在没有预备谈判的情况下便吃了定心丸，从而下决心访华，实现中日邦交正常化（见第三章）。

（三）面向中国人民的教育运动

随着中日首脑会谈的临近，基于中国普通群众中有很多人对日本怀有强烈的反感和不理解的现状，周恩来指示要开展关于对日友好和放弃战争赔偿请求的教育活动，并亲自制定运动的指导方针等等，担任了具体的指挥工作，从而保证田中访华和中日邦交正常化谈判顺利进行（见第四章）。

三　担任首席谈判家

本书从战略方针的制定、具体活动的展开、直接参与对日谈判这三个方面来分析周恩来的对日外交活动。一般而言，制定国家外交战略的最高领导人会与对方国家的首脑进行会见和会谈，但不会逐一接见对方国家的各界代表团。而具体的外交负责人会较多参与谈判和接待，但不会参与战略方针的制定。但周恩来在对日外交的这三个方面，都作为主角参与其中。在直接的对日交涉方面周恩来也发挥了重要作用。

（一）积极会见日本各界的访华团

如前所述，在中国的领导人当中，周恩来接见的来自日本的团体和个人数量最多。周恩来以一国总理的身份，通过与日本人的交流直接传达中国的立场和对日本的信息，突破美国的对华封锁政策和当时日本政府的对华敌视政策，努力提升日本社会的对华关注度，扩大日本各界赞成中日邦交正常化的民众基础（见第二章、第三章）。

（二）与松村谦三、高碕达之助、冈崎嘉平太等人的人脉关系

周恩来还同一部分有志于为中日两国搭建桥梁的知名政治家和经济界人士建立了深厚友情，如松村谦三、高碕达之助、冈崎嘉平太等人。在这些被视为"友好交流渠道"的各界人士来访之际，周恩来每次都亲自接见。与接见其他的访华团和个人不同，周恩来通过这些值得信赖的交流渠道获得了关于日本的更为准确的信息和有关对日交涉的建议，有时还委托他们向日本政府传达信息。正因如此，周恩来的对日工作才更为准确、更有效果地得以施行（见第一章）。

（三）担任邦交正常化会谈的首席谈判家

在田中访华时，周恩来不仅以一国总理的身份参加了所有礼节性的活动（如前往机场迎接、举办宴会、陪同访问上海等），还亲自与田中首相会谈，参加毛泽东与田中的会谈，进而在外长会谈时进行遥控操作。确实，周恩来是中方的首席谈判家，并在具体谈判中扮演了最终决断的关键角色（见第五章）。

通过以上论述可知，周恩来是中日邦交正常化过程中对日战略的制定者、具体对日活动的组织者和指挥者以及对日会谈的首席谈判家，对中日邦交正常化做出了最大贡献。

第二节　周恩来对日外交的成功与遗留问题

一　中日邦交正常化的深远影响

由周恩来主导、两国政府和人民共同努力实现的中日邦交正常化，是

在 20 世纪 70 年代前期，继尼克松总统访华之后引起全世界特别是亚洲地区关注的一大外交事件。中国的史学研究者对其意义进行了高度评价，认为其"翻开了两国关系新的一页"、"亚洲人自己决定亚洲未来的新时代到来了"、"缓和了亚洲的紧张局势，有利于中国的安全保障和维护世界和平"等。[①] 在此，笔者想从有关国际关系和中日关系的四个角度来分析其影响。

（一）对国际关系和东亚局势的影响

中国和日本这两个亚洲大国，超越了过去战争的积怨，在"二战"结束 27 年后实现了邦交正常化，从国际视角来看，这首先是有利于缓和东亚紧张局势的。事实上，与日美友好的东南亚的东盟各国其后也开始积极寻求同中国改善关系。另一方面，对中国而言，则是通过与日美的接近，使对抗具有威胁性的苏联的国际战略又前进了一步。而对美国而言，这也意味着构筑起了阻止苏联在亚洲进行扩张的防线。此后，苏联在东亚陷入了更加不利的形势，在"对苏包围圈"这一共同目的下，中、美、日在外交层面也加强了合作。在更广泛的意义上说，中、美、日的相互接近也成为了将苏联逼入破局的一个契机。

（二）为中美建交提供了借鉴模式

中日邦交正常化虽然是在中美接近这一大背景下实现的，其结果却创造了超越中美外交关系的模式。中美两国虽然因尼克松总统的访华而在战略层面实现了合作，但围绕"台湾问题"等双方的矛盾并未消除，因此未能马上实现建交。而与此不同的是，中日两国之间在并列的两个事项上达成了一致——即北京和东京之间拥有政治和外交关系、台北和东京之间维持经济和文化交流关系，从而迅速实现了中日邦交。虽然中美间一直到 1979 年元旦才实现建交，但关于"台湾问题"的处理一直没能彻底解决，尼克松总统的后任福特总统通过 1974 年末访华的国务卿基辛格，向代替病中的周恩来出席谈判的邓小平副总理提出了"台湾问题"的解决方案，即"仿照日本和中国实现邦交正常化的先例（在台湾设置联络事务所）"进行。[②] 实际上，中日邦交正常化的模式确实为中美建交所借鉴和继承。

---

　　① 林代昭：《战后中日关系史》，北京大学出版社 1992 年版，第 223 页；谢益显：《中国外交史　中华人民共和国时期 1949——1979》，河南人民出版社 1988 年版，第 528 页。

　　② 緒方貞子著、添谷芳秀訳：《戰後日中・米中関係》，東京大学出版社 1992 年版，第 111 页。

这一模式的本质是最大限度地顾及双方的立场,"求大同存小异"。

（三）为中日关系的全面发展打下了坚实基础

在实现中日邦交正常化的 1972 年,中日两国间的贸易总额只有 11 亿美元,但到中日邦交正常化 40 周年的 2012 年却达到了 3336 亿美元,增长了 300 多倍。这甚至也超出了当时对中国市场抱有期待而支持邦交的日本经济界乐观人士的预料。中日邦交正常化后,首先给中国带来了积极的影响。当时中国急需的成套设备的进口、政府开发援助（ODA）的提供、日企的对华投资等,都进展得很顺利。一般认为,邓小平在开始推行"改革开放"政策时,也在很大程度上借鉴了战后日本经济发展的模式。对日本而言,当其在 20 世纪 70 年代"石油危机"后寻求能源供给多样化的时候,得以从中国大量进口石油和煤炭。90 年代以后,因日本企业难以承受国内高昂的成本,中国又成了它主要的生产和制造基地。随着中国的中产阶级增加到 2 亿多人,其消费能力也大幅提升,2008 年中国取代此前对日本来说是最大的美国市场,成为了日本最大的出口国。在经济层面的中日关系,可以毫不夸张地说已经成为一种"命运共同体"。另外,在民间交流的层面上,日本的地方政府和中国的地方政府之间所结成的"友好城市交流关系"已达到 220 对以上,在日本的大学就读的留学生当中,7 成以上是中国留学生。虽然近年来两国间出现了中日邦交正常化以来最为对立的局面,但不可否认的是,四十年来两国关系在经济、文化、人员交流等各个方面都得到了深化,已经形成了一种"战略互惠关系"。这些成果的取得,完全是得益于因中日邦交正常化而带来的关系改善。

（四）中国的对日外交实现了从"革命外交"到"和平外交"的转变

中国一直在外交上坚持"人民外交","中国人民为了世界人民的利益承担更大的牺牲,那是值得的"[1] 这一方针,至少在形式上一直持续到了"文化大革命"期间。

长期以来,中国政府一直将日本视为受美国统治的国家,认为必须支持日本人民的民族独立运动。毛泽东主席在 1964 年发表过一篇著名的谈话,认为"日本民族是一个伟大的民族,它是绝不会让美帝国主义长期

---

[1] 中华人民共和国外交部、中共中央文献研究室编:《周恩来外交文选》,中央文献出版社 1990 年版,第 443 页。

骑在自己头上的"，"中国人民深信，日本人民要求独立、民主、和平、中立的愿望，一定能够实现"，"中日两国人民要……结成反对美帝国主义的广泛的统一战线"等。在这种以打破美国主导的国际秩序为终极目标的"人民外交"理念的指引下，周恩来在 50 年代中期制定出了"民间先行，以民促官"原则，60 年代前半期制定出了"累积式"等对日外交方针，将与日本实现关系正常化作为最终目标。但需要注意的是，"人民外交"也好，"民间外交"也好，对日本政府的动员也好，这些都是由"打破美国主导的国际秩序"这一意识形态的定位而决定的。

随着"中美接近"，中国逐渐承认了美国所主导的现行国际秩序并"加入"其中。中国的外交理论也从之前的国际阶级斗争论转变为以现行国际秩序为前提的"三个世界"论，在此过程中，中日关系也从发展"人民外交"转变成了加入美国主导的国际秩序中的"政府外交"。也就是说，因"中美接近"，中国外交的基本思想从"革命外交"转向了"现实主义外交"，受此影响，中日邦交正常化也成为中国对日"人民外交"转变为"政府外交"和"和平外交"的分界点。

1982 年，中国政府提出了"独立自主"的外交路线，将追求民族利益确定为处理对外关系的基准。但也可以认为，这一基本理念在1972 年的"中美接近"以及中日邦交正常化过程中就已经被制定出来了。

二　遗留的课题与问题

本书主要论述的是中日邦交日常化的相关问题以及周恩来在中日邦交正常化过程中所起的作用，通过客观的论证揭示出在这一过程中周恩来所作出的巨大贡献。不过，笔者希望从学术观点出发，在评价周恩来对中日邦交正常化，乃至对战后中日关系所做贡献的同时，也对其中存在的问题做出分析和点评。

中日两国度过了 20 世纪 70 年代的"蜜月"期，但其后便问题不断。虽然其中很多问题是伴随着两国关系的发展和交流的扩大而产生的，但其中有些问题恐怕是和当初恢复邦交时的处理有关的。

笔者认为，由于当时太急于追求大的成果，在其余的问题上处理得不够严谨，留下了后遗症。

周恩来在实现中日邦交正常化过程中与日方谈得最多的就是"台湾

问题"。虽然后来在"台湾问题"上，中日之间因"光华寮事件"①、桥本内阁时代关于日美同盟适用范围的中日争论以及围绕李登辉访日等问题而时常发生摩擦，但还不至于对整体的中日关系带来消极影响。这是因为关于这一问题，在田中访华时就已经讨论得很充分，并且在《中日联合声明》中也做出了相关规定。但与此不同的是，"历史问题"此后经常影响到中日关系的大局，日本的教科书问题、参拜靖国神社问题、内阁大臣的"失言"问题等不断发生，其根源之一便是在中日邦交正常化谈判过程中关于"历史问题"没有一个很好的处理结果。

在当时的谈判过程中没有触及"历史问题"有两大背景。其一是由于毛泽东主席对日本的战争责任问题一直持很宽容的态度，因此周恩来在首脑会谈上也没有提出"历史问题"。其二是中方主要向日方寻求的是承认"复交三原则"，其中关键的是"台湾问题"的解决，暂时搁置了历史认识问题。在欢迎宴会上，田中首相的一席"添麻烦"的发言遭到了中方的反对，在首脑会谈中周恩来也特别提出了田中的用词不当问题，于是在《中日联合声明》中便明确写下了日方关于战争责任的反省等文字。但这不能说是中方主动提出"历史问题"，而只不过是为了平息国内的反对而采取的一种折中的权宜之计。

笔者在此也并非是要更多地强调"历史问题"，要求日方做出进一步的道歉，相反，如下文所述，笔者倾向于赞同周恩来重视"面向未来"的态度。只是，这段不幸的历史毕竟给中国留下了数以亿计的战争遗属，如果当时考虑到这一点，双方就今后可能出现的"历史问题"商讨对策的话，那么以后的很多"突发事件"或许能够得到缓和，通过两国政府的协调也能够得到控制。再者，如果在《中日联合声明》中更加明确地写下了两国政府关于"历史问题"的态度，那么也许就能更多地避免后来一些无休止的争论。例如，部分日本人反感地认为，"日本政府已经道歉过很多次了，你们到底要让我们道歉到什么时候？"对此部分中国人则主张，"日本至今还没有做过像德国那样深刻的反省和道歉"。

在后述放弃战争赔偿请求权问题、钓鱼岛问题等问题上也是同样的道

---

① 关于京都市的留学生宿舍光华寮到底是属于台湾，还是属于中国大陆的争论，在 20 世纪 80 年代发展成了中日间的外交问题。而直到今天，关于其所有权，在日本的法院都还存有争论。

理。毫无疑问，如果这些问题当时谈得太多，那么《中日联合声明》在五天内出台是不可能的。而当时中方甚至对己方的立场和状况都没有做出某种程度的说明，这便留下了后遗症。

第三节　对发展中日关系的启示

周恩来的对日外交虽然存在一些问题，但中日邦交正常化的实现给国际关系、中日关系发展带来了积极影响，周恩来在此过程中起到的决定性作用是不可否认的。那么，怀着"烈士暮年"的悲壮感、又顽症缠身的周恩来如此重视实现中日邦交正常化，除了现实中的修复两国关系、促进经济交流、强化对苏战略以及对台战略以外，他还想给后人留下些什么启示呢？

本书通过以上各章节的论述，认为周恩来至少给后人留下了三点启示。

一　提倡中日两国的"世代友好"

1972 年 9 月 29 日发表的《中日联合声明》第八条明确规定："中华人民共和国政府和日本国政府为了巩固和发展两国间的和平友好关系，同意进行以缔结和平友好条约为目的的谈判。"

外交部亚洲司原处长丁民指出，"和平友好条约"这一称呼以及缔结这一条约的构想，都是周恩来亲自提出来的。① 可以推测，周恩来的脑海里已经描绘了一幅中日两国人民应该世世代代保持和平友好合作关系的蓝图。

据张香山证实，同年 7 月，周恩来在与竹入义胜的会谈中提出中国政府的草案时就曾构想，进行外交谈判的步骤应该是首先发表联合声明或是共同宣言来实现中日邦交正常化，接下来再按国际惯例缔结和平条约。但也不是简单的和平条约，而是搞一个和平友好条约，要比简单的和约前进一步，这样可以使全世界人民看了以后放心，知道中日两国搞的是什么东西。当然搞这么一个和平友好条约对中国人民和日本人民都是必需的、有

---

① 笔者 2011 年 3 月 23 日在北京对丁民进行采访。

利的。①

这可以理解为周恩来给予的一种启示，即在遵循国际惯例的基础上，应该创造一种中日间世世代代友好的新型关系。关于周恩来提出缔结同日本的和平友好条约的意图，在日华人学者李恩民指出：

第一，中日间也有和约，在必要的时候可以向中国人民说明。

第二，中日间相互不争霸、不再战，子子孙孙要永远保持和平友好关系。②

周恩来亲身经历过中日战争以及战后长年的断交状态，他作为中国最大的知日派成员，深感中日两国人民世代友好的必要性，并将这一愿望的实现寄托在了缔结《中日和平友好条约》上。从这个意义上来说，关于这一新型条约的提案，既是周恩来脑海中关于中日关系的未来"蓝图"，又被认为是规定了后来中日关系发展轨道的指南针。

二　确立了"求大同存小异"的外交理念

"求大同存小异"这一外交理念，是由周恩来最先提出来的。这既有依据中国共产党常用的统一战线理论的一面，也有源自东方的"和"理念的另一面。

1955年，周恩来在万隆会议上首次提出了"求大同存小异"的外交方针。他说："世界各国政治制度、意识形态各有不同，很难一致起来，我们要找共同点"，为了同世界各国"和平共处"，就不应该拘泥于意识形态的差别、国家制度的不同以及过去的恩怨。

在对日外交上，周恩来也经常强调"求大同存小异"，"复交三原则"正是在周恩来的这一理念下产生的。周恩来在田中访华的接待和会谈中，反复提出要"求大同存小异"。在1972年9月26日的第二次首脑会谈中，田中也说，"我赞成周恩来总理关于具体问题要弃小异求大同的想法"，表明了他赞成周恩来这一战略的态度。在《中日联合声明》的制定过程中，据日本外务省前中国课课长桥本证实，"双方都不愿拘泥于过去，为了发展现在以及将来的睦邻友好关系"，在"求大同存小异"的理念下达

---

① 张香山：《中日缔结和平友好条约前后》，《日本学刊》1998年第4期，第1—2页。
② 李恩民：《外交文書に見る周恩来の対日平和外交戦略——〈日中平和友好条約〉の構想を中心に》，《桜美林大学産業研究所年報》，2005年3月第23号，第246—251页。

成了妥协和一致。

中日两国社会制度不同，国家利益、两国政治家认识问题的能力以及立场都存在着差别，更进一步地说，大陆民族的中国人和海洋民族的日本人，其思维和文化也是不一样的，因为这些客观存在的不同而产生摩擦也是情理之中。很重要的一点是不能因发生了问题便一味烦恼和悲观，而是要追求大的潮流、最大的可能性和双方最大的共同点。这就是强调"求大同存小异"的周恩来给我们留下的处理今后中日之间问题的宝贵启示。

三　"未来"比"过去"更重要：中日关系得到进一步改善的智慧

在中日邦交正常化谈判过程中，周恩来不太想触及"历史问题"，对于这一点及其原因上文已经做了论述，同时也指出这一做法留下了一些后遗症。但如果更宏观地来看的话，重"未来"甚于重"过去"，正是周恩来期望中日关系能有更大改善的智慧的表现。

1964 年 4 月，周恩来在同日本经济界访华团的谈话中说道，"中日两国如果真正友好相处，友好合作，不仅有利于中日两国的完全独立，有利于两国人民，也有利于维护亚洲和世界的和平。这对于我们两个民族和两个国家，都是一个远大的理想"，"关于中日经济合作的问题，我们还应当把眼光放得更远些"。[①] 在 1972 年 9 月 25 日田中首相访华的欢迎宴会上所做的演讲中，周恩来也说道，"恢复中日邦交，在和平共处五项原则基础上发展睦邻友好关系，这对于进一步促进我们两国人民的友好往来、扩大两国的经济和文化交流，将会提供很大的可能"。如果阅读中日两国首脑谈判的公开资料，便能发现周恩来这种面向未来的构想随处可见。

周恩来强调"面向未来"，从其发言的文理脉络来看，主要包含两层含义。第一，在面向未来、发展关系的过程中解决和跨越过去的问题。所谓"旁观者清"，周恩来是想让大家明白，如果一味拘泥于过去以及一些细小的问题，那就根本走不出这个圈子。第二，要对自己国家的发展和今后的可能性抱有更大的自信，要经常意识到中国今后对亚洲乃至对世界的"国际责任"，意识到中国要承担责任的国家姿态。

---

① 　中华人民共和国外交部、中共中央文献研究室编：《周恩来外交文选》，中央文献出版社1990 年版，第 412、421 页。

参考文献

日语文献

あ

朝日新聞社編:《資料・日本と中国 45—71》,朝日新聞社,1967 年版。

石川忠雄、中島嶺雄、石井優:《戦後資料 日中関係》,日本評論社 1970 年版。

岡部達味:《中国の対日政策》,東京大学出版会 1976 年版。

NHK 取材班:《周恩来の決断》,日本放送出版協会 1993 年版。

安藤彦太郎:《私の日中関係史》,勁草書房 1995 年版。

岡田晃:《水鳥外交秘話》,中央公論社 1983 年版。

緒方貞子著、添谷秀芳訳:《戦後日中・米中関係》,東京大学出版社 1992 年版。

石川真澄:《戦後政治史》,岩波書店 1995 年版。

ウィリアム・バー編,鈴木主税、浅岡政子訳:《キッシンジャー〈最高機密〉会話録》,毎日新聞社 1999 年版。

大平正芳記念財団編集:《去華就実 聞き書き・大平正芳》,大平記念財団 2000 年版。

王永祥、高橋強編著,周恩来、鄧穎超研究会訳:《周恩来と日本》,白帝社 2002 年版。

王泰平著、青木麗子訳:《大河奔流》,奈良日日新聞社 2002 年版。

石井明、朱建栄、添谷芳秀、林暁光編:《記録と考証 日中国交正常化・日中平和友好条約締結交渉》,岩波書店 2003 年版。

殷燕軍:《日中講和の研究—戦後日中関係の原点》,柏書房 2007 年版。

か

鹿島平和研究所編：《日本外交史》第 28 巻，鹿島研究所出版会 1973
　　年版。

キッシンジャー著、斉藤彌三郎等訳：《キッシンジャー秘録①　ワシン
　　トの苦悩》，小学館 1979 年版。

霞山会：《日中関係基本資料集一九七〇年——一九九二年》，霞山会 1993
　　年版。

木村一三：《木村一三随想録》，日中経済貿易センター 2003 年版。

さ

実藤恵秀：《増補　中国人日本留学史》，くろしお出版 1970 年版。

時事通信社政治部：《ドキュメント　日中復交》，時事通信社 1972 年版。

孫平化：《日本との三十年　中日友好随想録》，講談社 1987 年版。

周恩来記念出版刊行委員会編：《日本人の中の周恩来》，里文出版 1991
　　年版。

肖向前著、竹内実訳：《永遠の隣国として》，サイマル出版社 1994
　　年版。

添谷芳秀：《日本外交と中国　1945—1972》，慶応通信 1995 年版。

島田政雄、田家農：《戦後日中関係五十年》，東方書店 1997 年版。

佐藤栄作：《佐藤栄作日記》第 5 巻、第 6 巻，朝日新聞社 1999 年版。

周恩来著、矢吹晋編、鈴木博訳：《周恩来〈十九歳の東京日記〉》，小学
　　館 1999 年版。

た

田川誠一：《日中交渉秘録—田川日記 14 年の証言》，毎日新聞社 1973
　　年版。

田中明彦：《日中関係 1945—1990 年》，東京大学出版社 1991 年版。

趙全勝：《日中関係と日本の政治》，岩波書店 1992 年版。

竹内実編：《日中国交基本文献》，蒼蒼社 1993 年版。

張佐良：《周恩来・最後の十年》，日本経済新聞社 1999 年版。

陳肇斌：《戦後日本の中国政策　1950 年代東アジア国際政治の文脈》，

東京大学出版社 2000 年版。

張香山著、鈴木英司訳：《日中関係の管見と見証—国交正常化 30 年の
　歩み》、三和書籍 2002 年版。

は

福井治弘：《自由民主党と政策決定》、福村出版 1969 年版。

保利茂：《戦後政治の覚書》、毎日新聞社 1975 年版。

古井喜実：《日中十八年　一政治家の軌跡と展望》、牧野出版 1978
　年版。

早坂茂三：《政治家田中角栄》、中央公論社 1987 年版。

細谷千博、綿貫譲治編：《対外政策決定の日米比較》、東京大学出版社
　1977 年版。

古川万太郎：《日中戦後関係史》、原書房 1988 年版。

細谷千博：《日本外交の軌跡》、日本放送出版協会 1993 年版。

波多野澄雄編著：《池田・佐藤政権期の日本外交》、ミネルヴァ書房
　2004 年版。

な

日中国交回復促進議員連盟編：《日中国交回復関係資料集》、日中国交
　資料委員会 1974 年版。

中野士郎：《田中政権・八八六日》、行政問題研究所 1982 年版。

永野信利：《天皇と鄧小平の握手》、行政問題研究所 1983 年版。

日中友好協会編：《日中友好運動五十年》、東方書店 2000 年版。

ま

毎日新聞社政治部：《転換期の〈安保〉》、毎日新聞社 1979 年版。

毛里和子、増田弘監訳：《周恩来・キッシンジャー機密会談録》、名古屋
　大学出版会 2001 年版。

毛里和子：《日中関係　戦後から新時代へ》、岩波新書 2006 年版。

ら

林金茎：《梅と桜—戦後の日華関係》、サンケイ出版 1984 年版。

林代昭著、渡辺英雄訳：《戦後中日関係史》，柏書房 1997 年版。

劉徳有：《時は流れて—日中関係秘史五十》（上・下），藤原書店 2002
年版。

立命館大学人文科学研究所編：《日中国交回復 30 周年　日中の過去・
現在・未来》，2002 年版。

や

米谷健一郎：《周恩来日本を語る》，実業日本社 1972 年版。

矢吹晋：《毛沢東と周恩来》，講談社 1991 年版。

吉田実：《日中報道回想の三十五年》，潮出版社 1998 年版。

中文文献

《周恩来书信选集》，中央文献出版社 1988 年版。

中华人民共和国外交部外交史研究室编：《研究周恩来——外交思想与实
践》，世界知识出版社 1989 年版。

《毛泽东选集》（1—4 卷），人民出版社 1991 年版。

《周恩来外交文选》，中央文献出版社 1990 年版。

外交部外交史研究室编：《周恩来外交活动大事记 1949—1975》，世界知
识出版社 1993 年版。

外交部外交史研究室编：《新中国外交风云 第三辑》，世界知识出版社
1994 年版。

田桓主编：《战后中日关系史年表 1945—1993》，中国社会科学出版社
1994 年版。

田桓主编：《战后中日关系文献 1945—1970》，中国社会科学出版社 1996
年版。

田桓主编：《战后中日关系文献 1971—1995》，中国社会科学出版社 1997
年版。

中央文献研究室编：《周恩来年谱 1949—1976》（上中下卷），中央文献
出版社 1997 年版。

《周恩来旅日日记》，中央文献出版社 1998 年版。

金冲及主编：《周恩来传 1949—1976》，中央文献出版社 1998 年版。

孙平化:《中日友好随想录》,世界只是出版社 1987 年版。

刘炎主编:《中外学者论周恩来》,南开大学出版社 1990 年版。

廖心文:《情意与事业》,中央文献出版社 1991 年版。

韩素音:《周恩来与他的世纪》,中央文献出版社 1992 年版。

王泰平:《周恩来与日本朋友们》,中央文献出版社 1992 年版。

童小鹏:《风云四十年》,中央文献出版社 1996 年版。

张佐良:《周恩来的最后十年》,上海人民出版社 1997 年版。

李恩民:《中日民间经济外交 1945—1972 年》,人民出版社 1997 年版。

毛传兵:《钓鱼台档案 NO.3——中日之间重大事件的真相》,红旗出版社
　　1998 年版。

刘建平:《新中国的原点》,西苑出版社 1999 年版。

罗平汉:《中国对日政策与中日邦交正常化》,时事出版社 2000 年版。

王永祥:《留学日本时期的周恩来》,中央文献出版社 2001 年版。

安建设:《周恩来的最后岁月》,中央文献出版社 2002 年版。

吴学文:　《风雨阴晴—我所经历的中日关系》,世界知识出版社 2002
　　年版。

张历历:《外交决策》,世界知识出版社 2007 年版。

王泰平:《王泰平文存——中日建交前后在东京》,社会科学文献出版社
　　2012 年版。

英文文献

Ronald C. Keith, *The diplomacy of Zhou Enlai*, New York: St. Martin's
　　Press, 1989.

Henry Kissinger, *The White House Years*, Weidenfeld, London, 1979.

Han Suyin, Eldest son: *Zhou Enlai and the making of modern China*, 1898 –
　　1976, New York: Hill and Wang, 1994.

Kuo-kang Shao, *Zhou Enlai and the foundation of Chinese foreign policy*, Bas-
　　ingstoke: Macmillan, 1996.

James Mann, *A History of America's Curious Relationship with China from Nixon
　　to Clinton*, New York: 1999.

后　记

常言道："十年辛苦不寻常。"本书从我在早稻田大学做博士论文开题报告到正式在国内付梓出版，正好是十年。弹指一挥间，期间学术上的探寻、思索、彷徨、恐惧，生活上的艰苦、奔波，所经历的一切艰难，在今天看来，已经变成了我人生中最宝贵的财富。

由于近年来中日关系的波折，此书的出版耽搁了几年。终于看到自己付出的心血变成一本薄薄的书籍时，深深感到做学问的不易。从京都的日本语学校学习五十音图开始到获得博士学位，一路走来，得到了许多老师、前辈和同学们的指导与帮助。

首先，要感谢博士课程的指导教官后藤乾一教授。后藤教授是老"早大"人，他细致、严谨的学术风格，迫使我不得不大量地阅读先行研究文献、调查第一手外交史料、采访许多中日邦交正常化的参与者，这些艰苦、细致的学术活动所取得的成果，成为了这本书的最大亮点。

天儿慧教授是我的博士论文指导教官，作为研究中日关系的著名学者，天儿教授从博士论文的开题到最后审阅，都提出了大量关键性的意见，并叮嘱我一定要以客观的立场来做学术研究。

朱建荣教授作为在日研究中日邦交正常化的权威学者，被早稻田大学聘请为我的博士论文评审教官。朱教授对我的论文从框架构建到学术观点的确立都进行了严格审阅并提出了宝贵建议，还介绍我采访了多位中日的政治家、老一代外交人员、著名学者等。

记得在大阪外国语大学求学时，是中岛启雄副教授送给我了一本他父亲的著作，让我敲开了研究中日关系的大门。在大阪大学读研期间，治学严谨的指导教官米原谦教授引导我走上了研究中日关系的学术之路。大阪大学的西村成雄教授、星野俊也教授、东京大学的陈肇斌教授、早稻田大学的毛里和子教授、西川润教授等都对我的论文提出了意见和建议。

　　我的师兄日本岩波书店编辑部长的马场公彦博士、日本外务省外交史料馆的高桥和宏博士（现日本防卫大学副教授）在研究期间给了我许多帮助。博士课程同期的真喜屋美树、洪允真、留学生团体"东学会"的王雪萍副教授、张剑波博士、吴茂松博士都对我的论文提出过宝贵建议。

　　还要感谢在百忙之中抽出时间接受我采访的各位专家。王泰平大使是亲身经历了中日邦交正常化的老外交官，在中日两国都出版了关于中日邦交正常化的专著，他在百忙之中接受了我的采访，并欣然为本书作序。周斌先生曾担任中日邦交正常化首脑会谈的翻译，数次在上海、杭州接受我的采访；担任"毛泽东、田中角荣会谈"翻译的中日友协副会长王效贤女士，老外交工作者丁民先生、吴学文先生，周恩来总理的侄子周尔鎏先生，警卫员高振普先生，上海国际问题研究院的吴寄南研究员，曾来中国参加中日邦交谈判的日本老外交官栗山尚一先生、谷野作太郎原驻华大使都接受了我的采访。作为民间人士为中日邦交正常化做出贡献的日中经济贸易中心木村一三会长，在我博士课程期间，为我提供了无私的帮助，在此深深地怀念他。

　　2008年我回国工作，在浙江旅游职业学院做一名日语教师。从学院王昆欣书记到日语教研室的同事们，都对我的工作给与了很大的帮助和支持，让我很快地适应了国内的工作环境，愉快地进行着教学与研究工作。

　　最后，我要深深地感谢我的家人。年迈的父母，在日时他们记挂着我的安危，回国后又照顾着我的生活，为我操心万分。宝贝女儿伶子，今年正好十周岁了，跟随我从大阪迁移到东京，又从东京回到杭州，小小年纪穿梭于中日两国之间，努力地学习着中文和日语。妈妈希望你健康、快乐地成长。

　　亲朋师友的关心帮助，父母家人的默默支持，使我终生难忘。值此书稿付梓出版之际，谨以此文表达对他们的诚挚谢意！

胡　鸣

2014年9月于杭州